Als Anfang der siebziger Jahre die Studiengebühren an österreichischen Hochschulen abgeschafft wurden, setzte man hohe Erwartungen in diese Maßnahme. Die Gebührenfreiheit war ein Signal für die Öffnung der Hochschulen, sie wurde als wichtigster Schritt zum Abbau sozialer Barrieren betrachtet. Heute regt sich zunehmender Zweifel daran, ob der Nulltarif eine treffsichere Maßnahme ist, um diesem Ziel näherzukommen. Die soziale Zusammensetzung der Studenten hat sich in den vergangenen zwei Jahrzehnten kaum verändert. Die öffentlichen Hochschulausgaben kommen überwiegend den einkommensstarken Teilen unserer Gesellschaft zugute. Vor diesem Hintergrund und angesichts der Krise der öffentlichen Haushalte wird immer häufiger eine neuerliche Einführung der Studiengebühren verlangt.

Das vorliegende Buch bietet eine ausführliche Diskussion politischer und ökonomischer Grundsatzfragen. Was spricht aus allokativen, verteilungspolitischen, ordnungspolitischen und kulturellen Aspekten für und gegen Studiengebühren?

Darüber hinaus werden vier sozialverträgliche Gebührenvarianten zur Diskussion gestellt und es werden Modellrechnungen durchgeführt, welche Belastung diese Varianten den privaten Haushalten brächten. Breiter Raum wird den Erfahrungen Australiens gegeben, wo bereits Ende der achtziger Jahre ein sozialverträgliches Gebührenmodell eingeführt wurde.

Hans Pechar ist Assistent am Institut für Interdisziplinäre Forschung und Fortbildung der Universitäten Innsbruck, Klagenfurt, Wien.
Christian Keber ist Assistent am Institut für Betriebswirtschaftslehre der Universität Wien.

ABSCHIED VOM NULLTARIF

PASSAGEN WISSENSCHAFT UND BILDUNG

Passagen Wissenschaft und Bildung

Herausgegeben von

Christian Brünner
Peter Engelmann
Sigurd Höllinger

Hans Pechar, Christian Keber

Abschied vom Nulltarif

Argumente für sozialverträgliche Studiengebühren

Passagen Verlag

Deutsche Erstausgabe

Gedruckt mit freundlicher Unterstützung
der Wirtschaftskammer Österreich.

Die Deutsche Bibliothek – CIP-Einheitsaufnahme

Pechar, Hans:
Abschied vom Nulltarif : Argumente für sozialverträgliche
Studiengebühren / Hans Pechar ; Christian Keber. – Dt.
Erstausg. – Wien : Passagen-Verl., 1996
(Passagen Wissenschaft und Bildung)
ISBN 3-85165-216-9
NE: Keber, Christian:

ISBN 3-85165-216-9

Graphisches Konzept: Ecke Bonk
Druck: Manz, Wien

Inhaltsverzeichnis

Vorwort

Studiengebühren sind gegenwärtig das am heftigsten umstrittene Thema der Hochschulpolitik. Daß die Diskussion darüber emotionsgeladen abläuft, liegt in der Natur der Sache; es ist aber überraschend, wie eng das thematische Spektrum ist, das dabei erörtert wird. Im großen und ganzen erschöpft sich die Diskussion in der Präsentation von Überzeugungen, nur ansatzweise werden diese Bekenntnisse auch mit sachlichen Argumenten untermauert.

Die Gegner von Studiengebühren wiederholen unermüdlich, daß eine Gebührenpflicht ein Hochschulstudium zu einem Privileg wohlhabender Schichten machen würde. Sie gehen aber konsequent der Frage aus dem Weg, was denn der Nulltarif tatsächlich zu größerer Zugangsgerechtigkeit beigetragen hat. Auf der anderen Seite versichern die Befürworter, daß Studiengebühren sozialverträglich sein müssen. Aber es wurde bislang kein überzeugendes Modell vorgestellt, das diesen Anspruch bei vernünftigem Verwaltungsaufwand einlöst und zugleich nennenswerte Einnahmen ermöglicht.

Nicht einmal in Ansätzen wurden bislang die Vor- und Nachteile konkreter Gebührenvarianten diskutiert und Berechnungen darüber angestellt, in welchem Ausmaß die privaten Haushalte durch diese Varianten belastet und die öffentlichen Haushalte durch sie entlastet werden. Wir hoffen, daß ein erster Schritt in diese Richtung zu einer Versachlichung der Diskussion beiträgt und Voraussetzungen dafür schafft, auch beim Reizwort Studiengebühren in abwägbaren Alternativen zu denken.

Die Arbeit wurde vom BMWFK 1994 in Auftrag gegeben und im Juli 1995 abgeschlossen. Wir bedanken uns bei allen Personen, die das Projekt ermöglicht haben, insbesonders bei Eva Knollmayer und Sigurd Höllinger. Die Projektleitung lag bei Hans Pechar, der auch die Kapitel 1 – 3 verfaßt hat. Die Modellrechnungen wurden von Christian Keber durchgeführt, der auch das Kapitel 4 verfaßt hat.

Bei der Fallstudie über Australien wurden wir von zahlreichen Personen durch Gespräche und die Übermittlung von Informationen und Dokumenten unterstützt. Besonderen Dank schulden wir Peter Whithney (Vertretung Australiens bei der OECD) und Mary Barrett (Queensland University of Technology), die beide viele Kontakte zu anderen Personen vermittelt haben. Eva Schmutzer–Hollensteiner (BMWFK) war wie immer eine verläßliche Auskunftsquelle für hochschulstatistische Informationen. Großen Nutzen haben wir aus den Diskussionen mit Georg Fischer (BMF), Alois Guger (WIFO), Sigurd Höllinger (BMWFK), Bruno Roßmann (AK), Agnes Streissler (AK) gezogen.

Zusammenfassung

I. Grundsatzfragen

1. Im Zuge der Hochschulexpansion sind die realen staatlichen Ausgaben pro Student deutlich gefallen. Angesichts der Krise der öffentlichen Haushalte ist eine Umkehr dieses Trend unwahrscheinlich. Studiengebühren sind ein Mittel, um die wachsende Lücke zwischen dem Finanzbedarf der Hochschulen und dem staatlichen Hochschulbudget zu schließen.

Seit 1970 sind die öffentlichen Hochschulausgaben erheblich gestiegen. Der Anteil des Hochschulbudgets am gesamten Bundeshaushalt hat sich von 2,3% (1970) auf 3,9% (1994) erhöht, sein Anteil am BIP hat sich im selben Zeitraum verdoppelt und stieg von 0,6% (1970) auf 1,2% (1993). Stellt man allerdings eine Relation zu den Hörerzahlen her, dann zeigt sich, daß die Budgetsteigerungen mit der Expansion im Hochschulbesuch nicht Schritt halten konnten. Während sich die Hörerzahlen seit 1970 vervierfacht haben, ist das Hochschulbudget im selben Zeitraum um den Faktor 3,5 gewachsen. Besonders ernüchternd ist der Vergleich mit der Entwicklung der Planstellen, die seit 1970 nur um knappe 90% zugelegt haben. Es sind vor allem diese Verschlechterungen in den Betreuungsverhältnissen sowie Mängel in der sachlichen Ausstattung, die seit den späten achtziger Jahren zu wachsender Unzufriedenheit an den Hochschulen geführt haben.

Während die Vertreter der Hochschulen daher ständig mehr Geld fordern, setzen die fiskalischen Rahmenbedingungen einer Ausweitung der öffentlichen Hochschulausgaben sehr enge Grenzen. Die Konsolidierung des Bundesbudgets, die Ende der achtziger Jahre relativ erfolgreich verlaufen ist, ist Anfang der neunziger Jahre ins Stocken geraten. Sowohl bei der Defizitquote wie bei der Verschuldungsquote kann Österreich die Maastricht-Kriterien derzeit nicht erfüllen. Bei einer Vielzahl rivalisierender öffentlicher Aufgaben – vor allem bei den Pensionen, im Gesundheitswesen, in der Arbeitsmarkt- und Umweltpolitik – ist eine Ausgabendynamik erkennbar, die vermuten läßt, daß die Grenzen der öffentlichen Hochschulfinanzierung in Zukunft noch enger werden. Es wäre daher unklug, darauf zu vertrauen, daß der von den Vertretern der Hochschulen artikulierte Finanzbedarf ausschließlich aus dem öffentlichen Budget gedeckt werden kann. Vielmehr muß ernsthaft über Finanzierungsquellen nachgedacht werden, die die staatlichen Ausgaben für das Hochschulsystem ergänzen können. Studiengebühren sind neben den Drittmitteln die wichtigste Finanzierungsquelle dieser Art.

2. Unter allokationspolitischen Gesichtspunkten muß man die Hochschulbildung als "gemischtes Gut" betrachten, das sowohl dem Einzelnen wie der Gesellschaft Vorteile bringt. Diese Sichtweise legt auch eine gemischte Finanzierung aus öffentlichen und privaten Quellen nahe.

Eine staatliche Vollfinanzierung der Hochschulen wird häufig mit dem Argument gerechtfertigt, daß es im Bildungsbereich zu Marktversagen kommt. Eine wichtige Komponente dieses Marktversagens bilden die positiven externen Effekte der Hochschulbildung. Darunter werden solche Aspekte akademischer Qualifikationen verstanden, die von der Gesellschaft gewünscht werden, für die der einzelne Hochschulabsolvent aber nicht durch höheres Einkommen belohnt wird. Diskutiert werden sowohl produktivitätssteigernde Effekte (Wissenspillover am Arbeitsplatz) als auch "atmosphärische" Effekte, die auf den Sozialisationswirkungen eines akademischen Studiums beruhen. Dabei wird unterstellt, daß die während des Studiums erworbenen Einstellungen und Werte der Gesellschaft Nutzen bringen und daß der Akademiker auch seinen Familien-, Freundes- und Bekanntenkreis positiv beeinflußt.

Obwohl die Frage der externen Effekte innerhalb der Bildungsökonomie kontroversiell diskutiert wird, gibt es einen weitgehenden Konsens, daß sich damit keine staatliche Vollfinanzierung der Hochschulen begründen läßt. Hochschulbildung wird in der Regel als "gemischtes Gut" betrachtet, das sowohl dem einzelnen wie auch der Gesellschaft Vorteile bringt. Ein solches Verständnis legt auch eine gemischte Finanzierung nahe.

Eine andere Form des Marktversagens ergibt sich dann, wenn man von einer eingeschränkten Nachfragesouveränität auf Grund verzerrter Präferenzen ausgeht. In diesem Fall wird Hochschulbildung als meritorisches Gut betrachtet, das nicht den Entscheidungen der einzelnen Bürger überantwortet werden sollte. Wenn man unterstellt, daß diese – z.B. auf Grund mangelhafter Zukunftsorientierung – nicht bereit sind, dafür ausreichende Eigenleistungen zu erbringen, käme es zu einer Unterinvestition in akademische Bildung, wenn der Staat von den privaten Haushalten zu hohe Beiträge verlangt. Eine staatliche Vollfinanzierung läßt sich auch mit diesem Argument nicht rechtfertigen. Je nach Auslegung der positiven externen Effekte und des meritorischen Charakters der Hochschulbildung kann man mehr oder minder massive öffentliche Subventionierungen des Studiums begründen. Der Hauptertrag der allokationspolitischen Überlegungen besteht demnach darin, daß Studiengebühren nicht kostendeckend sein können.

3. Unter verteilungspolitischen Aspekten hat der Nulltarif an Hochschulen ambivalente Wirkungen. Obwohl er dazu beiträgt, daß direkte materielle Zugangsbarrieren keine oder nur noch eine sehr geringe Rolle spielen, hat sich die soziale Zusammensetzung der Studenten seit 1970 nur marginal verändert. Zugleich haben aber die staatlichen Hochschulausgaben degressive Verteilungswirkungen, sie kommen überwiegend den einkommensstarken Haushalten zugute.

Kaum jemand zweifelt daran, daß aus verteilungspolitischen Gründen staatliche Eingriffe in die Hochschulfinanzierung notwendig sind. Hingegen ist umstritten, ob sich mit dem Argument der Verteilungsgerechtigkeit ein Nulltarif an Hochschulen begründen läßt. Eine Gesamtbeurteilung der Verteilungseffekte von Studiengebühren ist deshalb schwierig, weil davon mehrere, teilweise rivalisierende Ziele betroffen sind. Das Ausbildungsangebot des Postsekundärbereichs wird – im Gegensatz zur schulischen Bildung – nur von einer Minderheit der Bevölkerung in Anspruch genommen. Daraus ergeben sich zwei Verteilungsprobleme:

- Wie kann man den Zugang zu den Hochschulen möglichst gerecht gestalten, damit die Vorteile, die mit akademischen Qualifikationen einhergehen, innerhalb der Gesellschaft – zwischen Personen unterschiedlichen Geschlechts, unterschiedlicher regionaler und sozialer Herkunft – gerecht verteilt sind (Zugangsgerechtigkeit)?
- Wie können die Kosten, die der Gesellschaft aus dem Hochschulsystem erwachsen, möglichst gerecht zwischen den Begünstigten und den Nicht-Begünstigten verteilt werden (Belastungsgerechtigkeit)?

Man hat lange Zeit vermutet, daß die Hochschulexpansion unter der Voraussetzung eines Nulltarifs die sozialen Ungleichheiten im Hochschulzugang tendenziell beseitigt. Diese Erwartung hat sich nicht bestätigt. Verringert haben sich nur die geschlechtlichen, in geringerem Maß auch die regionalen Disparitäten, bei denen es jeweils nur einen schwachen Zusammenhang mit Studiengebühren gibt. Hingegen haben zweieinhalb Jahrzehnte gewaltiger Expansion der Hörerzahlen an der sozialen Zusammensetzung der Studenten nur wenig geändert. Der Nulltarif an Hochschulen ist offenkundig ein wenig treffsicheres Mittel, um die Zugangsgerechtigkeit zu erhöhen. Durch die Subventionierung der einkommensstarken Haushalte, die sowohl fähig als auch bereit wären, Studiengebühren zu zahlen, kommt es zu Mitnahmeeffekten, die vermutlich höher sind, als die intendierten Effekte.

Wenn somit das Kriterium der Zugangsgerechtigkeit kein stichhaltiges Argument für einen Nulltarif an Hochschulen liefert, so ergibt das Kriterium der Belastungsgerechtigkeit sehr gewichtige Argumente dagegen. Die finanzielle Belastung des nicht–begünstigten Teils der Bevölkerung hat sich im Zuge der Hochschulexpansion stark erhöht. Das ist umso bedenklicher, als dieses Ungleichgewicht eine soziale Schlagseite besitzt. Wegen der starken Überrepräsentanz einkommensstarker Haushalte bei den Studenten haben die staatlichen Hochschulausgaben regressive Verteilungseffekte. Wenn man nur die Nicht–Selbständigen Haushalte berücksichtigt, fließen ca. 2/3 des Hochschulbudgets in die obere Einkommenshälfte, zumindest 45% fließen ins oberste Viertel. Unter Berücksichtigung auch der Selbständigenhaushalte fließen ca. 3/4 der öffentlichen Hochschulausgaben in die obere Einkommenshälfte, deutlich mehr als die Hälfte der Ausgaben fließt dann ins oberste Viertel. In Summe spricht somit das Argument der Verteilungsgerechtigkeit gegen den Nulltarif an Hochschulen. Die dadurch bewirkten Einkommensübertragungen von den schlechter– zu den besserverdienenden Schichten lassen sich verteilungspolitisch nicht rechtfertigen.

4. Studiengebühren haben auch ordnungspolitische Auswirkungen. Bei den Hochschulen erzeugen sie einen Anreiz zu einer stärkeren Serviceorientierung gegenüber den Studenten. Die Studenten werden durch sie zu einem stärker zielorientierten Studium motiviert. Es gibt keinen Grund zur Annahme, daß dadurch die intrinsische Studienmotivation zerstört und ein oberflächliches Studienverhalten geférdet wird.

Das ordnungspolitische Versagen der alten Universitätsorganisation und der staatlichen Vollfinanzierung liegt darin, daß sowohl bei der Angebots– wie bei der Nachfrageseite ein Verhalten begünstigt wird, das den Ausbildungserfolg beeinträchtigt und einer Verschwendung öffentlicher Mittel Vorschub leistet. Wenn man den Hochschulen ökonomisch rationales Verhalten unterstellt, dann ist es ihnen derzeit unmöglich, gegenüber den Studenten eine serviceorientierte Einstellung zu entwickeln. Wäre eine Institution für die Nachfrager besonders attraktiv, würde sie derzeit eher bestraft als belohnt werden. Sie wäre mit einem hohen Studentenandrang konfrontiert, gegen den sie sich nicht zur Wehr setzen könnte und der nicht von steigenden Einnahmen begleitet wäre. Diese perverse Anreizstruktur untergräbt alle Versuche, die Situation der Lehre nachhaltig zu verbessern.

Auch bei den Studenten begünstigt der Nulltarif ein Verhalten, das zum Teil für die geringen Ausbildungserfolge verantwortlich ist. Da ihnen die wahren Kosten ihrer Ausbildung verborgen bleiben, können sie kein Interesse an einer betriebswirtschaftlich sinnvollen Nutzung der Ressourcen der Universität entwickeln. Das fehlende Kostenbewußtsein schlägt sich in einer geringen Zielorientierung im Studium nieder.

Gelegentlich wird eingewandt, daß eine erhöhte Zielorientierung den Eigenwert höherer Bildung untergräbt. Müßten die Studenten Gebühren zahlen, dann würde unter dem Druck der Kostenbelastung das intrinsische Interesse an den Bildungsinhalten in den Hintergrund treten. Das wichtigste Ziel würde dann darin bestehen, in möglichst kurzer Zeit einen am Arbeitsmarkt gut verwertbaren Abschluß zu erreichen.

Allerdings studiert auch unter den Bedingungen der Gebührenfreiheit die große Mehrheit der Studenten nicht aus reiner Liebe zur Wissenschaft, sondern um eine berufliche Qualifikation zu erwerben. Studiengebühren würde ihre Position als Konsumenten stärken. Mit größerem Selbstbewußtsein als bisher würden sie von den Universitäten gute Lehrleistungen einfordern. Auch würden sie das Studium verstärkt als Investition in das eigene Humankapital begreifen. Es ist aber nicht einzusehen, warum dies die Ernsthaftigkeit ihrer Studieninteressen unterminieren sollte. Keinesfalls kann die Tatsache, daß österreichische Absolventen im Schnitt 7 1/2 Jahre für ihren Erstabschluß brauchen, als Indikator für ein besonders gründliches Studium gelten.

II. Hochschulfinanzierung und Studiengebühren im internationalen Vergleich

1. Die öffentlichen Hochschulausgaben Österreichs liegen im OECD-Schnitt. Österreich fällt aber zurück, wenn man die Summe der öffentlichen und privaten Ausgaben für Hochschulen vergleicht. In Nordamerika und Japan stellen Studiengebühren eine wichtige Einnahmequelle dar. Auch in der EU hat etwa die Hälfte der Mitgliedstaaten Gebührenregelungen, hier sind aber die daraus erzielten Einnahmen in der Regel gering.

Alle Industrieländer sind mit ähnlichen Problemen wie Österreich konfrontiert. Die Studentenbestände haben stark zugenommen, die staatlichen Ausgaben konnten mit diesem Wachstum nicht Schritt halten. Als Konsequenz haben sich realen Ausgaben pro Student fast überall verringert. Betrachtet man die öffentlichen Hochschulausgaben in Relation zum BIP, dann liegt Österrich mit einem Anteil von 1,1% (1991) im Schnitt aller OECD-Länder (1,2%). Ein anderes Bild ergibt sich, wenn man die gesamten öffentlichen und privaten Hochschulausgaben vergleicht. Hier beträgt der OECD-Durchschnitt 1,9% und Österreich, wo es keine privaten Einnahmen gibt, weist mit 1,1% einen deutlichen Rückstand auf.

Die wichtigste private Einnahmequelle anderer Hochschulsysteme sind Studiengebühren. In den USA kommt ein Viertel der gesamten Hochschuleinnahmen aus Studiengebühren. Allerdings ist in diesem Land nicht immer eine sozialverträgliche Lösung gewährleistet. Da die politische Tradition und das Hochschulsystem der USA sich von den österreichischen Verhältnissen fundamental unterscheiden, stellen die amerikanischen Gebührenregelungen kein brauchbares Modell für Österreich dar. Auch in vielen Ländern der EU wurden in den achtziger und neunziger Jahren Studiengebühren eingeführt. Häufig dienen sie dem Zweck, unerwünschtes Verhalten (vor allem zu lange Studienzeiten) zu bestrafen. Die Einnahmen aus diesen Gebühren sind in der Regel gering, teilweise sogar vernachlässigbar. Auch hier findet sich kein für Österreich geeignetes Modell.

2. Ein international viel beachtetes Gebührenmodell wurde 1989 in Australien eingeführt. Studiengebühren können hier durch ein einkommensabhängiges Darlehen zwischenfinanziert werden. Dadurch kommt es zu keinen sozialen Barrieren im Hochschulzugang, und dennoch fließen den Hochschulen nennenswerte Einnahmen aus Gebühren zu.

Studenten haben in Australien die Wahl, die Gebühr sofort zu zahlen, oder ein zinsenfreies, nur an die Inflation angepaßtes Darlehen aufzunehmen. Die Rückzahlung dieses Darlehens ist vom späteren Einkommen der Studenten abhängig. Liegt dieses unter dem Durchschnittseinkommen, muß gar nichts zurückgezahlt werden, oberhalb dieser Grenze werden die Tilgungsraten einkommensabhängig gestaffelt. 1994 muß z.B. ein Absolvent mit einem Jahreseinkommen von umgerechnet 320.000 öS ca. 4.000 öS pro Jahr zurückzahlen, bei einem Jahreseinkommen von 480.000 öS erhöht sich die Tilgungsrate auf etwa 12.000 öS. Experten schätzen, daß auf Grund dieser großzügigen Regelungen etwa 15% der Darlehenssumme uneinbringlich sein werden. Die australischen Studenten haben diese Regelung akzeptiert und sich in ihrer Studierneigung davon nicht beeinflussen lassen.

Ein besonderer Vorzug dieses Gebührenmodells besteht darin, daß es auf sehr einfache Weise und mit nur geringen zusätzlichen Kosten administriert werden kann. Die Verwaltung des Darlehens erfolgt durch die Steuerbehördern, die ohne nennenswerten Mehraufwand über alle relevanten Daten verfügen, die für eine einkommensabhängige Darlehenstilgung nötig sind. Die gesamten administrativen Kosten machen nur etwa 5% der Einnahmen aus.

III. Modellvarianten für Österreich

1. Die vorgestellten Gebührenmodelle gehen von folgenden Prämissen aus:

- *Studiengebühren dürfen keine sozialen Zugangsbarrieren errichten;*
- *sie müssen eine bedeutende Einnahmenquelle darstellen;*
- *ihre Administration muß einfach sein und darf keine hohen Kosten verursachen.*

Der Sinn von Studiengebühren besteht nicht darin, die Hochschulexpansion zu bremsen oder gar rückgängig zu machen, sondern sie auf eine solide finanzielle Basis zu stellen.

Sozialverträglichkeit kann durch zwei unterschiedliche Maßnahmen sichergestellt werden. Im einen Fall muß die Gebühr während des Studiums aufgebracht werden, wird also in der Regel von den Eltern bezahlt. Um Jugendlichen aus einkommensschwachen Familien den Hochschulzugang nicht zu erschweren, wird die Beitragshöhe nach dem Elterneinkommen gestaffelt. Unterhalb einer bestimmten Mindestgrenze ist das Studium gebührenfrei. Im zweiten Fall kann die Gebühr durch ein zinsenfreies Darlehen zwischenfinanziert werden, das fällig wird, sobald der begünstigte Student über ein eigenes Einkommen verfügt. Um das Risiko, das mit der Darlehensaufnahme verbunden ist, zu minimieren, wird die Tilgung einkommensabhängig gestaffelt.

Studiengebühren sollten nicht primär darauf abzielen, ein unerwünschtes Studierverhalten, z.B. die Überschreitung der vorgesehenen Studiendauer oder den Studienabbruch, zu bestrafen. Gebührenmodelle dieser Art haben unkontrollierbare Nebeneffekte und generieren im übrigen nur geringe Einnahmen. Grundsätzlich sollten alle Studenten einen Beitrag zahlen, nur aus Gründen der Sozialverträglichkeit sollte man davon abweichen. Um das Gebührenschema möglichst einfach zu gestalten, sollte es sich um einen einheitlichen Betrag ungeachtet der faktischen Kosten einer Studienrichtung handeln. Dieser Betrag sollte aber nur von den Vollzeitäquivalenten des Studiums bezahlt werden, im Fall eines Teilzeitstudium wäre die jährliche Belastung also entsprechend geringer.

Die durchgeführten Rechnungen basieren einerseits auf *empirischen Daten* (z.B. Studenten- und Einkommensverteilungen) und sind andererseits im Sinne der *Szenariotechnik* aufgebaut. Letzteres betrifft insbesondere die Höhe der vollen Studiengebühren und die Staffelung von Einkommensgrenzen, die die zu zahlenden Beiträge bestimmen.

2. Das Modell der "gestaffelten Elternbeiträge" folgt der konventionellen Vorstellung von Studiengebühren, die während des Studiums bezahlt werden müssen. Studenten aus einkommensschwachen Haushalten zahlen keine oder nur sehr geringe Beiträge. Der Vorteil dieser Variante liegt darin, daß sie sofortige Einnahmen ermöglicht. Ihr größter Nachteil ist es, daß Studenten nicht als selbständige Bürger, sondern als Teil des Elternhaushalts betrachtet werden.

Das wirkt sich vor allem bei der Behandlung von Studentenhaushalten negativ aus. Angesichts ihrer weiten Verbreitung können Studentenhaushalte nicht ignoriert werden, sie stellen aber ein systemfremdes Element dar, für das es im Rahmen dieses Modells keine wirklich zufriedenstellende Lösung gibt. Ein weiterer Nachteil der gestaffelten Elternbeiträge liegt in ihren relativ hohen Verwaltungskosten. Um die Gebühren nach dem Familieneinkommen des Elternhaushalts zu staffeln, muß dieses erst ermittelt werden. Es ist also ein ähnliches Verfahren nötig wie bei der Ermittlung des Sozialstipendiums, in diesem Fall allerdings nicht für die relativ wenigen Antragsteller, sondern für sämtliche Studenten.

Für die Modellrechnungen wird angenommen, daß unter einem monatlichen Nettoeinkommen von öS 17.857,– (14 mal pro Jahr) keine Gebühren zu zahlen sind. Je nach unterstellter Einkommensstaffelung und Höhe der vollen Studiengebühren zwischen öS 20.000,– und 30.000,– variieren die pro Jahr zu zahlenden Gebühren bei einem 14 mal pro Jahr ausbezahlten monatlichen Nettoeinkommen von öS 20.000,– zwischen öS 1.714,– und 6.000,–. Beträgt das monatliche Nettoeinkommen öS 25.000,– bzw. öS 30.000,–, so variieren die jährlichen Beiträge zwischen öS 5.714,– und 20.000,– bzw. zwischen öS 9.714,– und 30.000,–. Die Budgeteinnahmen werden bei der betrachteten Gebührenvariante je nach unterstelltem Szenario zwischen öS 0,846 Mrd. und öS 1,691 Mrd. liegen.

3. Das Modell "unbeschränkter Anspruch auf ein einkommensabhängiges Darlehen" folgt im wesentlichen der australischen Gebührenvariante. Die Gebühr wird in der Regel nicht von den Eltern, sondern vom späteren Einkommen des begünstigten Studenten bezahlt. Von den vier hier diskutierten Varianten ist dies die vorteilhafteste. Ihr einziger Nachteil besteht darin, daß es hier erst mit einer gewissen Zeitverzögerung zu Einnahmen kommt.

Im Gegensatz zu den gestaffelten Elternbeiträgen werden Studenten hier als selbständige Bürger betrachtet, und es ist unerheblich, ob sie innerhalb oder außerhalb des Elternhaushalts leben. Das Einkommen der Eltern ist für diese Gebührenvariante ohne Bedeutung, denn für die Sozialverträglichkeit ist das spätere Einkommen des Studenten maßgeblich. Von diesem Einkommen hängt es ab, wie rasch das zinsenfreie, inflationsangepaßte Darlehen getilgt werden muß. Im Ausnahmefall eines dauerhaft unterdurchschnittlichen Einkommens muß gar nichts zurückbezahlt werden. Da das Einkommen der ehemaligen Studenten ohnehin von den Steuerbehörden erfaßt wird, liegt es nahe, daß auch die Tilgung des Darlehens vom Fiskus verwaltet wird. Auf diese Weise kann der Verwaltungsaufwand sehr knapp gehalten werden.

Für die Modellrechnungen wird bei allen Szenarien angenommen, daß Absolventen solgange das gewährte Darlehen nicht zurückzahlen müssen, solange ihr Jahresnettoeinkommen unter öS 160.000,– liegt. Wird diese Grenze im Laufe der Zeit überschritten, sind die tilgungsfreien Zeiten vorüber, und es wird die dem Einkommen entsprechende Tilgungsrate fällig. Selbstverständlich kann es auch dazu kommen, daß das Jahresnettoeinkommen wieder unter diese Grenze fällt. In diesem Falle werden die Tilgungsraten wieder ausgesetzt. Für das jährliche Netto-Medianeinkommen in der Höhe von öS 238.000,– (d.s. 17.000,– pro Monat) bedeutet diese Gebührenvariante, daß die inflationsbereinigte Tilgungsrate pro Jahr je nach Einkommensstaffelung zwischen öS 7.569,– und öS 11.030,– liegen wird. Ja nachdem wie hoch die vollen Studiengebühren angesetzt werden (öS 20.000,– bis 30.000,–) wird das Darlehen dann in neun bis 16 Jahren getilgt sein. Die bei dieser Gebührenvariante nachhaltig relaisierbaren (inflationsbereinigten) Budgeteinnahmen werden zwischen öS 1,628 und 2,481 Mrd. liegen.

4. Das Modell "eingeschränkter Anspruch auf ein einkommensabhängiges Darlehen" kombiniert die beiden zuvor besprochenen Gebührenvarianten. Nur Studenten aus einkommensschwachen Elternhäusern erhalten das Darlehen, die restlichen müssen die Gebühr sofort bezahlen. Diese Variante bringt die höchsten Einnahmen, sie erfordert aber einen beträchtlichen Verwaltungsaufwand und birgt einige rechtliche Unsicherheiten.

Der Darlehensanspruch wird eingeschränkt, damit zumindest ein Teil der Einnahmen sofort zur Verfügung steht. Für die Anspruchsberechtigung ist das Haushaltseinkommen der Eltern maßgeblich. Unterhalb einer bestimmten Einkommensgrenze erhält der Student ein Darlehen und es gelten die selben Bedingungen wie beim vorhergehenden Modell. Oberhalb dieser Grenze muß die gesamte Gebühr sofort bezahlt werden. Bei dieser Variante entsteht der höchste administrative Aufwand, denn es muß sowohl das Haushaltseinkommen der Eltern wie das spätere Einkommen des Studenten geprüft werden. Im übrigen gibt es hier zwei unterschiedliche Formen der Abgabepflicht: bei einkommensstarken Haushalten müssen die Eltern zahlen, wird hingegen ein Darlehen gewährt, ist für dessen Tilgung das Einkommen des Studenten maßgeblich.

Die fianziellen Konsequenzen für die Elternhaushalte bzw. für die Absolventen sind in dieser Variante äquivalent zu denen in den beiden oben berschriebenen Modellen. Welche davon zum tragen kommen, hängt von der Einkommensgrenze ab, ab der kein Darlehen gewährt wird. Diese wurde in den Modellrechnungen zwischen öS 300.000,– und 400.000,– variiert. Je nach gewählter Grenze werden zwischen 32 % und 49 % der Studenten ein Darlehen erhalten. Die sofortigen Einnahmen des Bundes werden bei dieser Variante zwischen öS 0,742 und öS 1,643 Mrd. liegen. Nachhaltig werden mit ihr jedoch zwischen öS 1,351 und öS 2,529 Mrd. erzielbar sein.

5. Das Modell "Akademikersteuer" beschreibt keine leistungsabhängige Gebühr, sondern einen Zuschlag zur Einkommenssteuer von Hochschulabsolventen. Diese Variante zeichnet sich von allen hier diskutierten durch den geringsten Verwaltungsaufwand aus. Andererseits gehen hier alle erwünschten ordnungspolitischen Effekte von Studiengebühren verloren.

Neben dem geringen Verwaltungsaufwand besteht ein weiterer Vorteil der Akademikersteuer darin, daß auch frühere Absolventenkohorten rückwirkend zur Beitragsleistung herangezogen werden können. Da die Höhe der zusätzlichen Steuer ausschließlich von der Höhe des Einkommens abhängt, handelt es sich bei der Akademikersteuer primär um ein Instrument zur Umverteilung. Das Studierverhalten wird nicht positiv beeinflußt, denn die Höhe der Gebühr hängt nicht von der Studiendauer ab. Da sich die Abgabepflicht auf Absolventen beschränkt, entsteht ein Anreiz, das Studium kurz vor dem Abschluß abzubrechen. Den größten Vorteil bietet dieses Modell jenen Langzeitstudenten, die ihr Studium schließlich doch nicht abschließen. Da es nicht möglich war, eine Kompatibilität in den Ausgangsbedingungen mit den drei übrigen Varianten herzustellen, wurde für die Akademikersteuer keine Modellrechnung durchgeführt.

Theoretische und politische Grundsatzfragen

1.1 Der hochschulpolitische Kontext der Diskussion über Studiengebühren

Eine offene Diskussion über Studiengebühren gibt es in Österreich erst seit relativ kurzer Zeit. Die siebziger Jahre waren die Blütezeit des traditionellen sozialdemokratische Paradigmas in der Hochschulpolitik, in dieser Zeit erschienen Studiengebühren (die erst 1972 abgeschafft wurden) ebenso undenkbar wie die Wiedereinführung der Monarchie. Die Anziehungskraft des traditionellen sozialdemokratischen Paradigmas reichte damals weit in die konservativen Kernschichten hinein.[1] Die Eckpfeiler dieses Paradigmas sind folgende Grundannahmen:

- Die Hochschulexpansion wird umstandslos als Beitrag zu gesellschaftlichem Fortschritt, zu mehr sozialer Gleichheit und Demokratie gewertet. Die Ambivalenzen und nichtintendierten Folgen dieses Prozesses finden noch keine Beachtung.
- Man geht davon aus, daß die staatliche Planung der Hochschulexpansion die Abstimmung der wachsenden Studiennachfrage mit dem sozialen und ökonomischen Bedarf an Hochschulbildung gewährleistet.
- Die Finanzierung der Hochschulexpansion erscheint als unproblematisch, da staatliche Bildungsausgaben (egal welcher Art) als Zukunftsinvestitionen höchster Priorität betrachtet werden. In der Blütezeit des Austrokeynsianismus waren mögliche Finanzierungsengpässe im Hochschulbereich kein ernsthaftes Thema. Tatsächlich stellten die hochschulpolitischen Entscheidungsträger in den siebziger Jahren die Ernsthaftigkeit ihrer expansiven Orientierung durch Ausgabensteigerungen, die sich annähernd am Studentenwachstum orientierten, unter Beweis.

Natürlich gab es vereinzelte Stimmen, die die mittel- und langfristigen Folgen der Hochschulexpansion für den Bundeshaushalt weniger optimistisch sahen. Z.B. hatte das BMWF in den späten siebziger Jahren ein Forschungsprojekt zur "Finanzierung der Hochschulexpansion" vergeben (Bodenhöfer u.a. 1980), in dem der zu erwartende Druck auf die öffentlichen Haushalte sehr deutlich dargestellt wird. Auch wird auf die regressiven Verteilungswirkungen der öffentlichen Hochschulfinanzierung aufmerksam gemacht und es werden verschiedene Varianten privater Beiträge diskutiert. Solche Minderheitenpositionen waren aber damals von den dominanten Strömungen in der Hochschulpolitik so weit entfernt, daß sie innerhalb des BMWF nicht ernsthaft rezipiert wurden und auch sonst keine öffentliche Wirkung entfalten konnten.

Bereits in der ersten Hälfte der achtziger Jahre verlor das sozialdemokratische Paradigma einiges von seinem Glanz. Zum einen wurde um diese Zeit das Fundament des Austrokeynsianismus brüchig. Darüberhinaus ließen erste Anzeichen von Akademikerarbeitslosigkeit (deren Bedeutung in der Öffentlichkeit stark übertrieben wurde) grundsätzliche Zweifel am Sinn der Hochschulexpansion aufkommen. Seitens der staatlichen Hochschulpolitik ging man damals einer offenen Auseinandersetzung um eine Neubewertung der Bildungsexpansion aus dem Weg. Vielmehr hielten die hochschulpolitischen Entscheidungsträger an allen symbolträchtigen Elementen sozialdemokratischer Hochschulpolitik fest (positive Bewertung der Expansion, kein Numerus Clausus, keine Studiengebühren), sie reduzierten aber zugleich die öffentliche Finanzierungslast, indem die realen Ausgaben pro Hörer von Jahr zu Jahr gesenkt wurden (vgl. Abschnitt 1.2.). Auf diese Weise war es möglich, die hochschulpolitische Orientierung der siebziger Jahre auch unter den veränderten ökonomischen Realitäten der achtziger Jahre mehr oder minder bruchlos fortzusetzen. Die programmatischen Zielsetzungen wurden nicht verändert, aber die finanzielle Unterstützung der Expansion wurde deutlich zurückgenommen.

Die Öffentlichkeit hat von dieser Umorientierung[2] auf eine "Expansion light", in der nur noch die symbolische, nicht aber die materielle Unterstützung in vollem Umfang aufrecht blieb, lange Zeit kaum Notiz genommen. Das änderte sich schlagartig im Jahr 1985, als der Informatikerstreik eine bis heute nicht endende Welle von Protestmaßnahmen gegen die Unterausstattung der österreichischen Universitäten einleitete. Der Versuch, an der expansiven Politik festzuhalten, aber zugleich den Bundeshaushalt zu schonen, war in dieser Form nicht fortzusetzen.

In die zweite Hälfte der achtziger Jahre fallen daher erste grundsätzliche Überlegungen über eine Neuorientierung der Hochschulpolitik. Dieser Prozeß wurde durch den Umstand beschleunigt, daß es ab 1986 eine große Koalition gab und das Wissenschaftsressort für ein knappes Jahrzehnt von der ÖVP besetzt wurde. Ein abrupter Richtungswechsel war freilich ausgeschlossen, nicht nur weil der Koalitionspartner dies verhindert hätte, sondern auch deshalb, weil sich die Hochschulpolitik der ÖVP zwar in wichtigen Details, nicht aber grundlegend von jener der SPÖ unterschied. Die ÖVP hatte in der Phase der "sozialdemokratischen Hegemonie" die expansive Hochschulpolitik weitgehend unterstützt, und gemeinsam, wenngleich mit unterschiedlichen Akzentsetzungen und einer auf ihre jeweilige Klientel zugeschnittenen Inszenierung, rückten die beiden (damals noch großen) Parteien von der expansiven Orientierung ab. Daß die Hörerzahlen dennoch weitergewachsen sind, ist nur damit zu erklären, daß es der staatlichen Hochschulpolitik an einem wirksamen Mittel gefehlt hat, diesen Prozeß zu stoppen, ohne dabei symbolträchtige Grundsätze zu verletzen und Protestmaßnahmen zu provozieren.

Die nun eher skeptische Einschätzung der Expansion durch die hochschulpolitischen Entscheidungsträger äußerte sich primär im fruchtlosen Versuch, die ungebrochen wachsende Studiennachfrage durch weiche Beratungsmaßnahmen abzukühlen, d.h. die potentiellen Neuinskribenten von den Vorteilen beruflicher und bildungsmäßiger Alternativen zu überzeugen. Kurzfristig gab es eine Diskussion über einen universitären Zwischenabschluß (Bakkalaureat), von dem sich dessen Befürworter eine Entlastung der Universitäten erhofften. Von Seiten der Wirtschaft gab es innerhalb dieses veränderten Klimas erstmals die Forderung nach Einführung von Studiengebühren. Sehr deutlich in diese Richtung äußerten sich mehrere Beiträge eines hochschulpolitischen Schwerpunktheftes der Wirtschaftspolitischen Blätter (4/1988). Diese Position wurde auch von einigen Politkern der ÖVP aufgegriffen, es zeigte sich aber rasch, daß Studiengebühren innerhalb der ÖVP nicht konsensfähig waren.[3] Innerhalb der SPÖ war das Thema zu diesem Zeitpunkt noch nicht diskussionsreif. Ein im Jahr 1989 erschienener Diskussionsbeitrag in der "Zukunft" (Pechar 1989), der für die Einführung eines Darlehensmodells plädierte, wurde so wenig ernst genommen, daß er nicht einmal auf Widerspruch stieß.[4]

Obwohl die im Regierungsübereinkommen von 1986 beschlossene Budgetkonsolidierung eine deutliche Kursänderung in der Ausgabenpolitik des Bundes darstellte, konnten die Universitäten Ende der achtziger Jahre sehr hohe Budgetzuwächse erzielen. Die Universitäten haben in diesen Jahren öffentlichkeitswirksam einen finanziellen Nachholbedarf artikuliert.[5] Noch waren die meisten hochschulpolitischen Entscheidungsträger überzeugt, daß Budgetzuwächse auch innerhalb der bestehenden organisatorischen Strukturen die Situation an den Universitäten nachhaltig verbessern würden.

Grundlegende Veränderungen in der österreichischen Hochschulpolitik fanden in der 1. Hälfte der neunziger Jahre statt. Die Hochschulfinanzierung war zwar kein unmittelbarer Gegenstand von Reformüberlegungen, aber die Erosion des traditionellen sozialdemokratischen Paradigmas, die durch die UOG-Reform und das Fachhochschulmodell beschleunigt wurde, hatte Rückwirkungen auch auf diese Thematik. Die Deregulierung des Hochschulbereichs machte auch ein modifiziertes Verständnis der finanziellen Verpflichtungen des Staates gegenüber den Universitäten plausibel. Sowohl eine Diversifizierung der Finanzierungsquellen (wobei Studiengebühren eine der wichtigsten zusätzlichen Einnahmequellen sind) als auch eine Veränderung der öffentlichen Finanzierungsmechanismen (Bindung an Indikatoren, Globalhaushalt) sind nun verstärkt Gegenstand hochschulpolitischer Diskussion.

In den neunziger Jahren hat die Diskussion über Studiengebühren auch die SPÖ erfaßt. Eine nüchterne Bestandsaufnahme der sozialen Errungenschaften eines Vierteljahrhunderts massiver Hochschulexpansion muß das Vertrauen in den gleichheitsfördernden Charakter dieses Prozesses naturgemäß erschüttern. Hinzu kommt die Einsicht in die regressiven Verteilungseffekte der öffentlichen Hochschulausgaben. Vor dem Hintergrund wachsender Verteilungskonflikte im Staatshaushalt, die dazu zwingen, Prioritäten zu setzen und die Ausgaben in einem Bereich gegenüber jenen in anderen Bereichen abzuwägen, konnte es nicht ausbleiben, daß auch die Sozialdemokratie von der bedingungslosen Ablehnung von Studiengebühren abzurücken beginnt. Die Schwierigkeit dieses Umdenkprozesses liegt einerseits im hohen symbolischen Stellenwert, den der kostenfreie Hochschulzugang in der Vergangenheit für diese Partei gehabt hat. Zum anderen stellt sich die Frage, welche begleitenden Maßnahmen gesetzt werden müssen, damit Studiengebühren keine sozialen Barrieren für den Hochschulzugang errichten. Die Mehrheit der Entscheidungsträger innerhalb der SPÖ vertritt bislang die Meinung, daß ein sozial gerechtes Gebührenmodell nicht machbar sei, und daß man daher eine Umverteilung von unten nach oben als das kleinere Übel in Kauf nehmen müsse.

Daß Studiengebühren die soziale Durchlässigkeit des Bildungssystems nicht einschränken dürfen, ist ein von allen politischen Lagern geteilter Grundkonsens, wenngleich dieser Gesichtspunkt etwa in den Überlegungen der Wirtschaftsverbände eine geringere Rolle spielt als bei der Sozialdemokratie. Um diesem Gerechtigkeitspostulat Rechnung zu tragen, sehen die meisten Diskussionsbeiträge Studiengebühren in sehr geringer Höhe vor, die zudem sozial gestaffelt sein sollten. Die meisten Vorschläge haben eher den Charakter einer "Schutzgebühr" (2.000 – 3.000 öS pro Jahr), deren wichtigster Effekt darin bestünde, die Hochschulstatistik von den Scheininskibenten zu befreien. Häufig werden Studiengebühren auch als Steuerungsinstrument vorgeschlagen, vorzugsweise zur Verkürzung der Studiendauer, gelegentlich auch als Bestrafung für Studienabbruch. Gebühren von mehr als 10.000 öS pro Jahr wurden bislang in der Öffentlichkeit ebensowenig diskutiert wie Darlehensmodelle.

Das öffentliche Eintreten von Spitzenpolitikern der SPÖ für Studiengebühren hat gezeigt, daß eine sachliche Diskussion dieser Thematik unter den Bedingungen der Parteienkonkurrenz auf große Schwierigkeiten stößt. Bei einem so unpopulären und tabubehafteten Thema bietet jeder Vorstoß einer Partei allen anderen Parteien zunächst einmal eine Gelegenheit zur Abgrenzung und Profilierung. Zwar steht mittlerweile eine Mehrheit der Bevölkerung der Einführung von Studiengebühren aufgeschlossen gegenüber,[6] für die meisten Menschen handelt es sich aber um kein Thema mit hoher Priorität; auch wenn sie der Einführung von Studiengebühren zustimmen, wird der Politiker, der dies vertritt, daraus nur wenig politisches Kapital schlagen können. Dagegen ist die Zahl der kompromißlosen Gegner von Studiengebühren zwar relativ gering, für sie besitzt das Thema jedoch hohe Priorität. Unter solchen Bedingungen ist das Eintreten für Studiengebühren für jeden Politiker eine sehr riskante Option, eine Distanzierung von solchen Vorschlägen, selbst wenn dies der eigenen Überzeugung widerspricht, ermöglicht zumindest kurzfristige Popularitätsgewinne.

Einige Hochschulpolitiker sahen in der Gründung von Fachhochschulen eine Chance, diesem Dilemma zu entgehen. Sie wollten Studiengebühren (zunächst) nur in diesem neuen Hochschulsektor einführen, da hier keine "wohlerworbenen Rechte" in Frage gestellt werden müßten. Auch wenn es zweifellos leichter ist, konfliktträchtige Vorschläge bei Neugründungen durchzusetzen, als bestehende Strukturen zu verändern, so wäre eine Beschränkung von Studiengebühren auf Fachhochschulen bei gleichzeitigem kostenfreien Universitätszugang dennoch keine zielführende Lösung gewesen. Es war und ist nämlich keinesfalls sicher, daß der neue Sektor von der Bildungsnachfrage in ausreichendem Maß akzeptiert wird. Auch wenn sich die Hochschulpolitik um eine weitgehende Gleichwertigkeit eines Fachhochschulabschlusses mit einem universitären Erstabschluß bemüht, besitzen die Universitäten (zumindest kurz- und mittelfristig) einen Prestigevorsprung. Es wäre eine schwere Hypothek für den neuen Sektor gewesen, wenn er mit der Last einer finanziellen Schlechterstellung seiner Studenten hätte starten müssen. Es war somit eine richtige Entscheidung, die Diskussion über Fachhochschulgebühren einzustellen.[7]

In den Monaten vor den Nationalratswahlen 1994 wurde eine Diskussion über Studiengebühren von den Parteizentralen als inopportun betrachtet. Das nach den Wahlen präsentierte "Sparpaket" der Regierung hat freilich in aller Deutlichkeit demonstriert, daß das Thema noch nie so aktuell war wie in der 2. Hälfte der neunziger Jahre. Erstmals in der Geschichte der Budgetkonsolidierung ist auch der Bildungsbereich spürbar von Sparmaßnahmen betroffen. Die spektakulärsten Auseinandersetzungen darüber haben im Schulbereich stattgefunden, aber auch im Hochschulbudget konnten die vergleichsweise hohen Steigerungen der letzten Jahre nicht fortgeführt werden. Mehrere Äußerungen des neuen Finanzministers haben klargestellt, daß die Kürzungen im Budget für 1995 keine singuläre Maßnahme waren. Ohne Einnahmen aus privater Quelle, welche die staatlichen Hochschulausgaben ergänzen, wird es nicht möglich sein, die Hochschulexpansion auf eine solide finanzielle Basis zu stellen.

1.2 Indikatoren zur Entwicklung der öffentlichen Hochschulfinanzierung in Österreich

Aus einer theoretischen Gesamtperspektive lassen sich die für die Ausbildung an Hochschulen anfallenden Kosten in drei Kategorien unterteilen (vgl. Johnstone 1991):

- institutionelle Kosten (alle für die Lehre an Hochschulen anfallenden Kosten)
- Lebenshaltungskosten der Studenten (inklusive der individuell zu tragenden Kosten für Bücher, Lernmaterialien etc.)
- Opportunitätskosten (Einkommensverlust von Studenten, Verlust von Steuern und Abgaben seitens des Staates).

Bei den Opportunitätskosten handelt es sich um kalkulatorische Kosten, die hier nicht weiter thematisiert werden.[8] Bei den institutionellen Kosten und den Lebenshaltungskosten der Studierenden handelt es sich hingegen um monetäre Kosten, die sich in öffentlichen und privaten Ausgaben niederschlagen:

Lebenshaltungskosten			Institutionelle Kosten	
Private Ausgaben der Familie bzw. des Studenten	Staatliche Stipendien und sonstige Förderungen	Stipendien durch gemeinützige private und halböffentliche Fonds	Studiengebühren	Staatliche Hochschulausgaben

Die Ausgaben des Staates für die österreichischen Hochschulen sind in den vergangenen vier Jahrzehnten massiv gestiegen. Das ist im wesentlichen auf zwei Faktoren zurückzuführen: a) auf das außergewöhnliche Wachstum der Studentenzahlen und b) darauf, daß der Staat einen wachsenden Anteil der monetären Ausgaben für Hochschulausbildung übernommen hat und die durch die privaten Haushalte getragenen Kosten im selben Ausmaß zurückgegangen sind. Das Phänomen der Hochschulexpansion bedarf in diesem Zusammenhang keiner eingehenden Würdigung. Es reicht der Hinweis, daß sich die Zahl der ordendlichen Hörer an den österreichischen Hochschulen in den letzten vierzig Jahren mehr als verzehnfacht hat (1956/57: 20.000, 1993/94: 211.000).

Weniger bekannt sind die Etappen des Prozesses, in dessen Verlauf der Staat einen wachsenden Teil der Kosten für Hochschulbildung übernommen hat.

Der private Anteil an den institutionellen Kosten hat sich seit den fünfziger Jahren sukzessive verringert; seit der Abschaffung der Hochschultaxen im Jahr 1972 trägt der Staat die gesamten institutionellen Kosten. 1953 wurden die von den Studierenden zu leistenden Gebühren durch das Hochschultaxengesetz (BGBl. Nr 102/1953) neu geregelt. Dabei wurde eine Vielzahl von Taxen festgelegt (Matrikel- und Inskriptionstaxen, Kollegiengelder, Prüfungstaxen, Benützungsgebühren für Laboratorien, Institute u.ä., Materialersätze etc.), die entweder den Hochschullehrern und Prüfern zufließen sollten oder für Sachausgaben der Hochschulen zu verwenden waren. Diese Gebühren wurden bis zum Zeitpunkt ihrer Abschaffung (1972) nicht an die Inflation angepaßt. Der private Anteil an den institutionellen Kosten ist in diesen beiden Jahrzehnten erheblich gesunken. 1953 lag der Anteil der Einnahmen aus den Hochschultaxen an den Hochschulausgaben bei 10,2%, 1972 nur noch bei 5,8% (vgl. Hochschulbericht 1972, 238).

Neben allgemeinen bildungspolitischen Erwägungen lag ein weiterer Grund für die Abschaffung dieser Gebühren im Jahr 1972 darin, daß die Einhebung und zweckgebundene Aufteilung dieser unterschiedlichen Taxen einen erheblichen Verwaltungsaufwand erforderte, der nicht mehr in einem vernünftigen Verhältnis zu den realen Einnahmen stand. Die Abschaffung der Hochschultaxen führte zu einem Einnahmenverlust von 36,5 Mill S. Jeder Student wurde dadurch von Gebühren in der Höhe von ca. 730 S entlastet. In Preisen von 1994 hatte ein Student 1971 also Gebühren in der Höhe von ca. 2.000 S zu entrichten. Da seit 1953 keine Inflationsanpassung der Hochschultaxen erfolgte, mußten auch die Studenten des Jahres 1953 Gebühren von annähernd 730 S entrichten. Das war zu dieser Zeit annähernd ein halbes Durchschnittsbruttomonatsgehalt. In Preisen von 1994 hatte ein Student des Jahres 1953 Gebühren in der Höhe von ca. 3.600 S zu entrichten.

Parallel zur Entlastung der Studenten von Beiträgen zu den institutionellen Kosten der Hochschulbildung hat sich der Staat durch den Ausbau der Studienförderung zunehmend an den Lebenshaltungskosten der Studenten beteiligt. 1963 wurden staatliche Studienbeihilfen eingeführt, die – unter der Vorraussetzung eines zufriedenstellenden Studienerfolgs – den sozial bedürftigen Studenten zufließen sollten. Knapp ein Viertel aller Studierenden kam Mitte der sechziger Jahre in den Genuß dieser Beihilfen (Engelbrecht 1988, 372 f). Mit dem Studienförderungsgesetz 1969 (BGBl. Nr. 421/1969)[9] wurde das Beihilfesystem erweitert. Das Kernstück der direkten Studienförderung war das "Sozialstipendium", dessen Bezug neben dem Nachweis des Studienerfolgs an Einkommensobergrenzen gebunden war.[10] Hinzu kamen z.B. Begabtenstipendien (seit 1983: Leistungsstipendien), Beihilfen für Auslandsstudien sowie eine Reihe weiterer kleinerer Beihilfekategorien.[11] Das

Studienförderungsgesetz wird laufend novelliert, um die Höhe der Beihilfen und die Einkommensobergrenzen an die Inflationsentwicklung anzupassen.

1992 betrugen die höchstmöglichen Sozialstipendien je nach Status des Beihilfenbeziehers zwischen 66.000 S (verheiratete Studierende mit Kind und eigenem Wohnsitz) und 40.000 S (unverheiratete Studierende ohne Kind, bei den Eltern am Studienort wohnend). Die durchschnittliche Beihilfenhöhe im Studienjahr 1992/93 betrug 47.000 S. Trotz laufender Anpassungen der Einkommensobergrenzen hat sich der Anteil der Beihilfenbezieher an den gesamten Studierenden laufend verringert. Lag er Mitte der sechziger Jahre bei knapp einem Viertel, so ist er Ende der siebziger Jahre auf 13,5% gefallen und lag Ende der achtziger Jahre unter 10%. 1992/93 ist er wieder auf 12% gestiegen.[12] In diesen sinkenden Anteilen schlagen sich die realen Einkommenssteigerungen der letzten drei Jahrzehnte nieder.

Neben der bisher erwähnten direkten staatlichen Studienförderung gibt es die indirekte Studienförderung, deren Gewicht in den letzten Jahrzehnten laufend zugenommen hat. Während die direkte Förderung nach sozialen Gesichtspunkten (Sozialstipendium) oder auf Grund besonderer Leistungen oder Aufwendungen (Begabten- bzw. Leistungsstipendium, Beihilfe für Auslandsstudien, Förderungsstipendium) vergeben wird, besteht die Anspruchsgrundlage für die indirekte Beihilfe darin, daß Studierenden der Status "Kind" im Sinne der staatlichen Familienförderung bis zum Studienende bzw. bis zu einer gesetzlichen Altersgrenze zuerkannt wird. Die mit Abstand wichtigste dieser Fördermaßnahmen ist die Familienbeihilfe, des weiteren fallen die Studentenfreifahrten, die Kranken- und Unfallsversicherung für Studierende, die Steuerbegünstigungen für die Eltern von Studierenden sowie die Förderung von Studentenheimen und -mensen in diese Kategorie.

Seit 1992 kann die Familienbeihilfe bis zu einer einheitlichen Altersgrenze von 27 Jahren bezogen werden, wobei allerdings ein minimaler Studienfortschritt nachgewiesen werden muß.[13] Die Höhe der Familienbeihilfe für Studenten liegt bei 1.950 S (gegenüber 1.650 S für Kinder/Jugendliche unter 19 Jahren).[14] Gesetzliche Basis der Familienbeihilfe ist das Familienlastenausgleichsgesetz 1967. Mit diesem Gesetz wurde die Familienförderung, die bis in die fünfziger Jahre eindeutig auf die einkommenschwachen Gruppen ausgerichtet war, auf alle Kinder ausgedehnt. Die Förderung wird aus dem Familienlastenausgleichsfonds (FLAF) bezahlt, der aus zweckgebundenen Steuermitteln und lohnsummenabhängigen Arbeitgeberbeiträgen gespeist wird. Während sich die Einnahmen dieses Fonds auf Grund steigender Nettoeinkommen laufend erhöht haben, sind zugleich die Ausgaben auf Grund der demographischen Entwicklung gesunken. Die so entstehenden Überschüsse[15] wurden durch die Einführung neuer Beihilfen sowie durch die kräftige Er-

	1970	1981	1993
Indirekte Förderungen nominell	157	1.207	2.700
Index, deflationiert (1970=100)	(100)	(392)	(595)
Direkte Förderungen nominell	129	383	976
Index, deflationiert (1970=100)	(100)	(151)	(262)
ord. Hörer, Index (1970=100)	(100)	(236)	(396)

Quelle: BMWF

Tabelle 1: Ausgaben für Ausbildungsförderung an Universitäten und Kunsthochschulen, in Mio S

höhung der bestehenden abgebaut. Mit der Steuerreform 1976 wurden die Steuerbegünstigungen für Familien weitgehend eliminiert und durch einkommensunabhängige Transferzahlungen aus dem FLAF ersetzt. Dadurch sollte eine allzu drastische Bevorzugung höherer Einkommensgruppen durch die Familienförderung verhindert werden. Seit den späten achtziger Jahren wurden jedoch Kinder im Steuerrecht wieder stärker berücksichtigt.[16] Wie die OECD feststellt, "wurden die neuen Steuerabsetzbeträge noch auf das bereits bestehende System 'aufgepfropft', wodurch die ohnedies schon sehr großzügige Förderung und die budgetäre Belastung noch verstärkt wurden" (OECD 1994, 81).

Insgesamt überwiegt in der bestehenden Familienförderung die horizontale Umverteilung, während die sozialen Gesichtspunkte zu kurz kommen. Daß höhere Einkommensgruppen auch höhere Leistungen beziehen, wird nicht zuletzt durch den Umstand bedingt, daß auch Studenten in dieses Fördersystem eingebunden sind (und seit 1992 noch dazu höhere Beiträge beziehen, als Jugendliche unter 19 Jahren). Auch für das Gesamtsystem der staatlichen Studienförderung läßt sich dieses Ungleichgewicht sehr deutlich zeigen. Die nach sozialen Gesichtspunkten vergebene direkte Studienförderung hat seit 1970 ständig an Bedeutung verloren, sie ist in realen Preisen wesentlich langsamer gewachsen als die Gesamtzahl der Studierenden. Dagegen ist die nicht nach besonderer Förderungswürdigkeit vergebene, sondern mit der Gießkanne über alle Studierenden verteilte indirekte Studienförderung in realen Preisen stärker gewachsen als die Hörerzahl. Machte die indirekte Förderung 1970 nur wenig mehr aus als die direkte, betrug sie 1993 nahezu das Dreifache.

Wie haben sich die öffentlichen Ausgaben für Hochschulstudien im Zuge der Hochschulexpansion entwickelt?[17] Man kann diese Entwicklung aus zwei Perspektiven betrachten: zum einen kann man das Hochschulbudget[18] zu

	1970	1975	1980	1985	1990	1993
Hörer (in Tsd.)	53	81	116	161	193	211
Index (1970=100)	100	153	218	303	364	396
Hochschulbudget nominell (Mrd. S)	2,31	5,11	8,44	12,52	17,89	24,58
Hochschulbudget in Preisen zu 1976	3,51	5,40	6,96	8,16	10,15	12,48
Index (1970=100)	100	154	198	232	289	355
Planstellen	5151	7234	7722	8232	8664	9611
Index (1970=100)	100	140	150	160	168	187
Anteil des Budgets am Bundeshaushalt	2,3	2,6	2,8	2,8	3,1	3,6
Anteil des Budgets am BIP	0,6	0,8	0,9	0,9	1,0	1,2

Quelle: BMWF

Tabelle 2: Indikatoren zur Entwicklung des Hochschulbudgets

gesamtwirtschaftlichen Indikatoren in Beziehung setzen. Dabei gewinnt man einen Eindruck von den Veränderungen im volkswirtschaftlichen Stellenwert dieses Sektors. Der Anteil des Hochschulbudgets am BIP hat sich seit 1970 verdoppelt, er betrug 1970 0,6%, stieg bis 1980 auf 0,9% und liegt seit 1993 bei 1,2%. An dieser Entwicklung kann eine relativ lange Stagnation des BIP–Anteils Ende der siebziger und in der 1. Hälfte der achtziger Jahre hervorgehoben werden: Von 1978 bis 1985 betrug der BIP–Anteil 0,8%.

Auch der Anteil des Hochschulbudgets am gesamten Bundeshaushalt hat kräftig zugenommen, er ist von 2,3% (1970) auf 2,8% (1980) und 3,9% (1994) gestiegen. Wie die Abbildung 1 zeigt, sind die Hochschulausgaben bis 1976 weit schneller gewachsen als der Bundeshaushalt, während die Entwicklung in den darauffolgenden zehn Jahren annähernd parallel verlief. Der Anteil des Hochschulbudgets am Bundeshaushalt ist in dieser Zeit sogar leicht gesunken, von 2,9% (1976) auf 2,8% (1985). Mit der im Jahr 1986 beginnenden Politik der Budgetkonsolidierung wurde das Wachstum des Bundeshaushalts deutlich eingebremst, während die Wachstumsraten beim Hochschulbudget bis 1990 weitgehend konstant blieben. Seit 1990 gibt es beim Hochschulbudget ein außerordendlich hohes, den Bundeshaushalt weit übertreffendes Wachstum. In nur vier Jahren ist der Anteil der Hochschulausgaben an den gesamten Bundesausgaben von 3,1% (1990) auf 3,9% (1994) gestiegen.

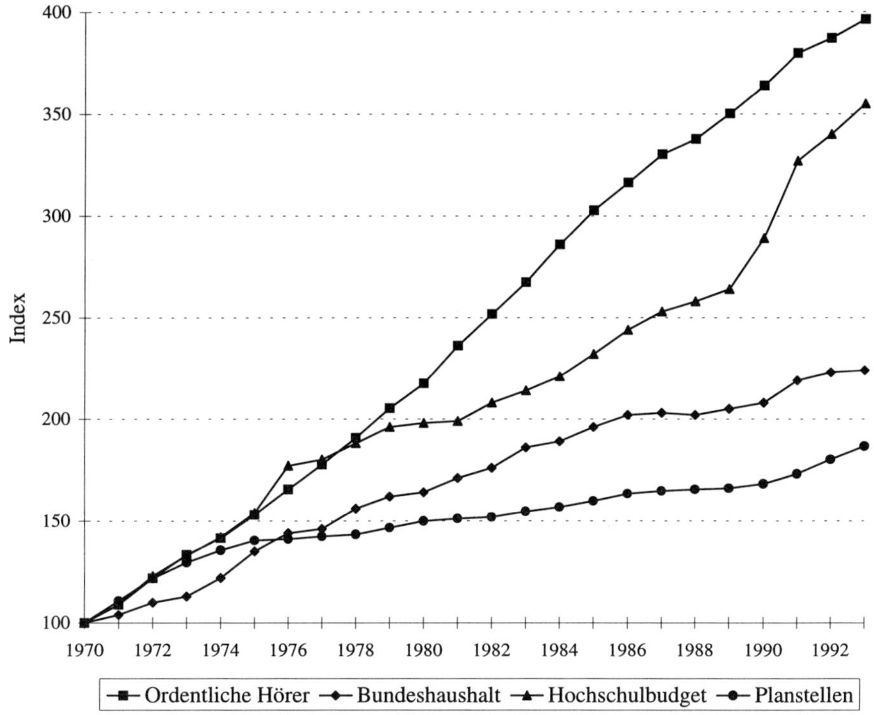

Abbildung 1: Hochschulbudget, Bundeshaushalt, ordentliche Hörer und Planstellen für wissenschaftliches Personal, Index 1970 – 1993

Der Vergleich mit volkswirtschaftlichen Kennziffern macht somit den erhöhten Stellenwert des Hochschulbudgets deutlich. Eine andere Möglichkeit, diese Entwicklung zu beschreiben, besteht darin, sie zur Expansion der Studentenzahlen in Beziehung zu setzen. Dabei wird das Ausgabenwachstum, so beeindruckend es sich auch gegenüber dem gesamten Bundeshaushalt oder dem BIP ausnehmen mag, erheblich relativiert. Während die Hörerzahlen sich nämlich seit 1970 vervierfacht haben, ist das Hochschulbudget im selben Zeitraum um den Faktor 3,5 gewachsen. Besonders ernüchternd ist der Vergleich mit der Entwicklung der Planstellen, die seit 1970 nur um knappe 90% zugelegt haben. Das Betreuungsverhältnis hat sich also im Verlauf der Hochschulexpansion radikal verschlechtert.

Bei näherer Betrachtung ergibt sich eine ähnliche Periodisierung wie beim Vergleich mit den volkswirtschaftlichen Indikatoren. Bis Ende der siebziger Jahre konnten die Budgetzuwächse mit der Hörerexpansion Schritt halten. Ab 1978 beschreitet die Budgetentwicklung einen deutlich langsameren Wachstumspfad, auf dem sie bis 1989 verbleibt. In den achtziger Jahren nehmen die realen Ausgaben pro Student sukzessive ab. Durch die außergewöhnlich hohen Wachstumsraten zu Beginn der neunziger Jahre kehrt sich dieser Trend kurzfristig um. Seit 1991 verlaufen die Ausgaben- und die Hörerexpansion annähernd parallel. Die Planstellenentwicklung verläuft nur zu Beginn der siebziger Jahre im selben Tempo wie die Hörerexpansion. 1975 gibt es dann einen deutlichen Knick, der eine Phase sehr geringen Wachstums einleitet, das bis zum Ende der achtziger Jahre anhält. In den neunziger Jahren gibt es geringfügig höhere Steigerungsraten.

Diese Gegenüberstellung einer hochschulischen Binnenperspektive mit einer volkswirtschaftlichen Gesamtbetrachtung läßt das Spannungsfeld erkennen, in dem die Finanzierung der Massenuniversität steht. Während die öffentlichen Ausgaben für die Hochschulen schneller gewachsen sind als für fast alle übrigen Bereiche, stellt sich dieselbe Entwicklung aus der Sicht der Hochschulen als zunehmende Verschlechterung dar. In den achtziger Jahren hat die Hochschulpolitik versucht, diese Verschlechterung zu verdrängen. Man ging davon aus, daß es sich bei den Ressourcenengpässen um eine vorübergehende Durststrecke handle. Auf Grund der demographischen Entwicklung erwartete man schon für die 2. Hälfte der achtziger Jahre sinkende Hörerzahlen, die sich allmählich auf dem Niveau der frühen achtziger Jahre einpendeln würden. Ein solches Szenario schien auch budgetpolitisch durchaus verkraftbar zu sein.

Die faktische Entwicklung ist bekanntlich anders verlaufen. Die wachsende Unzufriedenheit an den Universitäten hat die Vision einer "Untertunnelung des Studentenbergs" endgültig platzen lassen.[19] Zu Beginn der neunziger Jahre hat die Hochschulpolitik massive Anstrengungen unternommen, die gröbsten Mängel in der Ressourcenausstattung zu beheben. Das Hochschulbudget konnte in dieser Zeit sein Gewicht gegenüber den anderen öffentlichen Ausgabenposten erheblich verbessern. Aus der universitären Binnenperspektive war das nur ein Tropfen auf den heißen Stein. Hier hält man auch in den kommenden Jahren ebenso massive Ausgabenerhöhungen für erforderlich. Dagegen gehen die meisten finanzpolitischen Entscheidungsträger davon aus, daß es nicht möglich sein wird, die Ressourcenausstattung der Universitäten auf der Basis des bestehenden Finanzierungsmusters zu verbessern. Aus dieser Perspektive stehen die österreichischen Hochschulen vielmehr vor der Aufgabe, zum einen den Mitteleinsatz zu optimieren und zum anderen zusätzliche Einnahmequellen zu erschließen. Mehrfach wurde aus dem Finanzministerium die Forderung nach Einführung von Studiengebühren laut.

Das folgende Kapitel wird die finanziellen Perspektiven der Hochschulen vor dem Hintergrund der budgetären Entwicklung diskutieren.

1.3 Fiskalische Rahmenbedingungen künftiger Hochschulfinanzierung

Man könnte glauben, es sei Mitte der neunziger Jahre für jeden offenkundig, daß die staatlichen Ausgaben in den kommenden Jahren erheblichen Einschränkungen unterliegen werden. Wirtschaftsexperten, alle politischen Parteien und eine große Bevölkerungsmehrheit messen der Budgetkonsolidierung sehr hohe Priorität zu. Es besteht ein weitgehender Konsens, daß dieser Prozeß überwiegend ausgabenseitig erfolgen muß. Aber natürlich gibt es keine Einigkeit darüber, wo gespart werden muß. Jede Lobby will, daß der eigene Bereich verschont bleibt, dafür anderswo umso kräftiger gekürzt wird.

Die "Bildungslobby" ist da keine Ausnahme. Sie vertritt auch in Zeiten der "Budgetsparpakete" unverdrossen die Auffassung, daß die öffentlichen Bildungsausgaben mehr oder minder beliebig ausgedehnt werden könnten. Wie jede andere Lobby hält sie ihren Bereich für wichtiger als alles andere. Mit großer Emphase wird verkündet, daß man für Bildung und Forschung gar nicht genug Geld ausgeben kann. Gelegentlich bedient man sich auch einer ökonomischen Rhetorik, derzufolge Bildung die beste Investition in die Zukunft sei. Der Verweis auf Grenzen der Finanzierbarkeit gilt dann als Zeugnis für Kleinmut und Engstirnigkeit.

Im übrigen ist auch das Ziel der Budgetkonsolidierung bei den Vertretern der Bildungslobby keinesfalls unumstritten. Hier hört man noch gelegentlich die Auffassung, daß es so gut wie keine Grenzen der öffentlichen Verschuldung gibt. Daher wird eine Ausgabenbegrenzung, die mit dem Ziel der Verringerung des Defizits begründet wird, nicht als stichhaltiges Argument akzeptiert. Auch die Einschätzungen internationaler Organisationen oder die Maastricht-Kriterien werden eher als beliebige Vorgaben interpretiert, an die man sich in der eigenen Politik keineswegs gebunden fühlt.

Da man grundsätzlich in Zweifel zieht, daß es auf der Basis der bestehenden Finanzierungsmuster Grenzen der Finanzierbarkeit gibt, besteht auch keine Bereitschaft, über zusätzliche Einnahmequellen für die Hochschulen ernsthaft nachzudenken. Aus dieser Perspektive wird die Diskussion über Studiengebühren daher nicht als eine Antwort auf ein reales Problem, auf die immer enger werdenden Rahmenbedingungen der öffentlichen Hochschulfinanzierung verstanden, sondern als ein ideologisches Wendemanöver, das mit mehr oder minder beliebigen Argumenten die Errungenschaften der zurückliegenden Hochschulreformen beseitigen will. Es erscheint daher notwendig, die fiskalischen Rahmenbedingungen künftiger Hochschulfinanzierung explizit zu thematisieren.

Seit Mitte der achtziger Jahre zählt eine mittelfristige Budgetkonsolidierung zu den politischen Prioritäten der Bundesregierung. Im Jahr 1986 setzte sich die neugewählte Koalitionsregierung das Ziel, das Defizit des Bundeshaushalts, das 1986 5% des BIP betrug, bis zum Jahr 1992 auf 2 1/2 % zu reduzieren. Auf Grund günstiger Rahmenbedingungen konnte dieses Ziel zu einem hohen Anteil eingelöst werden. Bis 1992 wurde die Defizitquote auf 3 1/4 % gesenkt (vgl. OECD 1994).

Dieser Konsolidierungsprozeß hat sich in den neunziger Jahren verlangsamt und seit 1992 in sein Gegenteil verkehrt (vgl Abbildung 2). Für 1993 wurde ein Defizit von 64 Mrd. S veranschlagt, das tatsächlich erreichte Defizit beträgt 98 Mrd. S, das sind 4,7 % des BIP. 1994 betrug betrug das Budgetdefizit 100,2 Mrd. S (bzw. 4,5% des BIP), 1995 wird es nach Schätzungen des Finanzministeriums 130 Mrd. S (bzw. 5,5% des BIP) betragen. Die Verschuldung (gemäß den Maastricht-Kriterien) betrug 1994 1.474 Mrd. S (65,7% des BIP) und 1995 voraussichtlich 1.615 Mrd. S (68,5% des BIP). Die Maastrichter Kovergenzkriterien, die eine Defizitquote von 3% und eine Verschuldungsquote von 60% erlauben, werden also bei weitem nicht eingehalten, mit sich wegbewegender Tendenz. Abgesehen davon zwingen auch die internationalen Finanzmärkte zu einer stabilen Haushaltspolitik. Österreich hat derzeit sehr günstige Zinskonditionen ("Triple A"), eine Erhöhung um nur einen halben Prozentpunkt würde eine Neuverschuldung um 8 Mrd. S zur Folge haben.

Die Gründe für dieses dramatisch steigende Defizit liegen einerseits in der Rezession der vergangenen Jahre, die zu sinkenden Einnahmen führte, zugleich aber Mehrausgaben für arbeitsplatzpolitische Maßnahmen erforderlich machte. Zweitens kam es in den letzen Jahren zu einer Ausweitung des Sozialsystems (Pflegegeld, 2. Karenzjahr sowie Maßnahmen, die auf Grund des Verfassungsgerichtshofurteils über Familienbeihilfe notwendig wurden), die das Budget weit stärker belastet, als die Kostenschätzungen dies prognostiziert haben. Weiters wurde das Budget einnahmenseitig durch Steuerreformen belastet, von denen primär die einkommensstarken Schichten profitierten (Abschaffung der Vermögens- und Gewerbesteuer). Seit 1995 kommen schließlich die Kosten des EU-Beitritts zu tragen.

Die Entwicklung der letzten Jahre hat also gezeigt, daß trotz großer Anstrengungen und eindeutiger Prioritätensetzungen nicht gelungen ist, das Budget-

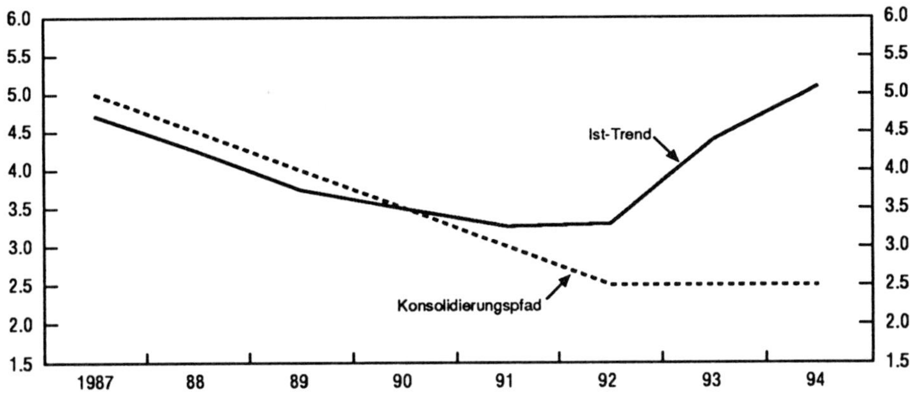

1. Auf administrativer Basis.
Quelle: Bundesministerium für Finanzen.

Abbildung 2: Budgetdefizit des Bundes: Konsolidierungspfad und Ist–Trend (in Prozent des BIP)

defizit und die Staatsverschuldung in jene Grenzen zurückzuführen, die von Budgetexperten als unbedenklich eingestuft werden. Das gibt vor allem deshalb Anlaß zur Sorge, weil es viele Anzeichen dafür gibt, daß der Druck auf die öffentlichen Ausgaben in Zukunft massiv anwachsen wird. Dafür sind vor allem die folgenden Faktoren verantwortlich:

- Steigendes Durchschnittsalter: Der Anteil der über 60jährigen an der Gesamtbevölkerung wird in den nächsten dreieinhalb Jahrzehnten von einem Fünftel auf ein Drittel zunehmen. Dazu kommt, daß das effektive durchschnittliche Pensionsalter auf 58 Jahre gesunken ist. Derzeit ist die Alterssicherung zu etwa 75% durch Beitragszahlungen abgedeckt, der Rest wird durch Transferleistungen des Bundes aufgebracht. Der Bund ist gesetzlich verpflichtet, diesen Differenzbetrag, der derzeit ca. 7% der Bundesausgaben ausmacht, abzudecken. Auf Grund der demographischen Entwicklung werden die Bundessubventionen an den Pensionsausgaben aber dramatisch anwachsen, und zwar – je nach demographischem Szenario – auf 45–55% (vgl Abbildung 3). Die OECD schätzt, daß dies zu einem Ausgabenschub von 4–8% des BIP führen wird (OECD 1994, 63).[20]

- Kostensteigerungen im Gesundheitswesen: Im Zeitraum 1970 bis 1980 ist der Anteil der gesamten Gesundheitsausgaben am BIP in Österreich von 5,4% auf 7,9% gestiegen. In den achtziger Jahren konnte dieses Wachstum gebremst werden (1991: 8,6%). Der Anteil der öffentlichen Ausgaben an den geamten Gesundheitsausgaben macht ca. 2/3 aus; er liegt damit deutlich unter dem OECD–Schnitt (75%) und wird sich kaum noch verringern lassen. Das Bundesbudget wird durch diese öffentlichen Ausgaben nur gering belastet. Dramatisch schlägt sich die Dynamik der Gesundheitsausgaben dagegen in den Haushalten der Bundesländer nieder, womit indirekt – im Wege des Finanzausgleichs – auch der Handlungsspielraum des Bundesbudgets weiter eingeschränkt wird. Beispielsweise machte der Anteil der Gesundheitsausgaben am gesamten Budget der Stadt Wien 1993 bereits 22% aus. 1980 lag dieser Anteil noch bei 15%. Allen Bemühungen um eine Ausgabenreduktion zum Trotz muß man davon ausgehen, daß die Ausgaben für das Gesundheitswesen weiter steigen werden. Zum einen wirken der dynamische wissenschaftlich–technische Fortschritt in der Medizin und die steigenden professionellen Standards im Gesundheitswesen kostensteigernd. Ein Kostendruck resultiert auch aus den Veränderungen in der Zusammensetzung der Bevölkerung (Alterung) und dem damit einhergehenden erhöhten Pflegebedarf. Nur eine massive Rationierungspolitik, die politisch kaum durchsetzbar ist, könnte das Ausgabenwachstum stoppen.

- Steigende Kosten der Arbeitslosigkeit: Österreich hat bislang im internationalen Vergleich sehr günstige Arbeitsmarktdaten, die Arbeitslosigkeit liegt deutlich unter dem Schnitt der OECD–Länder. Unter Arbeitsmarktexperten gilt es aber als wahrscheinlich, daß das jüngste Ansteigen der Arbeitslosigkeit auf 7% im Jahr 1993 nicht nur konjunkturbedingt ist, sondern daß hier auch Strukturprobleme wirksam sind, von denen viele Ökonomen glauben, daß sie ein Wachstum ohne Beschäftigungszuwachs verursachen. Alle westlichen Industriegesellschaften mit stark regulierten Arbeitsmärkten kommen angesichts der erhöhten Mobilität des Kapitals und der verschärften Billiglohnkonkurrenz aus Osteuropa und der Dritten Welt unter erheblichen Druck. Aus der Perspektive der Arbeitnehmerseite gibt es einen Zielkonflikt zwischen der Aufrechterhaltung hoher sozialstaatlicher Standards und einem wirksamen Kampf gegen Massenarbeitslosigkeit und es ist völlig offen, auf welche Weise dieser Konflikt ausgetragen werden wird. Es ist nicht auszuschließen, daß die Arbeitslosenraten mittelfristig auch in Österreich auf ein "westeuropäisches Niveau" von über 10% ansteigen werden. Laut einer Schätzung (vgl. Europäisches Zentrum für Wohlfahrtspolitik und Sozialforschung 1993) belastet jedes zusätzliche Prozent an Arbeitslosen das Budget mit 3 Mrd. S, wozu noch ca. das Dreifache an indirekten Kosten kommt.

Diese knappen Bemerkungen erheben weder den Anspruch auf Vollständigkeit,[21] noch können sie eine auch nur vorsichtige Prognose künftiger Budgetbelastungen leisten. Sie sollen nur auf die Dringlichkeit rivalisierender öffentlicher Aufgaben aufmerksam machen. Bei den genannten Entwicklungen handelt es sich um politisch hochsensible Materien, die enormen sozialen Sprengstoff beinhalten. Es wird zu den politischen Prioritäten zählen, die angedeutete Ausgabendynamik unter Kontrolle zu bringen oder zumindest zu entschärfen. Im Kern handelt es sich darum, die sozialstaatlichen Sicherungen sowohl an die demographischen Umbrüche wie an die globalen ökonomischen Umwälzungen anzupassen. Wenn man sich allerdings die mächtigen sozialen Interessen vor Augen führt, die von jedem der angeführten Problembereiche betroffen sind, wird man keine allzugroßen Erwartungen in die Problemlösungskapazität des politischen Systems setzen. Selbst ein optimistisches Szenario wird zu dem Schluß gelangen, daß der Druck auf die öffentlichen Haushalte gewaltig sein wird.

Es ist unwahrscheinlich, daß die Dynamik der Ausgabenseite durch steigende Einnahmen abgefangen werden kann. Im Gegenteil, es gibt Indizien dafür, daß die Macht der Nationalstaaten, auf territorialer Basis Steuern einzuheben einer Erosion ausgesetzt ist. Die Staaten verlieren zunehmend die Kontrolle über einen Teil der potentiellen Steuereinnahmen. Das ist primär durch die wachsende Mobilität von Kapital und hochqualifizierten Arbeitskräften bedingt. Staaten sind daher mit der Gefahr der Abwanderung von Unternehmungen und hochqualifizierten Arbeitskräften konfrontiert, die sich bei der Wahl ihres Standortes unter anderem von der Höhe der zu entrichtenden Steuern leiten lassen. Solange diese zwischenstaatliche Steuerkonkurrenz nicht durch die Bildung gößerer politischer Einheiten beigelegt oder entschärft wird, steht jeder Staat unter einem starken Druck, die Steuern gerade für die einkommensstärksten Wirtschaftssubjekte zu senken bzw. niedrig zu halten. Eine volle steuerliche Kontrolle behält der Staat nur über den weniger mobilen Teil der Lohnabhängigen, die zugleich geringere Einkommen haben. Daher wurde die Steuerlast zuletzt in den meisten Ländern immer stärker zuungunsten dieses Teils der Erwerbstätigen verschoben. Das ist zum einen verteilungspolitisch problematisch und stößt zum anderen auf Grenzen der politischen Durchsetzbarkeit. Man muß daher davon ausgehen, daß die Steuereinnahmen der Nationalstaaten insgesamt einer schrumpfenden Ten-

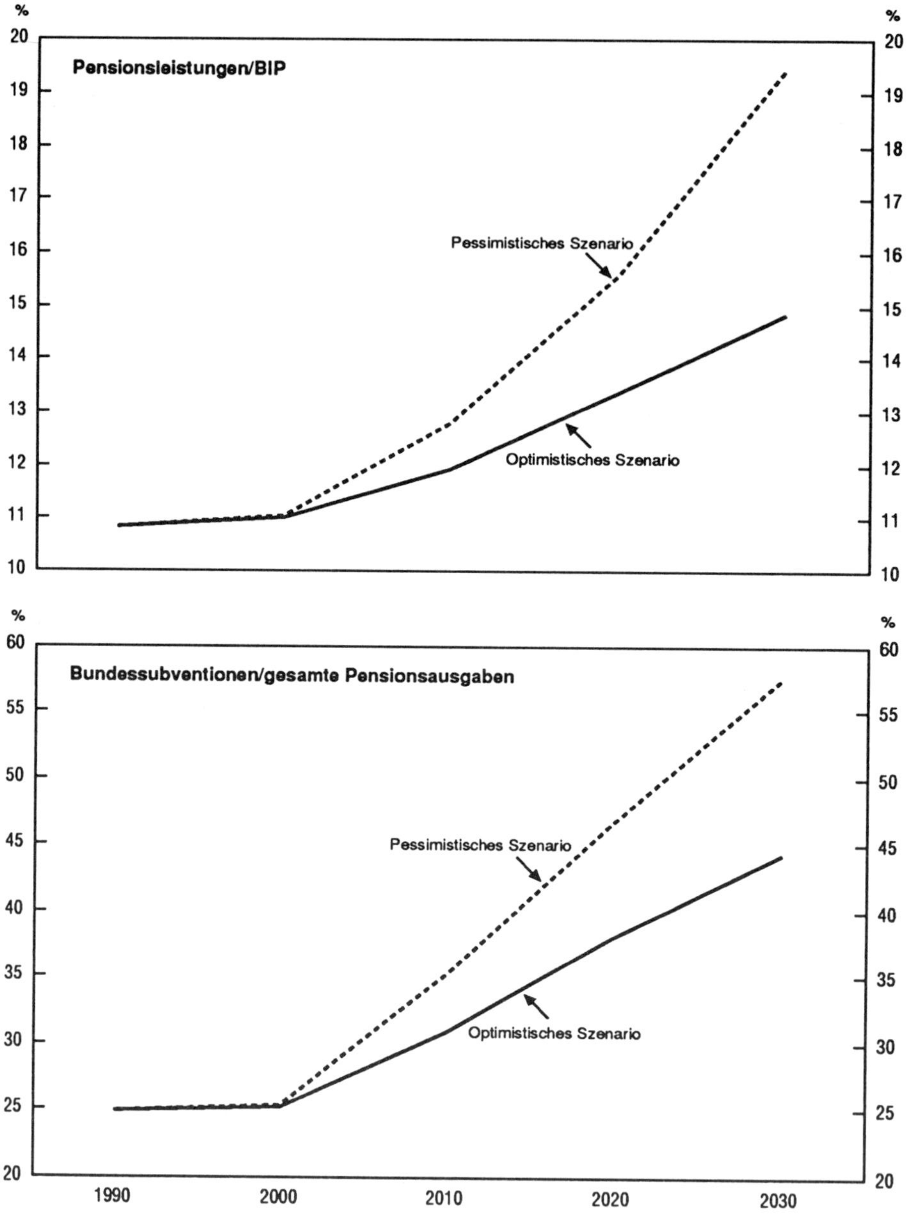

Quelle: Beirat für Wirtschafts- und Sozialfragen, *Soziale Sicherung im Alter.*

Abbildung 3: Anteil der aus dem Bundeshaushalt zu bestreitenden Pensionsleistungen denz unterliegen. "Die Erschütterung der territorialen Besteuerungsgrundlage (...) bedeutet, daß die Nationalstaaten nicht mehr in der Lage sind, Kollektivleistungen durch die Steuern zu finanzieren. Entweder kommen Staaten mit vergleichbaren Leistungen überein, sich gegenseitig keine 'Steuerkonkurrenz' mehr zu machen und Ausgleichsmechanismen in Gang zu setzen, oder aber die Staaten reduzieren die 'kostenlosen' Kollektivleistungen und ersetzen sie durch kostenpflichtige Leistungen bzw. durch individualisierte Versicherungssysteme." (Guéhenno 1994).

Der Druck, unter den die öffentlichen Haushalte sowohl ausgaben- wie einnahmenseitig geraten, wird zu einem verschärften Verteilungskampf im öffentlichen Sektor führen. Vor diesem Hintergrund wäre es unklug, darauf zu vertrauen, daß die öffentlichen Hochschulausgaben mit dem steigenden Ressourcenbedarf werden Schritt halten können. Nichts spricht dafür, daß die Hochschulen bei diesem schärfer werdenden Verteilungskampf ums Budget Anteile gewinnen können. Zu diesem Schluß muß man kommen, wenn man sich die politische Durchsetzungskraft der Akteure in den verschiedenen Problembereichen vor Augen führt. Dieser Schluß liegt aber auch dann nahe, wenn man sachliche Kriterien anlegt und sich die Frage stellt, welche öffentlichen Aufgabenbereiche unter Effizienz- und unter Gerechtigkeitsgesichtspunkten Priorität genießen sollten. Wie in allen anderen Industrieländern werden daher auch in Österreich die Hochschulen vor der Alternative stehen, entweder neue Einnahmequellen zu erschließen, die die öffentliche Finanzierung ergänzen, oder weitere Verschlechterungen ihrer Ressourcenausstattung hinnehmen zu müssen.

1.4 Studiengebühren unter allokationspolitischen Gesichtspunkten

Die allokationstheoretische Seite von Studiengebühren nimmt in der hochschulpolitischen Diskussion in Österreich einen sehr geringen Stellenwert ein. In dieser Diskussion geht es vornehmlich um Fragen der sozialen Gerechtigkeit sowie um einen Argumentationsstrang, der später unter der Klammer "kulturelle Aspekte" zusammengefaßt wird. In der ökonomischen Fachliteratur hingegen steht der allokationstheoretische Aspekt im Vordergrund. Diese Diskussion findet auf einem sehr hohen Abstraktionsniveau statt und verläuft sehr kontroversiell. Es ist nicht anzunehmen, daß die dabei diskutierten Fragen eine wichtige Entscheidungshilfe für die hochschulpolitisch wirklich sensiblen Aspekte der Gebührenproblematik darstellen können. Dennoch scheint es sinnvoll, sich – in summarischer und entsprechend vereinfachter

Form – die Grundzüge der entsprechenden Konzepte und Kontroversen zu vergegenwärtigen.

Aus allokativer Perspektive geht es um die Frage, auf welche Weise die verfügbaren knappen Ressourcen ihrer bestmöglichen Verwendung zugeführt werden. Bekanntlich gibt es in der Ökonomie einen breiten Konsens darüber, daß es im allgemeinen der Markt ist, der eine gesamtgesellschaftliche Allokationseffizienz sicherstellt. Ausnahmen von dieser Regel müssen eigens begründet werden, und dies erfolgt üblicherweise im Rahmen einer Theorie des Marktversagens bzw. einer Theorie der öffentlichen oder kollektiven Güter (vgl. Musgrave/Musgrave 1980). Da ein öffentliches Gut über den Markt nicht bereitgestellt werden kann, muß der Staat intervenieren. Diese Intervention kann zweierlei Formen annehmen:

- der Staat produziert das Gut (weil die Produktion auf dem Markt nicht gewährleistet ist);
- der Staat finanziert das Gut (weil keine ausreichende private Nachfrage nach diesem Gut besteht).

Abbildung 4 zeigt die unterschiedlichen Varianten privater, öffentlicher und gemischter Güter, die sich ergeben, wenn man diese beiden Interventionsformen kreuzt.

In Österreich wird Hochschulbildung derzeit wie ein rein öffentliches Gut behandelt: Die Universitäten sind staatliche Monopolanstalten[22] und auch die Finanzierung der institutionellen Kosten erfolgt ausschließlich über die öffentliche Hand. Durch die direkte und indirekte Studienförderung finanziert der Staat auch einen Teil der Lebenshaltungskosten. Mit welchen Formen des Marktversagens kann also begründet werden, daß das Hochschulsystem nicht marktwirtschaftlich organisiert ist? Im folgenden werden drei Formen des Marktversagens näher diskutiert:

- Nichtrivalität und Nichtausschließbarkeit
- positive externe Effekte
- mangelnde Nachfragesouveränität.

1.4.1 Nichtrivalität und Nichtausschließbarkeit

Die klassische Definition eines öffentlichen Guts besteht in der fehlenden – oder jedenfalls sehr geringen – Rivalität und/oder der fehlenden Ausschließ-

Abbildung 4: Produktions- und Finanzierungsweisen "privater" und "öffentlicher" Güter, (Quelle, Schmid, 1984)

barkeit eines Gutes. Nichtrivale Güter können von beliebig vielen Konsumenten ohne gegenseitige Beeinträchtigung genutzt werden. Im Falle der Nichtausschließbarkeit ist es technisch nicht möglich oder zu kostspielig oder sozial nicht vertretbar, Menschen, die für das betreffende Gut nichts bezahlen, an seinem Konsum zu hindern. Sowohl die Nichtrivalität wie die Nichtausschließbarkeit gilt als Rechtfertigung für die öffentliche Vollfinanzierung des betreffenden Guts. Die Finanzierung von nichtrivalen Gütern über den Markt würde zu einer suboptimalen Nutzung führen. Auch bei den nichtausschließbaren Gütern versagt der Markt, da es keinen Anreiz gibt, etwas zu kaufen, wovon man auch als Nichtkäufer denselben Nutzen hat.

Es wird sehr schnell klar, daß diese beiden klassichen Bestimmungsgründe nicht zur Rechtfertigung der öffentlichen Vollfinanzierung der Hochschulstudien taugen. Was die Ausschließbarkeit betrifft, erübrigt sich jede weitere Diskussion, denn schon derzeit werden in Österreich ca. 70% einer Altersgruppe wegen mangelnder Eingangsvoraussetzungen von einem Studium an einer Universität ausgeschlossen, nämlich all jene, die keine Matura besitzen.[23] Will man darüber hinausgehende Formen der Ausschließung praktizieren, dann hängen deren technische Details und Kosten davon ab, mit welcher Genauigkeit man die Leistungen einer Universität verrechnen möchte. Trivial ist die Unterscheidung von Inskribenten und Nichtinskribenten; auf dieser Basis wird derzeit der ÖH–Beitrag eingehoben. Auch eine weitergehende Differenzierung, etwa nach unterschiedlichen Studienfächern oder nach dem Status "Vollzeit–" vs "Teilzeitstudent" wäre ohne unvernünftig hohen Aufwand möglich. "Auch angesichts der großen Bedeutung, die die amtliche Dokumentation erbrachter Leistungen für den Auszubildenden hat, dürften die Ausschließkosten gesamthaft bedeutungsloser sein als bei den meisten privat vermarkteten Gütern." (Lüdeke, 1985, 107) Im übrigen würde sich der für eine zielgenauere Ausschließung erforderliche organisatorische Aufwand auch positiv auf die Gestaltung des Studiums auswirken.[24]

Auch von einer Nichtrivalität wird man bei der Nachfrage nach Hochschulstudien schwerlich sprechen können. In der Tat resultieren ja viele hochschulpolitische Konflikte der letzten Jahre aus den Rivalitäten, die entstehen, wenn schnell expandierende Studentenmassen auf stagnierende oder nur langsam wachsende Ressourcen stoßen (überfüllte Hörsäle, Wartezeiten auf Laborplätze, verschlechtertes Betreuungsverhältnis etc.). Zwar gehen einige hochschulpolitische Entscheidungsträger in Österreich zumindest implizit von der Annahme aus, die Kapazitätsgrenzen der von den Studenten benötigten Ressourcen seien so elastisch, daß formelle Zuordnungs– und Ausschlußregeln nicht notwendig bzw. nicht wünschenswert seien.[25] Auch wenn man eine gewisse Elastizität unterstellt, wird man aber nur schwer von Nichtrivalität sprechen können. Straubhaar/Winz bezeichnen Bildungsgüter als "Klubgüter": "Zumindest innerhalb einer gewissen Klubgröße besteht keine (oder nur eine schwache) Nutzungskonkurrenz zwischen den Klubmitgliedern. Erst wenn die Zahl der Klubmitglieder eine kritische Grenze überschreitet, beginnt eine ausgeprägte Rivalität um die gemeinsamen Güter oder Leistungen." (Straubhaar/Winz, 1992, 59).

1.4.2 Positive externe Effekte

Das Argument für eine öffentliche Vollfinanzierung von Hochschulstudien stützt sich primär auf die Behauptung, daß von diesem Gut positive externe Effekte ausgehen. Von positiven Externalitäten spricht man dann, wenn es nicht möglich ist, dem einzelnen Marktteilnehmer den Gesamtnutzen aus seinem Gut zuzurechnen, sondern auch für die gesamte Gesellschaft Erträge abfallen. In diesem Fall ist der gesellschaftliche Gesamtnutzen größer als der private Nutzen für die einzelnen Marktteilnehmer. Auch das begründet ein Marktversagen, denn das gesellschaftliche Gesamtinteresse an diesem Gut ist dann größer als die Summe der Einzelinteressen. Bei einer marktmäßigen Organisation des Hochschulwesens, bei der das Studienverhalten ausschließlich von den privaten Nutzenkalkülen der Nachfrageseite bestimmt wird, käme es dann zu einer suboptimalen Versorgung der Gesellschaft mit akademischen Qualifikationen. Auch wenn man mit diesem Argument kaum das staatliche Hochschulmonopol begründen kann, läßt sich daraus doch eine staatliche Finanzierungsverantwortlichkeit ableiten. Das Ausmaß dieser Verantwortung, ob daraus eine Voll- oder eine Teilfinanzierung des Staates folgen sollte, hängt davon ab, wie man die externen Effekte im einzelnen definiert und wie man ihr Gewicht vis à vis den privaten Erträgen einschätzt.

Innerhalb der Ökonomie gibt es eine sehr kontroversielle Diskussion über die externen Effekte im Bildungswesen, die hier nur sehr grob zusammengefaßt werden kann. In den sechziger Jahren waren die meisten Bildungsökonomen geneigt, den externen Effekten einen sehr hohen Stellenwert zuzumessen. Diese Annahmen wurden aber seit den siebziger Jahren zunehmend in Frage gestellt (vgl. z.B. Weizsäcker 1971, Lith 1985, Lüdeke 1985, Timmermann 1985, Straubhaar/Winz 1992) und es findet sich in der einschlägigen Literatur seither kaum noch das Argument, daß die externen Effekte eine staatliche Vollfinanzierung begründen könnten.

Zunächst gilt es, zwischen den einzelnen Bildungs- und Schulstufen zu unterscheiden. Die meisten Autoren gehen davon aus, daß die externen Effekte bis zum Ende der Pflichtschulzeit groß genug sind, um eine staatliche Vollfinanzierung dieser Bildungsgänge zu rechtfertigen. Ausschlaggebend ist die sozialintegrative Funktion dieser Bildungsgänge, der hohe Wert eines gemeinsamen Sockels an Fähigkeiten und Einstellungen für den Zusammenhalt einer Gesellschaft. Diese schulischen Effekte bringen per definitionem keine privaten Erträge. Mit zunehmender Höhe und Differenzierung der Bildungsgänge gewinnt hingegen der private Nutzen der darin erworbenen Qualifikationen an Bedeutung.

Wie läßt sich nun das Verhältnis zwischen privatem und gesellschaftlichem Nutzen auf der postsekundären Ebene einschätzen? Welche Eigenschaften der akademischen Qualifikation können internalisiert, d.h. in private Vorteile des einzelnen Akademikers verwandelt werden? Es ist kaum strittig, daß die arbeitsmarktrelevanten Aspekte der Hochschulbildung über ein höheres Einkommen abgegolten werden.[26] Es gibt eine ökonomische Kontroverse darüber, ob eine akademisch qualifizierte Arbeitskraft über die von ihr internalisierten Erträge hinaus produktivitätssteigernde externe Effekte bewirkt, vor allem durch den Wissenspillover am Arbeitsplatz (vgl. Weizsäcker 1971).

Auch eine sehr weite Auslegung solcher produktivitätssteigernder Effekte rechtfertigt jedoch keine staatliche Vollfinanzierung der Hochschulen.

Neben den ökonomisch meßbaren Qualifikationen erwirbt man während eines Hochschulstudiums eine Reihe von Fähigkeiten und Einstellungen, die vom Arbeitsmarkt nicht nachgefragt und honoriert werden, die aber der Gesellschaft einen Gewinn bringen. Es handelt sich dabei im wesentlichen um die Sozialisationseffekte des Studiums. Während der "harte Kern" der akademischen Qualifikationen, der die fachliche Identität des Hochschulabsolventen begründet, mehr oder minder klar operationalisierbar ist, handelt es sich bei den Sozialisationseffekten, die dem "Habitus des Gebildeten" zugrundeliegen, um eher unspezifische Eigenschaften, deren Auswirkungen auf die Gesellschaft als "atmosphärische Effekte" bezeichnet wurden (vgl. Blaug 1970). Unter der Annahme, daß dieser akademische Habitus dem anderer Bildungsschichten überlegen und für die Gesellschaft wertvoller ist, läßt sich eine staatliche Subventionierung der Hochschulstudien begründen. Dies nicht nur, weil der akademische Habitus an sich als überlegen betrachtet wird, sondern weil Hochschulabsolventen ihre Einstellungen und Werte innerhalb des Familien–, Freundes und Bekanntenkreises übertragen.

Bei einer näheren Diskussion dieses Arguments treten freilich eine Reihe von Zweifel auf. Zunächst ist das gesicherte Wissen über die von einem Studium bewirkten Einstellungsänderungen und ihrer Auswirkungen auf die Gesellschaft eher gering und viele der in der Literatur erwähnten Effekte beruhen auf mehr oder minder plausiblen Vermutungen. Es ist plausibel, daß Akademiker sich durch ein höheres Maß an politische Partizipation, ein höheres Umweltweltbewußtsein oder eine geringere Kriminalitätsrate auszeichnen, alles Eigenschaften, die man unter der Kategorie "bessere Staatsbürger" verbuchen könnte. Aber ist es auch wahr, daß die Sozialisationseffekte höherer Bildung die soziale Kohäsion fördern? Der Zusammenhang zwischen Bildungsexpansion und Individualisierungsprozessen läßt eher das Gegenteil vermuten. Es ist auch zweifelhaft, ob man den akademisch Gebildeten generell ein "höheres Demokratiebewußtsein" zuschreiben kann. Gilt das z.B. auch für das Wilhelminische Bildungsbürgertum, die Kaste der "akademischen Mandarine"? (vgl. Ringer 1987)

Eine weitere Schwierigkeit besteht darin, daß die Bewertung mancher atmosphärischer Effekte umstritten ist. Z.B gibt es – vor allem in Wirtschaftkreisen – durchaus Stimmen, die eine erhöhte ökologische Sensibilisierung nicht zu den positiven, sondern zu den negativen externen Effekten der Hochschulexpansion zählen (vgl. z.B. Schneeberger 1987). Umstritten ist auch die Bewertung einer höheren Politisierung. Abgesehen von solchen politisch kontroversen Einschätzungen der Sozialisationseffekte eines Studiums muß man sich der Gefahr eines zirkulären Arguments bewußt sein: Daß nämlich die Bildungsschicht auf Grund ihrer Definitionsmacht die eigenen Werte und Einstellungen für höherwertig erklärt und daraus ein Anrecht auf staatliche Subventionierung begründet.

Die Einschätzung der externen Effekte eines Hochschulstudiums ist also in hohem Maß von Hintergrundüberzeugungen abhängig, deren umfassende Diskussion den Rahmen dieser Arbeit sprengen würde. Welche Position auch immer man zu den hier angedeuteten Kontroversen bezieht, mit dem Argument positiver Externalitäten läßt sich keine staatliche Vollfinanzierung des Hochschulstudiums begründen. Die meisten Ökonomen sprechen von einem gemischten Gut, das dem einzelnen und der Gesellschaft gleichermaßen Vorteile bringt, was auch eine gemischte Finanzierung nahelegt.

1.4.3 Mangelnde Nachfragesouveränität

Ein weiterer Argumentationsstrang unterstellt Marktversagen auf Grund mangelnder Nachfragesouveränität. Hier lassen sich wiederum zwei Aspekte unterscheiden:

- Die Enscheidungskompetenz der Individuen kann auf Grund verzerrter Präferenzen in Abrede gestellt werden (vgl. Andreae/Rinderer 1988). In diesem Fall spricht man von "merit goods", die höhere Werte und Bedürfnisse der Gesellschaft repräsentieren, weshalb man sie nicht der Entscheidung des gewöhnlichen Bürgers überantworten darf. Dieser ist auf Grund mangelnden Durchblicks und verzerrter Präferenzen nicht in der Lage, eine dem Gemeinwohl dienliche Entscheidung zu treffen. In diesen kritischen Bereichen muß der Staat entscheiden, er kennt die "wahren" Bedürfnisse und Interessen der Bürger besser als diese selbst. Bildung wird häufig als meritorisches Gut betrachtet, sowohl von konservativen wie linken Autoren. Im einen Fall sind es die "höheren" Interessen des Staates, im anderen seine eigenen "wahren" Emanzipationsbedürfnisse, die der Einsicht des gewöhnlichen Bürgers verborgen bleiben.
- Die Entscheidungskompetenz der Bürger kann auch auf Grund ihrer mangelnden Fähigkeit bezweifelt werden, die Qualität eines Guts zu beurteilen (vgl. Rinderer 1991). In diesem Fall spricht man von "credence goods". Der Nachfrager eines solchen Guts ist auf die Vertrauenswürdigkeit des Anbieters angewiesen. Bei credence goods ist die Marktfähigkeit auf Grund der Gefaht eingeschränkt, daß ein seinen privaten Vorteil maximierender Anbieter seine Vertrauensstellung zuungunsten

der Nachfrageseite ausnützt. Bildung wird deshalb als credence good betrachtet, weil hier eine im Nachhinein nur sehr schwer korrigierbare Entscheidung mit sehr weitreichenden Konsequenzen getroffen werden muß, während doch erst im Laufe des Bildungsprozesses jene Fähigkeiten entstehen, welche die Voraussetzungen einer rationalen Entscheidung sind.

Inwieweit kann nun die Annahme einer mangelnden Nachfragesouveränität eine staatliche Vollfinanzierung des Hochschulstudiums begründen? Wenn man die credence–Komponente der Hochschulbildung sehr stark betont, kann man daraus ein Argument für ein staatliches Hochschulmonopol ableiten, denn es scheint gerechtfertigt, einem staatlichen Anbieter mehr Vertrauen zu schenken als einem privaten.[27] Hingegen läßt sich aus dieser Perspektive kaum etwas gegen die Einhebung von Gebühren einwenden. Anders verhält es sich, wenn man von verzerrten Präferenzen ausgeht. In diesem Fall wird ja – z.B. auf Grund einer mangelhaften Zukunftsorientierung – die Bereitschaft des Bürgers in Frage gestellt, für das betreffende Gut Eigenleistungen zu erbringen. Es ist daher die Aufgabe des Staates, das meritorische Gut zu subventionieren oder ganz zu finanzieren, andernfalls würde es nicht oder in zu geringem Ausmaß nachgefragt werden.[28]

Bei einer detaillierten Diskussion der Grundannahmen, die dem Konzept der Hochschulbildung als meritorischem Gut zugrunde liegen, treten ähnliche Probleme auf wie bei den "atmosphärischen Effekten". Bei aller Skepsis gegenüber populistischen Tendenzen wird man die Frage stellen müssen, wer in einer Demokratie die Definitionsmacht über die höherrangigen Werte und Interessen besitzt, die dem Urteilsvermögen des gemeinen Bürgers entzogen sind. Auch hier hängt es von sehr weitreichenden Hintergrundüberzeugungen ab, inwieweit man Vertrauen in die Selbststeuerungsfähigkeiten der Gesellschaft setzt und inwieweit man ein paternalistisches Verhalten der politischen und kulturellen Eliten für angebracht und notwendig hält. Es soll hier keinesfalls der Wert dieses Konzepts pauschal geleugnet werden, aber es empfiehlt sich große Vorsicht gegenüber einem allzu leichtfertigen Gebrauch dieses Arguments. Es besteht nämlich die Gefahr eines Begründungszirkels: "Staatliche Vollfinanzierung der Hochschulproduktionskosten und staatliche Entscheidungsgewalt werden mit dem Mangel an Entscheidungskompetenz der Individuen begründet. Die damit begründete Ausübung staatlicher Entscheidungsgewalt läßt dann aber gar nicht mehr zu, daß sich die Entscheidungs– und Wahlfähigkeit der Individuen als Lernprozeß entwickeln kann. Folglich reproduziert der Staat immer wieder selbst den Grund für seine Finanzintervention." (Timmermann 1985, 180)

1.4.4 Resümee

Aus keinem der hier diskutierten Aspekte des Marktversagens läßt sich eine staatliche Vollfinanzierung der Hochschulen begründen. Je nach Auslegung der positiven externen Effekte und des meritorischen Charakters der akademischen Qualifikation lassen sich mehr oder minder massive öffentliche Subventionierungen der Hochschulausbildung rechtfertigen. Der Hauptertrag der allokationspolitischen Überlegungen besteht also darin, daß kostendeckende Studiengebühren nicht ratsam sind. Kostendeckende Studiengebühren werden in keinem Land eingehoben und sie sind auch in Österreich kein Diskussionsthema. Es gibt aber keine Anhaltspunkte dafür, daß eine finanzielle Beteiligung der Nachfrageseite an den institutionellen Kosten des Studiums zu einer Unterversorgung der Gesellschaft mit akademischen Qualifikationen führen würde.

Gegen eine solche Annahme sprechen nicht zuletzt die empirischen Evidenzen jener Länder, in denen es Studiengebühren gibt. Trotz der teilweise sehr hohen Gebühren an amerikanischen Hochschulen weisen die USA die weltweit höchste Partizipationsrate im Postsekundarbereich auf.[29] Es wird später zu diskutieren sein, inwieweit durch die Hochschulfinanzierung in diesem Land die Postulate sozialer Gerechtigkeit verletzt werden. Man kann aber sicher nicht behaupten, daß es einen Mangel an Hochschulabsolventen gibt, eher könnte man in einzelnen Bereichen, z.B. der Medizin und dem Recht,[30] vom Gegenteil sprechen. Auch in Australien hat die Einführung von Studiengebühren Ende der achtziger Jahre keinesfalls zu einem dauerhaften Rückgang der Studiennachfrage geführt.

Wenn aber die Nachfrageseite ohnehin zu finanziellen Eigenleistungen bereit ist, muß man die staatliche Vollfinanzierung der Hochschulproduktionskosten als eine Fehlallokation knapper Ressourcen bezeichnen. Laut Hartog (1984) führt ein solches Finanzierungssystem dazu, daß die Nachfrager nach Hochschulbildung eine Nutzenrente beziehen: der Nulltarif an Hochschulen erlaubt es ihnen, ihren eigenen Finanzierungsanteil weit unter dem Niveau anzusetzen, den sie zu tragen bereit sind. "Allokationspolitisch wäre es optimal, diese Renten durch eine entsprechende Gebührenpolitik zu eliminieren oder wenigstens zu minimieren." (Timmermann 1985, 176).

1.5 Studiengebühren unter dem Gesichtspunkt sozialer Gerechtigkeit

Im Zentrum der Diskussion über Studiengebühren steht die Frage der Verteilungsgerechtigkeit. Es gibt einen weitgehenden Konsens darüber, daß aus verteilungspolitischen Gründen staatliche Eingriffe in die Hochschulfinanzierung notwendig sind. Eine reine Marktsteuerung würde den Hochschulzugang auf die zahlungsfähige Nachfrage beschränken und viele Jugendliche aus einkommensschwachen Familien von einer Hochschulausbildung ausschließen. Hingegen ist kontrovers, ob sich mit dem Argument der Verteilungsgerechtigkeit ein Nulltarif an Hochschulen begründen läßt. Die distributive Seite der Hochschulfinanzierung ist nämlich bei weitem komplexer, als die meisten Diskussionsbeiträge zu diesem Thema, an denen vor allem das Ausmaß der in Umlauf gesetzten Emotionen bemerkenswert ist, dies vermuten lassen. Nicht nur gibt es einen Konflikt zwischen allokativen und distributiven Zielen, zwischen Effizienz und Gerechtigkeit,[31] es gibt auch einen Zielkonflikt zwischen verschiedenen Dimensionen der Verteilungsgerechtigkeit.

Man muß zunächst die an sich triviale, aber bei der Diskussion dieses Themas häufig vernachlässigte Tatsache hervorheben, daß nur eine Minderheit jedes Altersjahrgangs ihre Bildungslaufbahn im Postsekundarbereich fortsetzt. Im Zuge der Hochschulexpansion ist diese Minderheit wohl größer geworden. Zu Beginn der neunziger Jahre treten knapp 20% eines Altersjahrgangs an die Universitäten über,[32] gegenüber knapp 8% zu Beginn der siebziger Jahre. Nach wie vor nehmen aber vier Fünftel aller Jugendlichen die Ausbildungsleistungen der Universitäten nicht in Anspruch. Würde man auch den nichtuniversitären Sektor des Postsekundarbereichs (Akademien, Kollegs, neuerdings auch Fachhochschulen) berücksichtigen, würden sich diese Proportionen nur leicht verschieben.

Während also alle Kinder/Jugendlichen eine Schule besuchen, tritt nur eine Minderheit in eine Hochschule über. Schon im Schulbereich gibt es, vor allem ab der Sekundarstufe II, erhebliche Unterschiede in der Qualität und in den Kosten der Ausbildung. Jugendliche, die eine weiterführende Schule besuchen, profitieren weit mehr vom öffentlichen Bildungsangebot als jene, die eine berufliche Lehre absolvieren oder gar jene, die ihre Bildungslaufbahn nach der Pflichtschule abbrechen. Aber erstens sind diese Unterschiede im Vergleich zu den hier thematisierten gering, und zweitens wäre es durchaus möglich, diese Unterschiede durch Bildungsreformen abzubauen oder zu verringern. Dagegen wäre die Auffassung absurd, daß in absehbarer Zukunft alle Jugendlichen in annähernd gleicher Weise von den Ausbildungsleistungen des Postsekundarsystems profitieren könnten.[33]

Auf Grund der Vorteile, die mit einer Hochschulausbildung verbunden sind, ist die studierende Minderheit gegenüber der nichtstudierenden Mehrheit in vieler Hinsicht begünstigt. Davon ausgehend muß man bei der Hochschulfinanzierung zwei Dimensionen der Verteilungsgerechtigkeit unterscheiden:

- Wie kann man den Hochschulzugang so gestalten, daß die Vorteile einer akademischen Ausbildung innerhalb der Gesellschaft möglichst gerecht verteilt werden. Im allgemeinen legt man bei der Beurteilung dieser Frage das Kriterium repräsentativer Gerechtigkeit an: Gerechtigkeit besteht dann darin, daß alle gesellschaftlich relevanten Gruppen[34] im Hochschulsystem gleich repräsentiert sind. Dieser Aspekt wird in der Folge als Zugangsgerechtigkeit bezeichnet.
- Wie kann man eine ausgewogene Lasten- und Nutzenverteilung zwischen Hochschulbesuchern und Nichtbesuchern herstellen, d.h. die Kosten des Hochschulsystems gerecht zwischen denen verteilen, die unmittelbar und stark und jenen, die nur mittelbar und schwach (externe Effekte) davon profitieren? Dieser Aspekt wird in der Folge als Belastungsgerechtigkeit bezeichnet.

1.5.1 Zugangsgerechtigkeit

Der hohe politische Stellenwert der Zugangsgerechtigkeit bedarf keiner Begründung. Ein wesentliches Motiv für die in den sechziger Jahren eingeleiteten Bildungsreformen bestand darin, die eklatanten sozialen, geschlechtlichen und regionalen Ungleichheiten im Zugang zu höherer Bildung zu beseitigen. Auch die Abschaffung der Hochschultaxen und der Ausbau der Studienförderung sollten diesem Ziel dienen. In den sechziger und frühen siebziger Jahren ging man fast einhellig davon aus, daß die Bildungsexpansion die erwähnten Ungleichheiten im Zugang radikal verringern, ja letztlich beseitigen würde.[35] Schon Mitte der siebziger Jahre tauchten die ersten Zweifel auf und man begann die Frage zu diskutieren, wer die wirklichen Nutznießer der Bildungsexpansion seien (Rolff 1980, Fischer–Kowalski 1980). Es zeigte sich, daß vor allem geschlechtliche, in geringerem Maß auch regionale Ungleichheiten sehr erfolgreich beseitigt bzw. verringert werden konnten, daß die sozialen Ungleichheiten aber wesentlich beständiger waren, als man in der ersten Reformeuphorie erwartet hatte.

Eine empirische Bilanz Mitte der neunziger Jahre (vgl. Lechner/Reiter 1994) ergibt, daß sich im Zuge der Hochschulexpansion an der sozialen Zusammensetzung der Studierenden bemerkenswert wenig geändert hat (vgl. Tabelle 3).

	70/71	75/76	80/81	85/86	90/91	91/92
Selbständige	23.13%	20.51%	17.10%	16.71%	16.86%	17.28%
Landwirte	5.86%	6.02%	5.75%	4.79%	4.57%	4.80%
Beamte Summe	29.62%	30.86%	29.03%	26.74%	28.27%	28.00%
A	9.90%	10.64%	8.87%	8.12%	9.10%	8.71%
B	9.01%	8.70%	8.24%	7.36%	7.88%	7.46%
C	10.71%	11.52%	11.92%	11.26%	11.30%	11.83%
Angestellte Summe	30.08%	30.83%	34.83%	38.86%	38.16%	37.33%
Hochschule	6.82%	7.38%	6.43%	6.81%	8.16%	7.57%
Matura	9.50%	6.33%	8.77%	9.61%	10.09%	9.54%
ohne Matura	13.76%	17.12%	19.63%	22.44%	19.92%	20.23%
Arbeiter Summe	11.32%	11.79%	13.29%	12.90%	12.13%	12.58%
Facharbeiter	0.00%	0.00%	6.52%	6.25%	6.23%	6.95%
sonst. Arbeiter	0.00%	0.00%	6.77%	6.65%	5.90%	5.64%

Tabelle 3: Inländische Erstimmatrikulierende nach Vaterberuf, (Quelle: Lechner/Reiter 1994)

Betrachtet man die Entwicklung der Erstimmatrikulierenden nach dem Vaterberuf seit 1970, dann ist die auffälligste Veränderung eine ca. 6%ige Abnahme des Anteils der Selbständigen, der eine etwa 7%ige Zunahme des Anteils der Angestellten gegenübersteht. Dieser hohe Zuwachs geht überwiegend auf das Konto der Angestellten ohne Matura; zugelegt haben aber auch die Angestellten mit Hochschulausbildung. Marginale Veränderungen gibt es bei den Landwirten (-1,1%), den Beamten (-1,6%) und den Arbeitern (+1,3%). Eine Interpretation dieser Daten in Hinblick auf repräsentative Gerechtigkeit ist schwierig, da parallel zur Bildungsexpansion massive Veränderungen in der Berufs- und Sozialstruktur stattgefunden haben. Die Abnahme von Erstimmatrikulierenden aus Selbständigenhaushalten und die Zunahme jener aus Angestelltenhaushalten dürfte überwiegend durch solche Verschiebungen zu erklären sein. Da auch die Arbeiter- und Bauernhaushalte abgenommen haben, kann man davon ausgehen, daß diese im Hochschulsystem am geringsten repräsentierten Gruppen ihre Position im Verlauf der Hochschulexpansion leicht verbessert haben.[36]

Wenn man sich nun umgekehrt fragt, wie hoch der Anteil der Studierenden an den verschiedenen Haushaltstypen ist, dann wird das Ausmaß der weiterhin bestehenden sozial ungleichen Inanspruchnahme des universitären Bildungsangebots sichtbar (vgl Tabelle 4). In Angestellten- oder Beamtenhaushalten ist die Studierneigung viermal so hoch wie in den Arbeiterhaushalten. Bei den höheren Angestellten steigt dieser Faktor auf ca. 5,5, bei den höheren Beamten auf über 6. Die höchste Studentendichte weisen die Haushalte der freien Berufe auf, hier ist die Studierneigung fast neunmal so hoch wie bei den Arbeitern. In Kenntnis dieser Daten wird niemand behaupten können, daß die in den sechziger Jahren so hochgesteckten Erwartungen hinsichtlich einer Egalisierung der Zugangschancen durch die Bildungsexpansion auch nur annähernd erfüllt wurden. Vielmehr ist es so, daß in den früher schon begünstigten Schichten nunmehr fast jedes Kind studiert, während die bildungsfernen Schichten weiterhin eklatant unterrepräsentiert sind.[37]

Diskutiert man nun vor dem Hintergrund dieses Befunds die mögliche Einführung von Studiengebühren, so ergeben sich folgende Fragen:

- Ist der Nulltarif ein taugliches Mittel, um die Ungleichheit im Hochschulzugang zu verringern? Leistet die Kostenfreiheit des Studiums einen substantiellen Beitrag zu einer Erweiterung der Zugangsgerechtigkeit?
- Würde die Einführung von Studiengebühren die sozialen Disparitäten im Zugang noch verschlimmern? Ist der Nulltarif an Hochschulen das einzige Mittel, um zumindest das bereits bestehende Maß an Zugangsgerechtigkeit zu erhalten?

Die Ausbildungskosten sind nicht die einzige und sicherlich nicht wichtigste Barriere, die Jugendliche bildungsferner Herkunft von einem Studium abhalten. Die schichtspezifischen Übertrittsraten in das Hochschulsystem sind in letzter Instanz durch die familiäre Sozialisation und die darauf aufbauenden kumulativen Effekte in der Schullaufbahn zurückzuführen. Ein Blick auf die soziale Zusammensetzungen der Schüler in den unterschiedlichen Schultypen der Sekundarstufe läßt bereits die künftigen Disparitäten im Hochschulzugang erkennen. Mit fortschreitendem Alter und zunehmender Verfestigung des Selbstbilds und des Erwartungshorizonts der Jugendlichen wird es immer unwahrscheinlicher, daß sie von dem durch das Elternhaus vorgezeichneten Entwicklungspfad abweichen.

Damit soll nicht gesagt werden, daß die Vererbung kulturellen Kapitals eine unumstößliche oder gar sakrosankte Gegebenheit sei. Aber gerade wenn man an der Vision einer Angleichung der Bildungschancen festhält, muß man sich sehr genau überlegen, wo die neuralgischen Punkte der sozialen Reproduktion im Bildungswesen liegen, wo der Hebel der Veränderung anzusetzen ist und worauf man die knappen Ressourcen, die für systemverändernde Maßnahmen zur Verfügung stehen, konzentrieren sollte.[38]

Auf die tiefsitzenden Ursachen schichtspezifischen Bildungsverhaltens hat der Nulltarif an Hochschulen nur wenig Einfluß. Die öffentliche Bereitstellung einer kostenlosen Hochschulausbildung ist keine treffsichere Maßnahme zur

	Haushalte	Studenten	Studenten je 1000 Haushalte
Selbständige und mithelfende Personen	252,838	23,558	93
Land- und Forstwirtschaft	92,717	3,693	40
Gewerbe	124,073	13,485	109
Freie Berufe	36,049	6,380	177
Unselbständig Beschäftigte	1,487,586	79,793	54
Angestellte (inkl. Lehrlinge)	562,128	44,288	79
mit höherer Tätigkeit	209,804	24,566	117
Beamte	271,638	22,335	82
mit höherer Tätigkeit	113,753	14,902	131
Facharbeiter	314,309	6,535	21
Sonst. Arbeiter (inkl. Lehrlinge)	339,511	6,635	20
Pensionisten	1,104,618	28,392	26
Arbeitslose	51,247	1,869	36
Studenten	41,685	46,362	1,112
Nichtberufstätige Hausfrauen und sonstige Personen	54,553	2,488	46
Summe insgesamt	2,992,527	182,462	61

Tabelle 4: Studenten nach der Stellung des Haushaltsvorstands im Berufsleben 1991, (Quelle: Guger 1994)

Förderung der Zugangsgerechtigkeit. Vielmehr werden damit Mitnahmeeffekte bewirkt, die mit Sicherheit größer sind als die eigentlich intendierten Effekte. Die angeblich zur Erhöhung der Zugangsgerechtigkeit bestimmten öffentlichen Mittel dienen de facto zu einem sehr hohen Prozentsatz zur Subventionierung einkommensstarker Haushalte, die sowohl fähig als auch bereit wären, einen substantiellen Beitrag zu den institutionellen Kosten der Hochschulausbildung zu leisten. Da sie sich diesen Beitrag wegen des Nulltarifs an Hochschulen ersparen, beziehen die zahlungswilligen Haushalte eine Nutzenrente (Hartog 1984). Das ist weder allokations- noch distributionspolitisch sinnvoll.

Nun kann man fragen, ob man die Mitnahmeeffekte nicht in Kauf nehmen muß, um zumindest den wenigen Jugendlichen bildungsferner Herkunft, die derzeit in den Postsekundarbereich übertreten wollen, ein Studium zu ermöglichen. Das Ziel des Nulltarifs würde dann nicht darin bestehen, die Zugangsgerechtigkeit zu erweitern, sondern einer noch gröberen Verletzung der Zugangsgerechtigkeit vorzubeugen. Das wäre aber nur dann plausibel, wenn es tatsächlich keine Möglichkeit zu einer Subventionierung von Studenten aus einkommensschwachen Haushalten mit höherer Treffsicherheit gäbe, als den generellen Nulltarif. In Wahrheit gibt es ein ganzes Spektrum solcher Möglichkeiten, von denen die meisten mit einem vernünftigen administrativen Aufwand zu realisieren sind. Eine ins Detail gehende Diskussion solcher sozial ausgewogener Gebührenmodelle ist Gegenstand des 3. Kapitels dieser Studie. An dieser Stelle seien nur zwei unterschiedliche Philosophien erwähnt, die beide auf ihre Weise der Zugangsgerechtigkeit Rechnung tragen:

- Man kann Studiengebühren nach dem Einkommen des Elternhaushalts staffeln und die Studenten unterhalb einer bestimmten Einkommensgrenze von der Gebühr gänzlich befreien. Ein solches Modell geht implizit davon aus, daß es in die Verantwortung des Elternhaushalts fällt, für die privaten Kosten eines Hochschulstudiums aufzukommen.

- Sowohl die Studiengebühren als auch die Lebenshaltungskosten von Studenten aus einkommensschwachen Familien können über öffentlich subventionierte Darlehen gedeckt werden. Ein solches Modell geht davon aus, daß es dem künftigen Akademiker auf Grund seines höheren Einkommens zumutbar ist, einen Teil der Kosten seines Studiums zurückzuzahlen. Wenn man die Rückzahlungsbedingungen einkommensabhängig gestaltet, reduziert man das Risiko der Darlehensaufnahme auf ein sozial vertretbares Maß.

1.5.2 Belastungsgerechtigkeit

Das Problem der Belastungsgerechtigkeit ergibt sich daraus, daß nur ein Teil der Bevölkerung die sehr kostspieligen Ausbildungsleistungen der Hochschulen in Anspruch nimmt, während der größere Teil diese Einrichtungen nicht nutzt. Den Hochschulen fließen aber auch Steuerleistungen der Nichtnutzer zu, die weit über jener Höhe liegen, die man mit dem Argument allfälliger externer Effekte rechtfertigen könnte. Der hier angesprochene Konflikt unterscheidet sich von der zuvor diskutierten Frage der Zugangsgerechtigkeit in grundsätzlicher Hinsicht.

In Bezug auf die Ungleichheiten im Zugang gab es ja die Hoffnung, daß sich dieser Konflikt im Zuge der Hochschulexpansion von selbst lösen werde. Diese Erwartung hat sich zwar, wie wir zuvor gesehen haben, nicht erfüllt, aber man kann immerhin sagen, daß das Problem etwas entschärft wurde. Für die Frage der Belastungsgerechtigkeit gilt das Gegenteil, dieser Konflikt spitzt sich im Zuge der Hochschulexpansion zu. Das liegt daran, daß mit steigenden Studentenzahlen auch die öffentlichen Ausgaben für Hochschulen kräftig wachsen. Seit 1970 hat sich der Anteil der Hochschulausgaben des Bundes am BIP verdoppelt, jener am gesamten Bundeshaushalt ist von 2,4% auf 3,6% gestiegen. Aus einer gesamtgesellschaftlichen Perspektive kann man sagen, daß dafür auch mehr Haushalte in den Genuß eines Hochschulbesuchs kamen. Das ist aber ein schwacher Trost für jene Haushalte, die weiterhin davon ausgeschlossen bleiben. So gesehen würden sich kleine Elitesysteme mit einer 2–5%igen Studentenquote zwar durch die geringste Zugangsgerechtigkeit auszeichnen, sie würden andererseits jenen Teil der Gesellschaft, der die Leistungen der Hochschulen nicht in Anspruch nimmt, in einer kaum merkbaren Weise belasten. In einem expandierenden Massensystem dagegen wird die Frage der Belastungsgerechtigkeit zu einem realen Problem.

Die unausgewogene Nutzen-/Lastenverteilung ist vor allem deshalb so problematisch, weil in der begünstigten Gruppe die sozial gehobenen und einkommensstarken Schichten stark überrepräsentiert sind, während in der belasteten Gruppe die sozial schwachen Strata vorherrschen. Die mangelhafte Belastungsgerechtigkeit der öffentlichen Hochschulfinanzierung gewinnt so eine sozialpolitisch höchst bedenkliche Schlagseite: die staatlichen Hochschulausgaben haben einen regressiven Verteilungseffekt, d.h. sie führen zu Einkommensübertragungen von schlechter- zu besserverdienenden Schichten, vergrößern somit das bestehende Wohlstandsgefälle.

Die These eines regressiven Verteilungseffekts öffentlicher Hochschulausgaben wurde erstmals Ende der sechziger Jahre für Kalifornien aufgestellt (Hansen/Weisbrod 1969). Die darauf anschließende Kontroverse hat allerdings gezeigt, daß die tatsächlichen Einkommensübertragungen in den USA schwer einzuschätzen und vermutlich je nach Staat verschieden sind. Das liegt zum einen daran, daß es erstens auch in den öffentlichen Hochschulen der USA Studiengebühren von je nach Staat unterschiedlicher, insgesamt aber beträchtlicher Höhe gibt. Noch wesentlicher ist die Tatsache, daß die wohlhabendsten Schichten ihre Kinder in den privaten Elitesektor schicken, von den öffentlichen Hochschulausgaben daher nur in geringem Maß begünstigt sind. In Europa, wo es diesen privaten Sektor nicht gibt, ist die Situation grundsätzlich anders, hier gibt es keinen Zweifel an regressiven Einkommensübertragungen (vgl. Blaug 1982).

Für Österreich wurden die Verteilungswirkungen des gebührenfreien Hochschulzugangs an Hand von Daten aus den frühen neunziger Jahren untersucht (Guger 1994). Einen ersten, näherungsweisen Eindruck vom Ausmaß der Ungleichheit im Konsum der staatliche Hochschulausgaben gewinnt man, wenn man die unterschiedliche Nutzung des Hochschulangebots durch die unterschiedlichen Berufsgruppen betrachtet, wie sie aus Tabelle 4 hervorgeht. Während auf den durchschnittlichen österreichischen Haushalt im Jahr 1993 7.300 S entfallen, beträgt diese Summe bei den freien Berufen 21.100 S, bei den höheren Beamten 15.600 S und bei den höheren Angestellten 14.000 S. Auf einen durchschnittlichen Haushalt der Land- und Forstwirtschaft dagegen entfallen nur 4.800 S, auf Facharbeiter 2.500 S und auf die sonstigen Arbeiter 2.300 S. "Allein aus der Verteilung der Mittel nach der sozialen Stellung des Haushaltsvorstandes wird, deutlich, daß ein überproportionaler Teil der Ausgaben für höhere Bildung in Haushalte mit höherem Einkommen fließt." (Guger 1994, 17)

Eine andere, präzisere Form der Analyse der Verteilungswirkungen von Hochschulausgaben besteht darin, daß Einkommen des Elternhaushaltes zu Grund zu legen. Dabei steht man vor dem Problem, daß für die Selbständigenhaushalte keine entsprechenden Daten zur Verfügung stehen. Die Beschränkung der Analyse auf Nicht-Selbständigenhaushalte führt zu einer Unterschätzung in der Regression der Verteilung, denn bei den knapp 24.000 Selbständigenhaushalten mit Studenten handelt es sich überwiegend um sehr einkommensstarke Haushalte.[39] Auch die hohe Zahl von Haushalten, die die Auskunft über das Einkommen verweigern, führen zu einer Unterschätzung der Regression, denn die Einkommensfrage wird überproportional von den besserverdienenden Schichten verweigert.[40] Ein dritter Verzerrungsfaktor liegt in der hohen Studentendichte der Haushalte der untersten Einkommenskategorie. Die knapp 13.000 Studenten, die in diese Kategorie fallen, leben fast ausschließlich in Studentenhaushalten, bedürften also einer gesonderten Betrachtung.

Tabelle 5 zeigt die Studentendichte nach Einkommenskategorien. Klammert man die niedrigste Einkommenskategorie (Studentenhaushalte) aus, dann erkennt man einen sukzessiven Anstieg der Studentendichte bis zu einem Haushaltseinkommen von 51.000 netto pro Monat. Bei den darüberliegenden Einkommenskategorien stagniert die Studentendichte auf diesem hohen Niveau. Guger kommt zum folgenden Schluß: "Betrachtet man nur die Nicht–Selbständigenhaushalte, so entfallen auf die untere Hälfte der Einkommensverteilung schwach 30 % der Studenten. Im obersten Quartil leben die Hälfte und im obersten Dezil rund ein Viertel aller Studenten. ... Berücksichtig man auch Selbständige und Haushalte, die die Einkommensfrage verweigerten, so dürfte alleine das oberste Quartil in der Einkommensverteilung rund 60 % der Mittel aus dem Hochschulbudget beanspruchen." (Guger 1994)

Die Verteilungswirkung der öffentlichen Hochschulausgaben kann auch nach dem Transfer/Steuer–Salden–Ansatz berechnet werden. Dabei geht man davon aus, daß die Bürger je nach der Höhe ihres Bildungsabschlusses Bildungstransfers ins sehr unterschiedlichem Umfang erhalten. Da das Einkommen positiv mit dem Bildungsabschluß korreliert, zahlen diejenigen, die höhere Transfers empfangen haben, andererseits auch höhere Steuern. Wenn man nun für die unterschiedlichen Gruppen die über die Lebenszeit geleisteten Steuern den erhaltenen Bildungstransfers gegenüberstellt, dann ergeben sich Nettotransfers bzw. Nettosteuern und dementsprechend "Bildungsgewinner" bzw. "Bildungsverlierer".

Studien dieser Art wurden in den siebziger Jahren für Deutschland (Pfaff/Fuchs 1978) und Österreich (Bodenhöfer/Ötsch/Terlaak 1980) durchgeführt. In beiden Studien ergab sich, daß Hochschulabsolventen generell die höchsten positiven Salden aufweisen. "Damit läßt sich bei vorsichtiger Formulierung zumindest aussagen, daß die These, Akademiker würden durch die (aufgrund höheren Einkommens) höhere Steuerleistung die teurere Ausbildung 'rückerstatten', nicht bestätigt werden kann. Die relativen Beziehungen der Salden erlauben den Schluß, die Hochschulabsolventen seien die eindeutigen 'Gewinner' des Bildungssystems, enger des Bildungs–Transfersteuersaldos." (Pfaff/Fuchs 1978, 102)

1.5.3 Resümee

Welches Resümee läßt sich aus der Diskussion der beiden hier unterschiedenen Dimensionen der Verteilungsgerechtigkeit ziehen? Das Kriterium der Zugangsgerechtigkeit spricht nicht ausdrücklich gegen einen Nulltarif an Hochschulen, es liefert aber auch keine wirklich stichhaltigen Argumente dafür. Trotz des kostenfreien Hochschulstudiums hat sich die soziale Zusammen-

Einkommensgrenzen in Schilling (Jahreseinkommen/12)	Mittleres Einkommen	Haushalte	Studenten	Studenten je 1000 Haushalte
7000	5,589	81,991	12,604	154
11000	9,722	182,455	5,291	29
16000	13,681	335,621	11,293	34
21000	18,393	321,220	9,703	30
26000	22,975	330,749	11,623	35
31000	27,619	272,579	11,427	42
36000	32,060	265,380	11,469	43
41000	36,927	227,738	10,293	45
46000	41,489	165,579	11,101	67
51000	46,090	139,341	10,861	78
56000	50,653	92,819	6,521	70
61000	55,235	78,493	5,241	67
66000	60,670	69,660	5,479	79
72000	66,891	48,881	5,042	103
82000	73,799	32,663	1,932	59
100000	84,595	29,440	1,809	61
100000 und mehr	106,492	8,579	641	75
Insgesamt	29,971	2,683,188	132,330	49
Kein Einkommen		56,360	26,574	472
Summe		2,739,548	158,904	58

Tabelle 5: Haushalte und Studenten nach Einkommensschichten (Nicht-Selbständigenhaushalte, (Quelle: Guger 1994)

setzung der Studenten im Verlauf der Hochschulexpansion nur unwesentlich geändert. Das ist auch nicht überraschend, denn ausschlaggebend für die Bildungspartizipation sind soziale und kulturelle Determinanten. Die öffentliche Vollfinanzierung der Hochschulen ist eine so wenig treffsichere Maßnahme zur Erhöhung der Zugangsgerechtigkeit, daß sie sich – zieht man die Dringlichkeit rivalisierender öffentlicher Aufgaben in Betracht – keinesfalls rechtfertigen läßt. Dies umso weniger, als mit vergleichsweise einfach zu administrierenden Maßnahmen verhindert werden kann, daß durch die Einführung von Studiengebühren das mittlerweile erreichte Niveau an Zugangsgerechtigkeit verringert wird.

Das Kriterium der Belastungsgerechtigkeit dagegen spricht eindeutig gegen den Nulltarif an Hochschulen. Es gibt kein vernünftiges sozialpolitisches Argument, mit dem man die Verteilungseffekte der öffentlichen Hochschulausgaben rechtfertigen kann. Die dadurch bewirkten Einkommensübertragungen von den schlechter- zu den besserverdienenden Schichten stehen in einem grotesken Widerspruch zur egalitären Rhetorik der Gegner von Studiengebühren. In einer Zeit, in der alle sozialstaatlichen Leistungen daraufhin überprüft werden, ob sie den ursprünglichen Intentionen noch gerecht werden, spricht gerade unter dem Gesichtspunkt der Verteilungsgerechtigkeit alles dafür, den Nulltarif an Hochschulen zugunsten eines sozial ausgewogenen Gebührenschemas aufzugeben.

1.6 Studiengebühren unter ordnungspolitischen Gesichtspunkten

Führt man sich die eindeutigen Befunde über die Verteilungseffekte öffentlicher Hochschulfinanzierung vor Augen, dann stellt sich die Frage, warum diese mittlerweile gut zwei Jahrzehnte alte Diskussion von den Apologenten eines gebührenfreien Hochschulbesuchs nicht zur Kenntnis genommen wird. Nun ist es evident, daß z.B. den Studentenvertretern das Argument der sozialen Gerechtigkeit als billiger Vorwand dient, hinter dem sich das Motiv der Verteidigung der eigenen Begünstigungen nur notdürftig verbirgt. Rätsel hingegen gibt die Position der Sozialpartner der Arbeitnehmerseite auf. Wie ist es zu erklären, daß gerade die Gewerkschaften, die doch allen Grund hätten, sich gegen die durch das Hochschulbudget bewirkte Umverteilung von unten nach oben zur Wehr zu setzen, zu den kompromißlosesten Gegnern von Studiengebühren zählen?

Sofern die Gewerkschaften, was selten genug der Fall ist, sich mit den regressiven Verteilungseffekten von öffentlichen Hochschulausgaben auseinandersetzen, verlagern sie die Diskussion von der Finanzierung auf "grundlegende Strukturveränderungen", die dann angeblich eine größere Verteilungsgerechtigkeit sicherstellen werden. Typisch dafür ist eine Stellungnahme des Deutschen Gewerkschaftsbundes zum Thema Hochschulfinanzierung/Studienförderung aus 1977: "Will man die Verteilung von institutionellen und individuellen Ausbildungskosten gerechter gestalten, so liegt es nahe, die Repräsentanz derer zu erhöhen, die die Mittel weitgehend aufbringen. Dies setzt grundlegende Strukturveränderungen des gegenwärtigen Ausbildungssystems voraus und hieße die Vorstellungen einer umfassenden Bildungsreform realisieren." (zitiert nach Schomburg/Steube 1986, 297) Es handelt sich um eine klassische Ausweichstrategie, deren sachliche Unhaltbarkeit schon im vorigen Kapitel gezeigt wurde. Das Argument wäre nämlich nur dann plausibel, wenn der Nulltarif an Hochschulen tatsächlich ein treffsicheres Mittel wäre, um die Zugangsgerechtigkeit zu erhöhen.

Was hindert die Gewerkschaften daran, über zielgenauere Formen der Subventionierung einkommensschwacher Studiennachfrager nachzudenken? Die Vermutung liegt nahe, daß es sich um Widerstände ordnungspolitischer Natur handelt, die freilich in dieser Form nicht thematisiert werden. Auch ein sozial ausgewogenes Gebührenschema (das dem Gerechtigkeitsempfinden viel eher entspricht als ein gebührenfreier Hochschulzugang) beinhaltet Marktelemente. Ihm liegt eine auf das einzelne Individuum bezogene Abwägung von Kosten und Nutzen zugrunde. Dagegen geht das Weltbild der (europäischen) Gewerkschaften[41] von der grundsätzlichen Überlegenheit kollektiver Interessen gegenüber den Einzelinteressen aus. Der kollektive Vorteil einer Maßnahme ist wichtiger als der individuelle; letzterer steht unter dem Verdacht, die Solidarität, den sozialen Zusammenhalt zu untergraben. Daher ist es das Ziel der gewerkschaftlichen Politik, kollektive Vorteile auf immer weitere Teile der Gesellschaft auszudehnen und jeden einzelnen in möglichst gleicher Weise daran partizipieren zu lassen. Damit will man erreichen, daß die Einzel- und Gruppeninteressen sich im Gleichschritt entwickeln. Auch wenn eine Gruppe Privilegien besitzt, ist das dann kein großes Problem, wenn man davon ausgeht, daß früher oder später die gesamte Gesellschaft in den Genuß dieser Vorteile kommen wird.[42]

Bei der Durchführung gewerkschaftlicher Kampfmaßnahmen ist die kollektive Aktion den auf Individualinteressen basierenden Strategien in der Tat überlegen. Als Basis einer umfassenden Sozialphilosophie ist die Idealisierung des Kollektivs ein Relikt früherer Epochen der Arbeiterbewegung, das im ausgehenden 20. Jh. keine Perspektive zu bieten vermag. Auch die Gewerkschaft muß den Individualisierungsschub der letzten Jahrzehnte zur Kenntnis nehmen, der für sie sicher eine ernste Herausforderung darstellt, der sich aber mit ideologischen Bannsprüchen nicht vertreiben läßt.[43]

Vor diesem Hintergrund muß man auch das gewerkschaftliche Verständnis von Bildung als "öffentlichem Gut" sehen. Es handelt sich dabei um ein rein normatives Konzept, aus dem alle analytischen Elemente eliminiert sind und das mit der finanzwissenschaftlichen Theorie des Marktversagens nur oberflächliche Berührungspunkte hat. Es ist das Ideal und die Zielvorstellung dieses Konzepts, daß Bildung ausschließlich kollektive Vorteile bringt und daß der einzelne nicht mehr als anteilsmäßig an diesem kollektiven Gut partizipiert. Das soll nicht nur für die schulische, sondern auch für die postsekundäre Qualifikation gelten. Da die gesamte Gesellschaft und nicht der einzelne von den akademischen Qualifikationen profitieren soll, soll das Studium auch voll von der Gesellschaft finanziert werden.[44]

Aus dieser Perspektive muß man Studiengebühren vor allem deshalb ablehnen, weil sie ein Einfallstor privater Interessen darstellen und die Logik des rein kollektiven Guts untergraben. Studenten, die eine Gebühr bezahlen, werden empfänglich für die Signale des Marktes; sie beginnen ihr Studium als Investition in ihr Humankapital zu verstehen und begreifen sich zumindest partiell als Konsumenten einer Dienstleistung. Studiengebühren können auch das Verhalten und die Orientierungen der Angebotsseite verändern. Falls sie keine Einnahme des Staates darstellen, sondern den Hochschulen zufließen, werden sie zu einer verstärkten Profilierung der einzelnen Institutionen und zu einem verstärkten Wettbewerb führen. Eine offene Diskussion über diese ordnungspolitischen Implikationen von Studiengebühren hat es in Österreich bisher nicht gegeben. Man gewinnt aber den Eindruck, daß viele Einwände, die vordergründig verteilungspolitischer Natur sind, durch ordnungspolitische Widerstände gespeist werden.

Eine Diskussion dieser Implikationen ist nicht zuletzt deshalb geboten, weil durch die UOG–Reform derzeit ein massiver ordnungspolitischer Eingriff ins österreichische Hochschulsystem stattfindet, durch den die Entscheidungskompetenzen in vielen Schlüsselfragen der Hochschulpolitik neu verteilt werden. Diese Reform ist Ausdruck eines hochschulpolitischen Paradigmenwechsels, der durch die wachsende Unzufriedenheit mit den Ausbildungsleistungen der österreichischen Hochschulen ausgelöst wurde und in dessen Verlauf viele Charakteristika dieses Systems einer Neubewertung unterzogen wurden. Es hat sich die Auffassung durchgesetzt, daß die hohe staatliche Regelungsdichte und der geringe institutionelle Entscheidungsspielraum in studienorganisatorischer, administrativer und finanzieller Hinsicht einer Verbesserung der Ausbildungsleistungen im Wege stehen. Das UOG–93 ist daher ein entscheidender Schritt in Richtung Deregulierung des Hochschulbereichs. Daran knüpfen sich eine Reihe eher diffuser Erwartungen, die von höherer Verantwortung für die Lehre bis zu verstärkter Profilbildung und Wettbewerb zwischen den Institutionen reichen.

Wie groß sind die Chancen, daß durch die Implementierung des neuen UOG diese Erwartungen erfüllt werden? Das wird vor allem davon abhängen, auf welche Weise bzw. durch wen das Vakuum gefüllt wird, das durch den teilweisen Rückzug der staatlichen Autorität von hochschulpolitischen Steuerungsfunktionen entsteht. In der Literatur werden drei Formen der Kontrolle und Koordination von Hochschulsystemen unterschieden (vgl. Clark 1983):

- Staatliche Kontrolle: diese Form der Außenkontrolle ist in Österreich sehr stark ausgeprägt, das Ziel der UOG–Reform besteht darin, sie zu verringern.
- Selbstkontrolle durch die akademische Profession: kein Hochschulsystem kann auf diese Komponente der Selbststeuerung verzichten; für sich genommen und ohne ein wirksames Gegengewicht der Außenkontrolle besteht die Gefahr, daß sich die Universitäten von der Außenwelt abkapseln.
- Kontrolle durch den Markt: trotz verschiedener Formen des Marktversagens stellen Marktmechanismen eine sehr wirksame Form der Außenkontrolle dar, die seit einigen Jahren auch in den europäischen Hochschulsystemen an Bedeutung gewinnen.

Die Einführung von Studiengebühren wäre ein Schritt zur Stärkung von Marktmechanismen, der die durch das neue UOG geschwächte Außenkontrolle durch den Staat wirksam kompensieren könnte. Es ist nämlich mehr als unwahrscheinlich, daß das ordnungspolitische Versagen der Universitätsorganisation alten Typs allein dadurch korrigiert werden kann, indem man den Institutionen mehr Autonomie verleiht. Wenn nicht zugleich Anreize entstehen, um der Lehre mehr Beachtung zu schenken, könnten die Hochschulen die Schwächung der dirigistischen Kontrolle durch den Staat dazu nutzen, diese Aufgabe noch stärker als bisher zu vernachlässigen. Da die Lehre – mit Ausnahme der Rekrutierung des wissenschaftlichen Nachwuchses – nicht zu den intrinsisch motivierten Aktivitäten von Wissenschaftern zählt, kann man nicht davon ausgehen, daß die Hochschulen von sich aus Initiativen zur Hebung der Ausbildungsqualität setzen.

Das ordnungspolitische Versagen der alten Universitätsorganisation und der staatlichen Vollfinanzierung des Studiums besteht darin, daß bei den Hochschulen und bei den Studenten ein Verhalten begünstigt wird, das den Ausbildungserfolg beeinträchtigt und einen suboptimalen Einsatz öffentlicher Mittel zur Folge hat. Demgegenüber können von Studiengebühren unter bestimmten Voraussetzungen sowohl für die Angebots- wie für die Nachfrageseite Steuerungssignale ausgehen, die diese zu einem wirtschaftlichen Umgang mit knappen Ressourcen veranlassen und die geeignet sind, die Ausbildungsproduktivität zu erhöhen.

Derzeit werden Studenten von der Universität als Last, der man nicht entrinnen kann, empfunden. Alle Universitäten würden es begrüßen, wenn die Zahl der Hörer zurückginge,[45] keine Universität wirbt um Studenten.[46] Der Grund ist klar: Die durchschnittlichen Ausgaben pro Student haben im Zuge der Hochschulexpansion abgenommen, zugleich hängen die Einnahmen einer Universität nicht von der Zahl der Studenten ab.[47] Wenn an einer Universität die Zahl der Studenten steigt, hat das nicht zur Folge, daß sich auch die sachliche und personelle Ausstattung proportional verbessert. Da aber die österreichischen Hochschulen kein Recht zur Eingangsselektion besitzen, können sie dem unerwünschten Andrang von Studenten auch nichts entgegensetzen.

Es wäre verwunderlich, würde eine Institution unter solchen Bedingungen ein hohes Ausmaß an Serviceorientierung entwicklen. Studenten werden von der Institution Universität nicht als Kunden bzw. Klienten umworben, sondern als lästige Pflicht, als notwendiges Übel betrachtet. Im günstigsten Fall kann man von einer Gleichgültigkeit der Universität ihren Studenten gegenüber sprechen.[48] Es ist trivial, daß das Auswirkungen auf die Lehre haben muß. Ob sich ein Hochschullehrer um eine hohe didaktische Qualität bemüht oder nicht, ist seine Privatangelegenheit, für die sich die Führungsorgane der Institution Universität nicht interessieren, geschweige denn daß im Fall offenkundigen Versagens irgendwelche Sanktionen ergriffen werden. Das korrespondiert bei den meisten Hochschulangehörigen mit Alltagstheorien über die schwindende Studierfähigkeit der heutigen Studentengeneration, wodurch die Universität von jeglicher Verantwortung für die hohen Abbruchquoten und die langen Studienzeiten entlastet wird.

All das ist vor allem bei Studentenfunktionären, aber auch bei anderen hochschulpolitisch engagierten Personen Gegenstand einer großen moralischen Empörung. Zumeist sind diese Kritiker in die Idee vernarrt, daß eine Mischung aus Überredungskünsten und staatlichen Zwangsmaßnahmen Abhilfe schaffen könnte. Die Erfahrungen der letzten Jahre haben aber gezeigt, daß auch eine sehr hohe staatliche Regelungsdichte nicht in der Lage ist, eine zufriedenstellende Qualität der Lehre sicherzustellen. Gelegentlich wird eingewandt, daß der Staat seine Kontroll- und Sanktionsmöglichkeiten nicht voll ausschöpft. Dabei wird aber übersehen, daß die mit gutem Grund verfassungsrechtlich abgesicherten Freiheiten der Forschung und der Lehre

Schlupflöcher bereitstellen, um dirigistischen Maßnahmen, die auf eine Fundamentalopposition der Universitäten stoßen, zu entkommen.

Daher muß z.B. die studentische Evaluation der Lehre, die in einem anderen ordnungspolitischen Kontext eine sehr wirksame Maßnahme der Qualitätssicherung ist, unter den gegebenen Verhältnissen in Österreich ein Fremdkörper bleiben. Es ist völlig unklar, wie eine von der staatlichen Bürokratie oder von den Studentenvertretungen organisierte Evaluation dieser Art die Qualität der Lehre heben könnte. Alle denkbaren – und in einigen Ländern auch praktizierten – Maßnahmen zu diesem Zweck[49] können zwar von einem handlungs- und durchsetzungsfähigen Leitungsorgan (das von der UOG-Reform angestrebt wird), nicht aber von einem Ministerium oder von der Hochschülerschaft umgesetzt werden. Das Hochschulmanagement wird solche Maßnahmen aber nur dann ergreifen, wenn der eigenen Institution daraus ein Vorteil erwächst bzw. wenn eine Institution, die sich durch mangelnde Serviceorientierung[50] auszeichnet, einen Nachteil erleidet. Das ist dann der Fall, wenn ein spürbarer Anteil der Einnahmen einer Hochschule aus Studiengebühren kommt.

Auch das Ranking, das einige für eine Wunderwaffe im Kampf für eine Verbesserung der Lehre halten, kann unter den gegebenen ordnungspolitischen Bedingungen nicht jene Wirkung entfalten, die man etwa im amerikanischen Hochschulsystem beobachten kann. Dort ist es für jede Institution ein schwerer Wettbewerbsnachteil, wenn sie im Urteil der Studenten, der Absolventen oder deren Arbeitgeber, kurz der Außenwelt, schlecht abschneidet. Denn das kann dazu führen, daß sich in Zukunft weniger Studenten um eine Aufnahme bewerben, und das kann einen Verlust an Einnahmen nach sich ziehen. In einem marktorientierten Hochschulsystem gehen daher vom Ranking wichtige Signalwirkungen aus. Ganz anders in einem staatsmonopolistischen System mit öffentlicher Vollfinanzierung. Welchen Vorteil hat eine österreichische Universität, die im Ranking der Medien dieses Landes einen Spitzenplatz einnimmt?[51] Sollten die Ergebnisse solcher Rankings auch unter den österreichischen Bedingungen die Nachfrageseite tatsächlich beeinflussen, dann könnte man in Extremfällen sogar davon sprechen, daß eine Institution auf Grund ihres guten Abschneidens "bestraft" wird. Denn sie müßte ja mit einem stärkeren Zustrom von Studenten rechnen, der nicht von wachsenden Einnahmen begleitet wird und auf den sie auch nicht mit einer Erhöhung der Aufnahmestandards antworten kann. Auch in dieser Hinsicht würde es einen grundlegenden Unterschied machen, wenn die Finanzierung einer Hochschule teilweise von Studiengebühren abhängt.

Aus all dem kann man nicht schließen, daß die Einführung von Studiengebühren ausreicht, um den ordnungspolitischen Rahmen des österreichischen

Hochschulsystems fundamental zu verändern. Man kann aber sagen, daß eine solche Maßnahme die durch die UOG–Reform intendierten Veränderungen unterstützen würde. Ein wichtiger ordnungspolitischer Aspekt, nämlich das Recht jeder Institution auf Eingangsselektion, wird freilich weder von der UOG–Reform, noch von Studiengebühren berührt. In diesem Zusammenhang ist es von besonderem Interesse, wie sich das Aufnahmeverfahren im Fachhochschulbereich bewähren wird.

Die unbefriedigende Situation der Lehre an den österreichischen Universitäten wird freilich nicht nur durch die mangelhafte Serviceorientierung der Angebotseite verursacht. Auch bei den Studenten begünstigt der Nulltarif an Hochschulen ein Verhalten, das teilweise für die geringe Ausbildungsproduktivität verantwortlich ist. Die wahren Kosten eines Hochschulstudiums bleiben unter diesen Bedingungen nämlich allen Beteiligten, vor allem den Studenten, verborgen. Daher ist den meisten Studenten nicht einmal das Problem bewußt, daß man die Ressourcen der Universität auf mehr oder weniger wirtschaftliche Weise nutzen kann, geschweige denn daß sie einen Anreiz zu einem ökonomisch rationalen Verhalten verspüren. Viele Vertreter der Bildungslobby betrachten es gleichsam als ein "Grundrecht", daß man die Ressourcen der Universität auf unbegrenzte Dauer in Anspruch nehmen kann, ohne daß dem Verpflichtungen irgendwelcher Art gegenüberstehen.

Dieses fehlende Kostenbewußtsein schlägt sich in einer geringen Zielorientierung im Studium nieder. Die lange durchschnittliche Studiendauer hat gewiß viele Ursachen, aber es ist klar, daß die Zielstrebigkeit nicht gefördert wird, wenn man für die institutionellen Kosten nicht aufzukommen braucht. Nicht haltbar ist die häufig gehörte Meinung, daß ein in die Länge gezogenes Studium nicht mehr kostet, als ein in kurzer Zeit zielstrebig absolviertes. Das verbummelte Studium zeichnet sich ja nicht dadurch aus, daß die Ressourcen nicht in Anspruch genommen werden, sondern daß sie auf unverbindliche Weise in Anspruch genommen werden: Lehrveranstaltungen werden fallweise besucht oder auch nicht, man meldet sich zu Prüfungen oder Veranstaltungen an, erscheint aber nicht etc. All das verursacht erstens Kosten und macht zweitens eine rationale Planung des Mitteleinsatzes seitens der Universität unmöglich.

Natürlich gibt es trotz des Nulltarifs eine Reihe von Motiven, ein Studium abzuschließen. Schließlich sind die Opportunitätskosten, wenngleich nur kalkulatorischer Natur, ein erheblich höherer Kostenfaktor als Studiengebühren. Andererseits setzt die Berücksichtigung solcher kalkulatorischer Kosten einen ökonomisch rationalen Akteur voraus, und man kann vermuten, daß der Nulltarif genau diese Form ökonomischer Rationalität untergräbt. Überspitzt formuliert: weil man nicht darauf achten muß, wieviel ein überlanges Studium den Steuerzahler kostet, verschließt man auch die Augen vor dem eigenen Einnahmenverlust. Klar ist auf jeden Fall, daß Studiengebühren ein sehr starkes Motiv zu einem zielorientierten Studierverhalten sind.

Schließlich ist der Nulltarif auch dafür verantwortlich, daß Studenten sich nicht als Konsumenten einer Dienstleistung begreifen, die sie notfalls auch einzuklagen bereit sind. Ohne den Wert der studentischen Mitbestimmung in den universitären Gremien generell in Frage zu stellen, kann man vermuten, daß der Einfluß, den Studenten über ihre Konsumentenrolle auf die Institution Universität gewinnen (vgl. Riesman 1980) bedeutsamer ist als die weitgehend symbolischen Partizipationsrechte.[52] Man muß sich nur vor Augen führen, auf wie unterschiedliche Weise österreichische und amerikanische Studenten reagieren, wenn eine Lehrveranstaltung ausfällt. Während Österreicher in der Regel erleichtert sind, finden Amerikaner, daß ihnen etwas vorenthalten wird, wofür sie bezahlt haben. Vielleicht kann man darin auch eine heimliche Komplizenschaft sehen, die darin besteht, daß Studenten und Hochschullehrer über das unverbindliche Verhalten des jeweiligen Widerparts hinwegsehen. Diese wechselseitige Unverbindlichkeit ist ein ordnungspolitisches Versagen, an dem der Nulltarif keinen geringen Anteil hat.

1.7 Studiengebühren unter kulturellen Gesichtspunkten

Im vorhergehenden Abschnitt wurden politische Widerstände gegen die ordnungspolitischen Implikationen von Studiengebühren thematisiert. Im Kern wenden sich diese Einwände gegen die Zunahme von Marktelementen, die sich daraus ergibt, daß Studenten, die Studiengebühren bezahlen, sich als Konsumenten einer Dienstleistung betrachten und umgekehrt Universitäten, die Studiengebühren einnehmen, sich als Anbieter einer Dienstleistung sehen lernen. Während die meisten Bildungsökonomen gerade darin einen der wichtigsten Vorteile von Studiengebühren sehen, wenden sich andere Akteure – vor allem jene, die das traditionelle sozialdemokratische Paradigma vertreten – gegen diese verstärkte Marktorientierung, weil sie befürchten, daß die damit einhergehende individualistische Orientierung den öffentlichen Charakter der Hochschulen untergräbt.

Eine andere Form des Widerstands gegen die ordnungspolitischen Implikationen von Studiengebühren besteht aus einer Art Fundamentalopposition dagegen, ökonomische Gesichtspunkte bei Bildungsprozessen geltend zu machen. Bildung, höhere Bildung zumal, dürfe nicht nach utilitaristischen Gesichtspunkten bewertet werden, jede Maßnahme, die eine solche äußerliche Zweckorientierung verstärke, zerstöre den eigentlichen Wert von Bildung. Diese im folgenden als "kultureller" Einwand gegen Studiengebühren bezeichnete Haltung hat einige Berührungspunkte mit dem politischen Widerstand gegen Marktorientierung, sie ist aber nicht damit identisch. Ihr Kern liegt in der Betonung der Höherwertigkeit geistiger Prozesse, die sich dem Nützlichkeitsdenken entziehen.

Aus dieser Perspektive geht es um den Eigenwert von Hochschulbildung im Gegensatz zu jenen berufsqualifizierenden Merkmalen, die den Absolventen ein höheres Einkommen sichern. Wenn man Studiengebühren mit dem Argument rechtfertigt, daß es (neben den sozialen) auch private Erträge eines Universitätsstudiums gibt, dann fördert dies, diesem Einwand zufolge, eine verstärkte instrumentelle Orientierung der Studenten. Das intrinsische Interesse an den Bildungsinhalten trete in den Hintergrund, statt dessen verstärke sich die Tendenz zu einem angepaßten, stromlinienförmigen Studierverhalten, dessen einziges Ziel darin bestehe, das Studium rasch hinter sich zu bringen und einen am Arbeitsmarkt gut verwertbaren Abschluß zu erreichen.

Man wird rasch Einigkeit darüber erzielen, daß ein intrinsisches Interesse am Studiengegenstand eine wünschenswerte und zu fördernde Einstellung ist, die die Chancen wesentlich erhöht, daß der einzelne, aber auch die Gesellschaft einen im weitesten Sinn definierten Nutzen aus dem Studium ziehen. Warum aber sollte eine auf eine ernsthafte Auseinandersetzung mit dem Gegenstand abzielende Studienorientierung durch Studiengebühren zerstört werden? Eine eher simple Antwort lautet, daß die Studenten nun aus ökonomischen Gründen zu einem oberflächlichen Studium gezwungen würden. Demzufolge würden sich Studenten gerne mit Herz und Seele einer gründlichen Auseinandersetzung mit ihrem Fach widmen, aber der schnöde Griff in ihre Taschen zwinge sie zu übertriebener Hast. Eine subtilere Variante des Einwands geht davon aus, daß durch Studiengebühren ein soziales Klima geschaffen wird, das die Motivationsstruktur der Studenten verändere: gesellschaftlich und kulturell wertvolle Motive werden in den Hintergrund gedrängt, das Interesse an den privaten Erträgen der Investition in ihr Humankapital trete in den Vordergrund.

Wenn man sowohl Gebührenvarianten ausschließt, die für Studenten aus einkommensschwachen Familien tatsächlich eine nur schwer zu überwindende materielle Barriere darstellen, als auch Darlehensmodelle, die für die Studenten mit schwer kalkulierbaren Risken behaftet sind, haben diese Einwände wenig Plausibilität.[53] Im Grunde reduziert sich die erste Variante des kulturellen Einwands darauf, daß sich Studenten unter den Bedingungen von Studiengebühren in verstärktem Maß entscheiden müssen, wieviel ihnen eine gründliche Ausbildung wert ist. Schon bislang müssen sie Opportunitätskosten tragen, hinzu kommen nun Studiengebühren, die in jedem Fall nur ein Bruchteil des entgangenen Einkommens sind. Wenn sie auf Grund von Studiengebühren dazu gezwungen werden, ihre Prioritäten klarer zu durchdenken und eine bewußte Entscheidung zu treffen, dann kann dies nur ein Vorteil sein. Wer ernsthaft an einem Studienfach interessiert ist, wird sich auch durch Studiengebühren nicht von einer gründlichen Auseinandersetzung abhalten lassen. Wer diesen Anfechtungen nicht standhält, dessen Interesse kommt jenen Tugenden verdächtig nahe, die sich bei näherer Prüfung als Mangel an Gelegenheit entpuppen.

Wenig Plausibilität hat auch der Einwand, daß Studiengebühren die Ausbildung intrinsischer Interessen von vorneherein gar nicht zulasse, weil sie auch im Inneren der Bildungsinstitutionen ein ausschließlich am materiellen Erfolg orientiertes Klima begünstigen. Die Universitäten des 20. Jhs. sind so und so keine Gegenwelten, die ihre Angehörigen von den Werthaltungen der übrigen Gesellschaft abschotten können,[54] ein Umstand, den nebenbei nur wenige Menschen bedauern werden. Die Einstellungen und Werte von Studenten werden durch gesamtgesellschaftliche Tendenzen geprägt und verändert, die Hochschulpolitik hat darauf kaum Einfluß. So hat sich beispielsweise seit den politisch bewegten sechziger Jahren ein genereller Einstellungswandel in Richtung privater Karriereorientierung vollzogen, der auch Auswirkungen auf das Studierverhalten hatte. Dieser Orientierungswandel hat in der gesamten westlichen Welt stattgefunden, in Ländern mit sehr hohen Studiengebühren (USA) ebenso wie in Ländern, in denen der Hochschulbesuch kostenfrei ist (z.B. Deutschland, Österreich).

Es ist richtig, daß Studiengebühren die Konsumentenhaltung von Studenten stärken. Wer etwas bezahlt, wird mit größerem Selbstbewußtsein eine adäquate Leistung einfordern. Weiters werden Studiengebühren dazu beitragen, das Studium als eine Investition in das eigene Humankapital zu begreifen. Es ist aber nicht einzusehen, warum dieses veränderte Selbstverständnis von Studenten die Ernsthaftigkeit ihrer Studieninteressen unterminieren sollte. Diese Auffassung kann man nur dann vertreten, wenn man meint, ein Studium ohne Gebühren erfolge aus reiner, von beruflichen Interessen ungetrübter Liebe zur Wissenschaft. Je weiter die Hochschulexpansion voranschreitet, desto geringer ist der Anteil jener Studenten, die eine wissenschaftliche Laufbahn anstreben.[55] Die Mehrheit erwartet sich von der Universität eine berufliche Ausbildung. Diese Erwartungen werden in Österreich nur in beschränktem Ausmaß erfüllt, aber das ist ein Modernitätsrückstand dieses Hochschulsystems, keine Qualität, die es zu verteidigen lohnt.[56]

Der kulturelle Einwand gegen Studiengebühren geht von einer euphemistischen Sichtweise jener chaotischen Verhältnisse im österreichischen Hochschulsystem aus, die im Ausland ungläubiges Staunen hervorrufen und die auch den Entscheidungsträgern in der österreichischen Hochschulpolitik zunehmendes Kopfzerbrechen bereiten. Nur wer die traurige Tatsache, daß österreichische Absolventen im Schnitt 7 1/2 Jahre für ihren Erstabschluß brauchen, als Indikator für eine besonders ernsthafte Auseinandersetzung mit dem Fach betrachtet, kann in einem beschleunigendem Effekt von Studiengebühren einen Verlust für die Kultur des Landes erblicken.

Schließlich liegt dem kulturellen Einwand gegen Studiengebühren ein verengtes Verständnis von den Anforderungen einer professionellen Ausbildung zugrunde. Diese ist durch ein ausschließlich instrumentelles Lernverhalten nicht zu bewältigen. Für Angehörige von Professionen ist ein inhaltliches Interesse in der Regel eine Bedingung für beruflichen Erfolg. Ein ökonomisches Interesse an der Verwertung der akademischen Qualifikation schließt ein sachliches Interesse an den Inhalten der Ausbildung keinesfalls aus.

In seinem Kern ist der kulturelle Einwand gegen Studiengebühren Ausdruck einer bildungsbürgerlichen Ideologie, derzufolge das Geistesleben einen höheren Wert darstellt und sich jeder ökonomischen Betrachtung und Bewertung prinzipiell entzieht. Aus dieser Perspektive kann man gar nicht genug Geld für Wissenschaft und Kultur ausgeben, jeder Versuch, den Einsatz von Ressourcen für kulturelle Zwecke zu optimieren, führt in die Irre; zu fragen, ob bestimmte Ausgaben tatsächlich gerechtfertigt sind, ist per se illegitim. Denn dabei werden die Kriterien einer an rein äußerlichen Zwecken orientierten Denkweise auf ein Gebiet übertragen, das die instrumentelle Sphäre transzendiert. Die unbestreitbare Tatsache, daß Wissenschaft und Kunst einer anderen Logik gehorchen als das Wirtschaftsleben, wird als Begründung dafür verwendet, daß öffentlich finanzierte kulturelle Einrichtungen der Gesellschaft keinerlei Rechenschaft über die Verwendung dieser Mittel schulden. Denn sobald man eine solche Rechenschaftspflicht anerkennt, muß man auch die Frage gestatten, ob die ökonomische Basis des kulturellen Geschehens nicht optimiert werden könnte.

Man kann aber die Problemstellung umdrehen und fragen: wäre es nicht auch unter dem Gesichtspunkt, daß Studenten eine kulturelle Bereicherung erfahren, an der andere Mitglieder der Gesellschaft nicht teilhaben können, legitim, daß sie sich an der Finanzierung der Hochschulen beteiligen? Dies zu vertreten, ist keineswegs Ausdruck eines Imperialismus des ökonomischen Kalküls, welcher den Eigenwert und die Eigenlogik von Kultur und Wissenschaft leugnet. Es bedeutet nur, die Tatsache anzuerkennen, daß die Aufrechterhaltung des Betriebs, der diese bereichernden Erfahrungen ermöglicht, sehr teuer ist, und daß die dafür aufgewandten Steuermittel trivialerweise für andere öffentliche Aufgaben nicht zur Verfügung stehen. Vor allem muß man hervorheben, daß das universitäre Bildungserlebnis deutliche Unterschiede zwischen denen, die davon profitieren können, und denen, die davon ausgeschlossen sind, begründet.

Neben den im engeren Sinn qualifizierenden Effekten eines Hochschulbesuchs, die durch Einkommensdifferentiale am Arbeitsmarkt abgegolten werden, führen auch die allgemeinbildenden Elemente eines Studiums zu klaren Vorteilen von Hochschulabsolventen in ihrem späteren privaten und gesellschaftlichen Wirkungsbereich. Diese Komponenten eines Hochschulstudiums, die bei der Diskussion über öffentliche Güter (Abschnitt 1.4) als "atmosphärische Effekte" bezeichnet wurden, sind naturgemäß kaum quantifizierbar. Es wurde weiter oben darauf hingewiesen, daß auch diese atmosphärischen Effekte positive Externalitäten besitzen, aber gleichzeitig kann kein vernünftiger Zweifel daran bestehen, daß das höhere Bildungsniveau eine Vielzahl privater Vorteile mit sich bringt. Es handelt sich dabei um eine Steigerung der Lebensqualität im privaten wie im beruflichen Leben,[57] und es gibt eine Reihe von Indizien dafür, daß einer wachsenden Zahl an Hochschulabsolventen diese Auswirkung ihres Studium ebenso wichtig ist, wie die monetären Vorteile, die sie am Arbeitsmarkt lukrieren.[58]

In diesem Zusammenhang hilft es wenig, die schöne Vorstellung zu beschwören, daß alle Menschen an den universitären Bildungserlebnissen teilhaben sollten. Gerade der kostenlose Hochschulzugang soll dies angeblich ermöglichen. Wir haben aber bei der Erörterung der distributiven Aspekte von Studiengebühren gesehen, daß der Nulltarif an Hochschulen kein treffsicheres Mittel ist, um den Hochschulzugang von Jugendlichen aus einkommenschwachen und bildungsfernen Familien zu erhöhen. Es hat wenig Sinn, die Augen vor der simplen Tatsache zu verschließen, daß ein Hochschulbesuch derzeit das Privileg einer Minderheit ist und auch in absehbarer Zukunft (selbst wenn man den kühnsten expansiven Szenarios folgt) keine universelle Bildungsstufe sein wird. Der kostenlose Hochschulzugang ist kein taugliches Mittel, um den Zugang zu dieser privilegierenden Erfahrung sozial gerecht zu gestalten. Darüberhinaus führt er zu einer erheblichen Ungleichheit bei der Verteilung jener Lasten, die nötig sind, um einer Minderheit dieses privilegierende Bildungserlebnis zu ermöglichen. Der kulturelle Einwand gegen Studiengebühren ist ein hochtrabend formulierter Versuch, von diesem Umstand abzulenken.

1.8 Studiengebühren unter dem Gesichtspunkt der europäischen Integration

Österreich ist seit dem 1.1.1995 Mitglied der Europäischen Union.[59] Auf den ersten Blick zieht dieser Schritt nur geringe hochschulpolitische Veränderungen nach sich,[60] denn Hochschulpolitik wird auch innerhalb der EU in den fast uneingeschränkten Kompetenzbereich der nationalen Regierungen fallen. Es wird zu keiner, von Brüssel aus gesteuerten, strukturellen Vereinheitlichung der europäischen Hochschulsysteme kommen. Jeder Mitgliedsstaat ist frei, den ordnungspolitischen Rahmen seines Hochschulsystems nach eigenem Gutdünken zu regeln. Selbstverständlich schließt dies auch die Entscheidung mit ein, ob Studiengebühren eingehoben werden oder nicht.

Auch eine inhaltliche Harmonisierung der Ausbildungswege wird von der Europäischen Kommission nicht angestrebt. Da sich dieses – ursprünglich versuchte – Vorhaben als zu schwierig und langwierig herausgestellt hat, wird eine Harmonisierung nur auf formalem Weg erfolgen. Die Anerkennung eines Studiengangs innerhalb der EU wird von dessen Länge abhängig gemacht. Die kulturellen Gemeinsamkeiten in Europa sind groß genug, um das Vertrauen zu rechtfertigen, daß jedes Land von sich aus ausreichende Maßnahmen zur Gewährleistung von Mindeststandards setzt. Den wichtigsten Anpassungsschritt in diese Richtung hat Österreich bereits mit der Einrichtung des Fachhochschulbereichs gesetzt. Er stellt sicher, daß Österreicher auch unterhalb der Ebene eines akademischen Langzeitstudiums anerkannte hochschulische Bildungswege absolvieren können.

Die langfristigen hochschulpolitischen Folgen der europäischen Integration werden über die bisher erwähnte Ebene jedoch weit hinausreichen. Die Triebkraft dieser Veränderungen liegt in der erhöhten akademischen Mobilität. Für die Entwicklung eines europäischen Wirtschaftsraumes ist es von großer Bedeutung, daß zumindest die höchstqualifizierten Arbeitskräfte, also die Hochschulabsolventen, in vermehrtem Maß Fremdsprachen lernen und sich mit den politischen und kulturellen Traditionen anderer Staaten vertraut machen. Ein hervorragendes Mittel zur Förderung solcher Lernprozesse ist es, einen Studienabschnitt oder das gesamte Studium im Ausland zu absolvieren. Die hohe Bedeutung, die die Europäische Kommission dem Auslandsstudium zumißt, wird durch die zahlreichen Austauschprogramme unterstrichen, die zur Förderung der akademischen Mobilität zur Verfügung stehen.

Weiters stellt die EU mit rechtlichen Mitteln sicher, daß die Freizügigkeit der akademischen Mobilität von einzelnen Mitgliedsstaaten nicht durch protektionistische Maßnahmen eingeschränkt wird. Dies erfolgt durch das "Diskriminierungsverbot": Der "Grundsatz der Inländerbehandlung" legt fest, daß in jedem Mitgliedsstaat für alle EU-Bürger dieselben Bedingungen gelten wie für die Bürger des betreffenden Staates. Jeder Staat ist frei, den Hochschulzugang über einen Numerus Clausus zu regeln, den Hochschulen das Recht auf Eingangsselektion zu verleihen oder aber den Hochschulzugang ausschließlich vom Zeugnis der Sekundarstufe abhängig zu machen. Für die EU ist nur entscheidend, daß Ausländer in der gleichen Weise behandelt werden wie Inländer. Dasselbe gilt für Studiengebühren: gibt es in einem Land den Nulltarif, dann muß der auch für EU-Bürger gelten.

Es ist natürlich nicht zu erwarten, daß diese materiellen und rechtlichen Fördermaßnahmen dazu führen werden, daß in absehbarer Zukunft eine Mehrheit der Studenten ins Ausland geht. So wie trotz des Fallens aller protektionistischen Beschränkungen im gemeinsamen Binnenmarkt die große Mehrheit der Arbeitskräfte sich einen Arbeitsplatz im eigenen Land suchen wird, werden auch die meisten Studenten im eigenen Land studieren. Aber die Minderheit der Mobilen hat bereits in den letzten Jahren stark zugenommen, und sie wird weiter wachsen.[61] Sie wird sich von einer marginalen in eine qualifizierte Minderheit verwandeln, die beträchtlichen Einfluß auf die Entwicklung der europäischen Hochschulsysteme gewinnen könnte. Denn man kann annehmen, daß die besonders leistungsstarken und motivierten – und daher von den Hochschulen besonders begehrten – Studenten unter den Auslandsstudenten überrepräsentiert sind.

Die zunehmende akademische Mobilität könnte dazu führen, daß auch in den traditionellerweise sehr homogenen Hochschulsystemen Europas der Wettbewerb und die damit einhergehende Qualitätsdifferenzierung größer werden. Bisher standen einem Wettbewerb in den europäischen Hochschulsystemen ja nicht nur politische und kulturelle Traditionen im Wege, sondern auch die Kleinräumigkeit auch noch der größten europäischen Länder. Man muß sich in diesem Zusammenhang vor Augen führen, wie sehr die Qualitätsdifferenzierung im amerikanischen Hochschulsystem vom unvergleichlichen quantitativen Potential an Forschern sowie an motivierten und begabten Studenten abhängt. Von der Größenordnung her gesehen hätte Österreich vielleicht das Potential für eine Spitzeninstitution vom Range der amerikanischen Eliteuniversitäten. Die Qualität des amerikanischen Elitesektors beruht aber darauf, daß eine große Zahl annähernd gleichrangiger Universitäten miteinander im Wettbewerb stehen. Es ist unwahrscheinlich (und vermutlich auch nicht wünschenswert), daß das politische, ökonomische und kulturelle Zusammenwachsen Europas hier zu einem ähnlich steilen Qualitätsgefälle im Hochschulbereich führt wie in den USA. Wahrscheinlich hingegen ist, daß die Qualitätsdifferenzierung zunehmen wird und daß die bisher kaum beachteten

Qualitätsunterschiede eine verstärkte Aufmerksamkeit auf sich ziehen werden. Das in den letzten Jahren auch in Europa zu beobachtende Interesse am Ranking ist dafür ein deutliches Indiz.

Wie ist nun das österreichische Hochschulsystem für diesen gesamteuropäischen Wettbewerb gerüstet?[62] Für die Erörterung dieser Frage empfiehlt es sich, unterschiedliche Motive für ein Auslandsstudium und deren Stellenwert im Wettbewerb der Universitäten zu untersuchen. Aus der Sicht eines Studenten gibt es mehrere mögliche Gründe, um das Studium ganz oder zum Teil im Ausland abzulegen:[63]

- Ein längerer Auslandsaufenthalt ist in jedem Fall ein Gewinn, man lernt die Sprache, erweitert seinen Horizont, knüpft Auslandskontakte etc. Dieses Motiv findet sich quer durch das gesamte Leistungsspektrum der Studenten, es deutet aber auf ein erhöhtes Maß an Ambitionen und Unternehmungslust hin.
- Man will eine Eliteuniversität mit internationaler Reputation besuchen. Dieses Motiv dominiert im oberen Leistungsspektrum.
- Man weicht in ein anderes Land aus, weil man im eigenen keinen Studienplatz bekommt. Dieses Motiv dominiert im unteren Leistungsspektrum.

Universitäten werden in der Regel die erste und vor allem die zweite Gruppe von Studenten willkommen heißen und u. U. auch aktiv um sie werben; sie werden die dritte Gruppe als Belastung empfinden und sie nach Möglichkeit abzuwehren versuchen. Auf welche dieser Gruppen werden nun die österreichischen Hochschulen Anziehungskraft ausüben?

- Es ist wahrscheinlich, daß aus ganz Europa Studenten nach Österreich kommen wollen, weil sie das Land und die Kultur kennenlernen wollen. Die landschaftlichen Reize und kulturellen Traditionen ganz Österreichs und speziell vieler Universitätsstädte sind ein großer Vorteil im Wettbewerb um die attraktive erste Gruppe von Auslandsstudenten.
- Eliteinstitutionen gibt es in Österreich nur im Kunsthochschulbereich. Besonders die österreichischen Musikhochschulen zählen weltweit zu den begehrtesten Einrichtungen ihrer Art, und so nimmt es auch nicht Wunder, daß etwa zwei Drittel ihrer Studenten aus dem Ausland kommen. Aus einer hochschulpolitischen Gesamtperspektive betrachtet, handelt es sich hierbei freilich um einen sehr kleinen Sektor. An den Universitäten gibt es derzeit keine Eliteeinrichtung und es wird sie auch

in mittelfristiger Perspektive nicht geben. Daher werden aus der attraktivsten zweiten Gruppe Studenten nur in Ausnahmefällen an die österreichischen Universitäten kommen. (Das bedeutet nicht, daß es nicht jetzt schon oder in naher Zukunft an den Universitäten Teilbereiche gibt/geben könnte, die auch auf ausländische Studenten eine hohe Anziehungskraft ausüben.)

- Unerfreulich hohen Zulauf wird Österreich aus der dritten Gruppe erhalten. Viele Numerus Clausus–Flüchtlinge (speziell aus Deutschland, wo auch die Sprachbarriere wegfällt) werden versuchen, sich die freizügigen Zugangsbestimmungen des österreichischen Hochschulsystems zunutzte zu machen. Österreich ist nämlich eines der wenigen europäischen Länder, das seinen Hochschulen weder ein Recht auf Eingangsselektion gibt noch zentral administrierte kapazitätsorientierte Zugangsbeschränkungen kennt.[64] Diese hohe Freizügigkeit gilt derzeit freilich nur für Inländer. Für Ausländer gelten besondere Zulassungsbedingungen, bei Engpässen können sie von bestimmten Studienfächern gänzlich ausgeschlossen werden. Diese Bestimmungen wurden vor allem deshalb eingeführt, um Numerus Clausus–Flüchtlinge aus Deutschland abzuwehren. In Zukunft wird diese Form des Protektionismus nicht mehr möglich sein. Im Wissenschaftsministerium will man zwar an der bisherigen Praxis festhalten: man will nur solche Ausländer zu einem Studium an einer österreichischen Universität zulassen, die einen Studienplatz im eigenen Land nachweisen können. Es liegen aber Rechtsgutachten vor, denen zufolge es mehr als unwahrscheinlich ist, daß sich der Europäische Gerichtshof dieser Logik anschließen wird (vgl. Berka 1991).

Österreich wird sich also entscheiden müssen, ob es seine hohe Freizügigkeit im Hochschulzugang beibehält und auf alle EU–Bürger ausdehnt oder ob es neue Zugangsbestimmungen einführt, die dann auch für Inländer gelten. Diese Entscheidung sollte nicht sehr schwer fallen. Die österreichischen Universitäten sind jetzt bereits an der Grenze ihrer Finanzierbarkeit angelangt. Zusätzliche Belastungen größeren Ausmaßes (und solche sind wahrscheinlich, wenn Österreich die Rolle des Asyllandes für Numerus Clausus–Flüchtlinge wählt) müssen zu ernsten Qualitätseinbußen führen. In diesem Fall ist nicht auszuschließen, daß das österreichische Hochschulsystem an den unteren Qualitätsrand abgedrängt wird. Hochschulsysteme mit Numerus Clausus würden ihre leistungsschwachen Studienwerber nach Österreich abschieben, die besten und ambitioniertesten österreichischen Studenten würden im Gegenzug ins Ausland abwandern. Nur im Kunsthochschulbereich würde Österreich eine internationale Eliteposition einnehmen.

Welche Möglichkeiten gibt es, um ein solches unerfreuliches Szenario zu verhindern? Möglich sind sowohl rechtliche Veränderungen im Hochschulzugang als auch die Einführung von Studiengebühren, am wirkungsvollsten wäre eine Kombination dieser beiden Maßnahmen. Die am wenigsten zu empfehlende Maßnahme wäre die Einführung eines Numerus Clausus. Nach wie vor gibt es stichhaltige Einwände gegen den Aufbau einer weiteren zentralbürokratischen Instanz. Eine wesentlich zielführendere und auch unter ordnungspolitischen Aspekten zu empfehlende Möglichkeit besteht darin, den einzelnen Hochschulen das Recht zur Eingangsselektion zu geben. Sie ist einer zentralen Selektion deshalb vorzuziehen, weil nur auf diese Weise die Verantwortlichkeit der Universitäten gegenüber dem Studienerfolg ihrer Studenten gestärkt werden kann. Damit es dahin kommt, muß man allerdings auch Formen der Finanzierung finden, die gute Ausbildungsleistungen belohnen.

Eine Eingangsselektion durch die Hochschulen würde den eigentlichen Intentionen des Diskriminierungsverbots Rechnung tragen, ohne die perversen Effekte zu erzielen, die unter den Bedingungen des gegenwärtigen Hochschulzugangs wahrscheinlich sind. Die Hochschulen würden ohne Ansehen der nationalen Identität jene Studienwerber akzeptieren, die am besten dem Profil der eigenen Institution entsprechen. Studiengebühren würden gleichzeitig sicherstellen, daß auch ausländische Bürger einen Beitrag zu den erheblichen institutionellen Kosten tragen, die der österreichische Steuerzahler zu leisten hat.[65] Entscheidend ist, daß es sich in beiden Fällen nicht um "Notmaßnahmen" handelt, bei denen man – um eine externe Bedrohung abzuwehren – Verschlechterungen für die österreichischen Studenten in Kauf nimmt. Beide Maßnahmen sind auch aus einer rein innerösterreichischen Perspektive sinnvoll, die externe Herausforderung durch die europäische Intergration ist nur ein willkommener Anlaß, der das Umdenken erleichtern sollte.

1.9 Sind Studiengebühren politisch durchsetzbar?

Ohne Zweifel ist die Einführung von Studiengebühren eine für die Regierung politisch riskante Maßnahme, die heftige Turbulenzen auslösen wird. Noch Mitte der achtziger Jahre waren im deutschsprachigen Raum die meisten Bildungsökonomen der Auffassung, das Thema sei nur von theoretischem Interesse, denn Studiengebühren – wie gut sie auch immer sachlich begründet sein mögen – seien politisch nicht durchsetzbar. Auch der bisherige Verlauf der öffentlichen Debatte in Österreich gibt nur wenig Anlaß zur Hoffnung, das Thema könnte auf rationale Weise erörtert werden.

Andererseits gibt es eine Reihe von Tendenzen, die die sehr breite Opposition, auf die eine solche Maßnahme noch vor wenigen Jahren gestoßen wäre, allmählich durchlöchern:

- Viele Hochschulangehörige beginnen zu erkennen, daß unter den Bedingungen angespannter öffentlicher Haushalte die staatlichen Hochschulausgaben nicht ausreichen werden, um die finanziellen Engpässe an den Universitäten zu beheben.
- Die Diskussion über den Umbau des Sozialstaates ist in vollem Gange. In fast allen Bereichen wird überprüft, ob die Leistungen noch zeitgemäß sind und ob sie die eigentlich intendierten Wirkungen erzielen. Warum sollte ausgerechnet die Hochschulfinanzierung davon ausgenommen sein?
- Die regressiven Verteilungseffekte des Nulltarifs an Hochschulen sickern allmählich ins Bewußtsein einer breiteren Öffentlichkeit ein. In einigen Medien hat eine einigermaßen differenzierte Diskussion zu diesem Thema begonnen.

Dennoch ist es weiterhin ungewiß, ob Studiengebühren innerhalb der hochschulpolitischen Akteure mehrheitsfähig wären und welche Akzeptanz sie innerhalb der Bevölkerung fänden. Die folgenden Überlegungen dienen dazu, die politischen Risken einer solchen Maßnahme abzuschätzen. Als hochschulpolitisch relevante Akteure werden im folgenden die politischen Parteien, die Sozialpartner und die in der Universität vertretenen Gruppen unterschieden.

Politische Parteien:

- Innerhalb der ÖVP gibt es keine einheitlich Position, die Befürworter von Studiengebühren dürften überwiegen, halten sich aber, da es sich um ein Reizthema handelt, weitgehend bedeckt. Auch dem wirtschaftsliberalen Flügel der Partei ist klar, daß – wenn überhaupt – nur eine sozialverträgliche Variante konsensfähig ist. Es gäbe aber vermutlich eine Opposition gegen solche Gebührenvarianten, welche die eigene Klientel in besonderem Maße belasten.

- Der Haltung der SPÖ kommt in dieser Frage zweifellos eine Schlüsselfunktion zu. Bis in die späten achtziger Jahre galt der kostenfreie Hochschulzugang als unantastbare Errungenschaft sozialdemokratischer Reformpolitik. Seither hat ein vorsichtiger Umdenkprozeß eingesetzt, der sich in letzter Zeit beschleunigt hat. Weiterhin werden aber Querdenker, die öffentlich von der offiziellen Position abweichen, "zur Ordnung" gerufen. Um den Umdenkprozeß weiter voranzutreiben, wird man stärker als bisher den verteilungspolitischen Aspekt diskutieren müssen. Für den Meinungsbildungsprozeß der Entscheidungsträger werden zwei Fragen ausschlaggebend sein. Erstens, ob zielgenauere Formen der öffentlichen Subventionierung von Zugangsgerechtigkeit möglich sind, die man auf einfache Weise administrieren kann. Zweitens, ob man über Öffentlichkeitsstrategien verfügt, die es ohne Gesichtsverlust erlauben, die frühere Position zu wechseln. Unwahrscheinlich ist, daß sich die Bildungslobby dieser Partei umstimmen läßt, denn hier sind die ordnungspolitischen und kulturellen Widerstände gegen Marktelemente besonders stark.

- Schwierig ist die Haltung der Opposition einzuschätzen. Das Verhalten der FPÖ ist kaum berechenbar. Bei den Grünen läßt der hohe Wähleranteil an Studenten einen starken Widerstand gegen Studiengebühren vermuten. Auf der anderen Seite gibt es in dieser Partei ein ausgeprägtes Bewußtsein von den rivalisierenden öffentlichen Aufgaben. Es ist nicht ausgeschlossen, daß es – ähnlich wie in der Frage des EU-Beitritts – zu einem Konflikt zwischen "Fundis" und "Realos" kommt. Auch von den Liberalen gibt es bis jetzt keine Stellungnahme; es ist aber wahrscheinlich, daß sie eine sozial ausgewogene Gebührenvariante unterstützen werden.

Sozialpartner:

- Die Sozialpartner der Wirtschaft treten seit langem für Studiengebühren ein. Ausschlaggebend sind neben der Entlastung der öffentlichen Haushalte vor allem ordnungspolitische Motive. Der Frage der Zugangsgerechtigkeit wird hier keine sehr hohe Bedeutung zugemessen. Doch hat auch die Wirtschaft durchaus ein Interesse daran, daß leistungsstarken und hochmotivierten Studenten aus einkommensschwachen Schichten keine materiellen Barrieren in den Weg gelegt werden. Widerstand von dieser Seite gäbe es vermutlich gegen eine "leistungsfeindliche" Variante der Akademikersteuer (z.B. gegen solche Varianten, bei denen man im Falle eines sehr hohen Einkommens mehr an Steuer "zurückzahlen" muß, als man während des Studiums an Subventionen empfangen hat).

- Für die Sozialpartner der Arbeitnehmerseite gilt weitgehend dasselbe, was zuvor über die SPÖ gesagt wurde.

Gruppen an der Universität:

- Rektorenkonferenz, Professorenverband und Mittelbau: Beim lehrenden Personal an den Hochschulen gibt es keine einheitliche Position. Die meisten Professoren scheinen aus unterschiedlichen Gründen mit Gebühren zu sympathisieren, beim wissenschaftlichen Nachwuchs dürfte eine Mehrheit für den Nulltarif eintreten. Die offiziellen Repräsentanten dieser Gruppen treten fast geschlossen – nicht zuletzt aus Gründen der Konfliktvermeidung – für einen offenen, kostenfreien Hochschulzugang ein (beklagen aber zugleich das ordnungspolitische Versagen der gegenwärtigen Lösung). Es ist wahrscheinlich, daß sich keine dieser Gruppen weder in die eine noch in die andre Richtung stark engagieren wird.

- Die Studentenvertretungen sind aus leicht nachvollziehbaren Gründen die einzige Gruppe, die jeder denkbaren Gebührenvariante kompromißlosen Widerstand entgegenbringen wird. Es ist aber zweifelhaft, daß die von den Funktionären in Aussicht gestellten Kampfaktionen bei den Studenten eine breite Unterstützung finden, wenn die Regierung glaubhaft machen kann, daß keine unvertretbaren sozialen Härten geschaffen werden. Ebenso wichtig dürfte ein zweiter Punkt sein. In der Diskussion mit Studenten kann man immer wieder die Meinung hören, man sei durchaus bereit, einen Beitrag zu leisten, aber man erwarte sich in diesem Fall, daß die an der Hochschule empfangenen Dienstleistungen sich spürbar verbessern. In der Öffentlichkeitsarbeit müßte somit auch plausibel gemacht werden, daß die neue Rolle der Studenten als zahlende Konsumenten auch ihren Ansprüchen an eine hohe Qualität der Ausbildung mehr Nachdruck verleiht.

Akzeptanz innerhalb der Bevölkerung:

Derzeit dürfte eine leichte Mehrheit der Bevölkerung für Studiengebühren sein. Bei einer Befragung durch das Fessel+GFK Institut im Frühjahr 1993 stimmten 51% für Studiengebühren in der Höhe von jährlich 3.000 S, 45% stimmten dagegen. Für Studiengebühren in der Höhe von mindestens 1.000 S pro Monat stimmten freilich nur noch 27%, 68% stimmten dagegen. Dabei müssen zwei Dinge berücksichtigt werden: Diese Umfrage fand statt, ohne daß es eine öffentliche Diskussion über die regressiven Verteilungseffekte der staatlichen Hochschulausgaben gegeben hätte. Die Respondenten mußten also gemäß der früher fast einhellig vertretenen Meinung davon ausgehen, daß der Nulltarif ein wirksames Mittel zur Erhöhung der Chancengleichheit sei. Zweitens wurde keine sozialverträgliche Gebührenvariante in Aussicht gestellt. Die Respondenten mußten also davon ausgehen, daß auch einkommensschwache Haushalte bei Semesterbeginn die entsprechende Gebühr zu entrichten hätten.

Man kann davon ausgehen, daß im Falle einer wirkungsvollen Öffentlichkeitsarbeit, die vor allem das Bewußtsein der verteilungspolitischen Aspekte des Nulltarifs und von Studiengebühren schärft und die auch die Realisierbarkeit einer sozialverträglichen Gebührenvariante glaubhaft macht, die Zustimmung einer Bevölkerungsmehrheit sich nicht bloß auf Gebühren in symbolischer Höhe beschränkt. Dies vor allem dann, wenn zur gleichen Zeit auch andere Leistungen des Sozialstaats, die den meisten Menschen wesentlich wichtiger sind als der Nulltarif an Hochschulen, einer Revision unterzogen werden.

Die Einstellung zu Studiengebühren innerhalb der Bevölkerung wird sehr stark davon abhängen, ob es wahrscheinlich ist, daß der betreffende Haushalt in absehbarer Zukunft das Hochschulangebot nutzt. Man kann hier zumindest drei Gruppen unterscheiden:

- Der sehr einkommensswache und bildungsferne Teil der Bevölkerung, der für sich selbst und seine Kinder einen Hochschulbesuch ausschließt. In dieser Gruppe dürfte es eine sehr hohe Akzeptanz von Studiengebühren geben, was auch dadurch erhärtet wird, daß bei der erwähnten Umfrage die Zustimmung in den niedrigsten Einkommensschichten am höchsten war.

- Der sehr einkommensstarke Teil der Bevölkerung, der sich durch die höchste Nutzung des Hochschulangebots auszeichnet, für den Studiengebühren – es sei denn solche in prohibitiver Höhe – aber kein ernsthaftes Problem darstellen. Das Ausmaß der Akzeptanz ist hier sicherlich je nach Gebührenvariante unterschiedlich, auf nennenswerten Widerstand dürften nur solche Varianten stoßen, die die späteren Einkommen der Akademiker in unverhältnismäßiger Weise belasten.

- Haushalte niedrigen und mittleren Einkommens mit Bildungsambitionen. Für die Aufstiegsstrategien dieser Gruppe ist der Nulltarif an Hochschulen von grundlegender Bedeutung. Hier ist der Widerstand gegen Gebühren am stärksten. Zu dieser Gruppe zählen vermutlich viele Haushalte, deren Kinder die Hochschulen auch bei Gebührenfreiheit nicht besuchen werden. Man will sich aber die Möglichkeiten offenhalten und man ist generell sensibler für die materiellen Probleme dieser Schicht, der man selbst angehört. Die Öffentlichkeitsarbeit muß primär bei dieser – zahlenmäßig vermutlich größten – Gruppe ansetzen.

Aus diesen Erwägungen zu den Einstellungen der hochschulpolitischen Akteure und der Bevölkerung lassen sich zwei Schlußfolgerungen ziehen. Erstens: die Akzeptanz einer Gebührenlösung wird ganz wesentlich von der Qualität der Öffentlichkeitsarbeit abhängen, die einer solchen Maßnahme vorausgeht. In diese Richtung wurde bisher sehr wenig unternommen, man braucht sich daher auch nicht zu wundern, wenn breite Teile der Bevölkerung aber auch der politischen Entscheidungsträger weiterhin den bildungspolitischen Mythen der sechziger Jahre aufsitzen. Zweitens: man wird bei der Konstruktion der Gebührenvariante darauf achten müssen, daß es zu keiner Koalition von Gruppierungen kommt, welche diese Variante aus unterschiedlichen, möglicherweise gegensätzlichen Motiven bekämpft. Das könnte bei einer bestimmten Form der Akademikersteuer (vgl. Abschnitt 3.5.4) der Fall sein, bei der die Frage der Hochschulfinanzierung von allgemeinen verteilungspolitischen Motiven in den Hintergrund gerückt wird. In diesem Fall könnte es zu einer Koalition aus "linker" Fundamentalopposition gegen jede Form von Gebühren und "rechtem" Widerstand gegen eine neue, "leistungsfeindliche" Steuer kommen, die den Erfolg einer solchen Maßnahme in höchstem Maße gefährden würde.

Sozial ausgewogene Studiengebühren sind möglich – Das Beispiel Australiens

2.1 Welchen Wert hat der internationale Vergleich für die Diskussion von Studiengebühren?

Die Probleme, die in den Abschnitten 1.1 und 1.2 diskutiert wurden, sind nicht auf Österreich beschränkt. In allen Industrieländern hat die Hochschulexpansion zu Problemen bei der Hochschulfinanzierung geführt. Wie in Österreich haben die globalen ökonomischen Veränderungen seit den siebziger Jahren auch in den übrigen OECD-Staaten zu wachsenden Haushaltsdefiziten geführt, was den Spielraum der Hochschulpolitik eingeengt hat. Das Wachstum der Studiennachfrage war fast überall stärker ausgeprägt als das Wachstum in den öffentlichen Hochschulausgaben. Die Folge war, daß sich die realen Ausgaben pro Student verringert haben, was sich in einer – teilweise radikalen – Verschlechterung der Betreuungsverhältnisse niedergeschlagen hat.

Da sich die Regierungen zunehmend außerstande sehen, die gesamte finanzielle Last der Hochschulen zu tragen, gibt es überall Bestrebungen, auch private Finanzierungsquellen zu erschließen. Der Übergang zu unterschiedlichen Formen gemischter Finanzierung ist einer der wenigen klar erkennbaren globalen Trends in der Hochschulentwicklung (vgl. OECD 1991). Zum einen erhöhen sich weltweit die Einnahmen, die die Hochschulen aus dem Verkauf von Dienstleistungen machen (Drittmittel). Zum anderen nehmen Studiengebühren an Bedeutung zu. Weltweit gab es in den sechziger und frühen siebziger Jahren den Trend, Studiengebühren abzuschaffen oder zu reduzieren. Seit den späten achtziger Jahren hat in den meisten Industrieländern eine Diskussion um eine neuerliche Einführung von Studiengebühren eingesetzt, einige Länder haben bereits erste Schritte in diese Richtung gesetzt. Aus einer österreichischen Perspektive ist diese internationale Entwicklung vor allem aus zwei Gründen von Interesse:

- Erstens kann man durch den internationalen Vergleich einen Bezugspunkt für die Frage gewinnen, ob die staatlichen Hochschulausgaben in Österreich hoch oder niedrig sind.
- Zweitens kann man aus den Erfahrungen anderer Länder mit Studiengebühren Anregungen für die eigenen hochschulpolitische Diskussion aufgreifen.

2.1.1 Die staatliche Hochschulausgaben Österreichs im internationalen Vergleich

Es ist eine triviale Aussage, daß Universitäten zu allen Zeiten und in allen Ländern über weniger Mittel verfügt haben und verfügen, als sie gerne hätten. Daher ist die Frage, ob eine Hochschulsystem über "ausreichende" finanzielle Mittel verfügt, in strengem Sinn nicht zu beantworten. Undenkbar ist eine Situation, in der man die Quantität und/oder Qualität von Forschung und Lehre durch zusätzliche Mittel nicht weiter erhöhen könnte. Nach oben hin gibt es keine Grenze, und das schlägt sich in der Auffassung vieler Hochschulangehöriger nieder, daß man für die Universitäten gar nicht genug Geld ausgeben kann. Auch der Versuch mancher Bildungsökonomen, eine "optimales" Ausgabenniveau zu ermitteln, hat zu keinen konsensfähigen Ergebnissen geführt.

Ein pragmatischer Weg, das Ausgabenvolumen eines Landes für Hochschulen zu beurteilen, besteht darin, es mit dem anderer Länder ähnlichen Entwicklungsniveaus zu vergleichen. Auf Grund der teilweise fundamentalen Unterschiede in der Struktur der Hochschulsysteme führt ein solcher Vergleich freilich zu kaum lösbaren methodischen Problemen. Selbst die OECD–Indikatoren (OECD 1994), die das Ergebnis einer mehrjährigen Kooperation von Experten der einzelnen Mitgliedsstaaten sind, können nicht in jeder Hinsicht zufriedenstellen und sind häufig Quelle von Mißverständnissen. Auf der anderen Seite sind sie die beste quantitativ vergleichende Orientierungshilfe, die der Hochschulpolitik derzeit zur Verfügung steht, und es wäre unklug, darauf zu verzichten.

Einer der brauchbarsten Indikatoren für den internationalen Vergleich von Hochschulausgaben besteht darin, diese mit dem BIP des jeweiligen Landes in Beziehung zu setzen. Diese Kennziffer hat den Vorteil, daß die strukturellen Unterschiede der Hochschulsysteme dabei weitgehend unbeachtet bleiben können.[1] Die implizite Annahme dieses Vergleichs besteht darin, daß reiche Länder mehr für ihre Hochschulen ausgeben können als arme. Um der Hochschulpolitik eines Landes Gerechtigkeit widerfahren zu lassen, muß man sein Ausgabenvolumen an seiner Wirtschaftskraft messen. Die OECD hat sowohl die öffentlichen wie die privaten und schließlich die Summe der öffentlichen und privaten Hochschulausgaben mit dem BIP verglichen.

Österreich braucht einen Vergleich dieser Art nicht zu scheuen. Da das österreichische Hochschulsystem ausschließlich öffentlich finanziert wird, ist vor allem der Indikator für die öffentlichen Ausgaben von Interesse. Der Anteil der öffentlichen Hochschulausgaben am BIP macht 1,1% aus,[2] er liegt damit nur knapp hinter dem OECD–Durchschnitt von 1,2%. Zwar haben einzelne

Länder beträchtlich höhere Werte (z.B. Kanada mit 2,2%, die Niederlande mit 1,7%), andererseits fallen z.B. Deutschland mit 0,9% oder gar Japan mit nur 0,3% ebenso deutlich hinter Österreich zurück. Niemand kann somit mit Berufung auf diese Statistiken behaupten, daß die öffentlichen Hochschulausgaben in Österreich – gemessen an der Wirtschaftskraft des Landes – beschämend niedrig seien.

Die Situation verändert sich freilich grundlegend, wenn man die Summe der öffentlichen und privaten Ausgaben betrachtet. Da die österreichischen Hochschulen keinen Einnahmen aus privaten Quellen machen, beträgt der Wert auch hier 1,1%, er liegt damit bereits deutlich unter dem OECD–Durchschnitt von 1,9%. Verantwortlich dafür sind natürlich jene Länder, deren Hochschulen hohe private Einnahmen machen, z.B. die USA, Kanada und Australien. Der Anteil der öffentlichen und privaten Hochschulausgaben am BIP beträgt in Kanada 2,6%, in den USA 2,4% und in Australien 2,0%. Man kann also den Schluß ziehen, daß Österreich im Mittelfeld liegt, wenn man ausschließlich die öffentlichen Ausgaben betrachtet, aber deutlich zurückfällt, wenn man auch die privaten Ausgaben einbezieht. Entscheidend ist aber die Summe der öffentlichen und privaten Ausgaben.

Ein anderer wichtiger Indikator sind die Pro–Kopf–Ausgaben je Student. Hierbei handelt es sich um keinen relativen Wert, der die Hochschulausgaben zu den wirtschaftlichen Rahmenbedingungen in Beziehung setzt, sondern um einen Absolutwert. Was immer die Wirtschaftskraft eines Landes ist, einer der wichtigsten Faktoren für die Qualität der universitären Ausbildung ist es, welcher Geldbetrag für jeden einzelnen Studenten zur Verfügung steht. Um diesen Indikator aussagekräftiger zu machen, hat die OECD die entsprechenden Rohwerte anhand der Kaufkraftparitäten umgerechnet. Jeder Dollar der in der Folge angeführten Werte hat somit in jedem Land dieselbe Kaufkraft.

In anderer Hinsicht gibt es freilich gerade bei diesem Indikator große methodische Probleme. Bei einigen Ländern sind in den Pro–Kopf–Ausgaben auch Forschungsausgaben enthalten, bei anderen nicht. Länder (wie z.B. Österreich), die auf Grund fehlender Kostenrechnung die Ausgaben für Lehre und Forschung nicht unterscheiden können, gelangen zu höheren Pro–Kopf–Ausgaben als jene Länder, bei denen nur die Ausgaben für Lehre gerechnet werden. Noch wichtiger ist ein anderer Unterschied: Der OECD–Indikator bezieht sich grundsätzlich auf Vollzeitäquivalente. Bei Hochschulsystemen, die keine Unterscheidung zwischen einem Voll– und einem Teilzeitstudium machen (wie z.B. Österreich), muß das zu groben Verzerrungen führen. In diesem Fall stehen ja nur Kopfzahlen zur Verfügung und es wird angenommen, daß jeder dieser gezählten Köpfe tatsächlich ein Vollzeitstudium betreibt. Die Pro–Kopf–Ausgaben werden damit unterschätzt, denn in Wahrheit betreibt natürlich ein großer – wenngleich nicht exakt quantifizierbarer – Teil der Studenten ein Teilzeitstudium. Für Österreich kommt noch ein weiterer Verzerrungsfaktor hinzu, und das sind die Scheininskribenten. Auch die Scheininskribenten führen zu einer deutlichen Unterschätzung des österreichischen Wertes der Pro–Kopf–Ausgaben.

Trotz dieser methodischen Unsicherheiten vermitteln die folgenden Zahlen einen ungefähren Eindruck davon, welche Mittel den unterschiedlichen Hochschulsystemen zur Ausbildung eines Studenten zur verfügung stehen. Betrachtet man nur die öffentlichen Ausgaben, so liegt Österreich mit 6.441 $[3] bereits deutlich hinter dem OECD–Durchschnitt von 8.560 $. Man kann freilich vermuten, daß diese Differenz überwiegend auf die zuvor erwähnten Verzerrungsfaktoren[4] zurückzuführen ist. Der Abstand zum Durchschnitt vergrößert sich natürlich, wenn man auch die privaten Ausgaben einbezieht. Am österreichischen Wert von 6.441 $ ändert sich nichts, der OECD–Durchschnitt steigt hingegen auf 9.326 $. Besonders hoch sind die gesamten Pro–Kopf–Ausgaben erwartungsgemäß in jenen Ländern, in denen die Hochschulen auch hohe Einnahmen aus privaten Quellen machen,[5] also in den USA mit 13.639 $, in Australien mit 10.934 $ und in Kanada mit 10.415 $.

Hier werden doch Unterschiede in der Größenordnung deutlich, die man mit dem Hinweis auf methodische Unsicherheiten nicht mehr relativieren kann. Den österreichischen Hochschulen stehen in Summe deutlich weniger Mittel für die Ausbildung eines Studenten zur Verfügung als den marktorientierten Systemen Nordamerikas und Australiens. Wenngleich die Unterschiede in den Pro–Kopf–Ausgaben nicht der einzige und wahrscheinlich auch nicht der wichtigste Faktor für Qualitätsunterschiede in der Ausbildung sind, wäre es andererseits doch ungerechtfertigt, diesem Vergleich jede Bedeutung abzusprechen. Die OECD–Indikatoren liefern einen deutlichen Hinweis dafür, daß es den österreichischen Hochschulen finanziell nicht besonders gut geht. Sie liefern aber zugleich einen Hinweis darauf, daß ein Ausweg aus diesem Dilemma nicht ausschließlich in einer Ausweitung der öffentlichen Ausgaben liegen kann, sondern primär darin, auch private Finanzierungsquellen zu erschließen.

2.1.2 Was kann Österreich von den Gebührenregelungen anderer Länder lernen?

In allen Industrieländern hat in den späten achtziger Jahren neuerlich eine Diskussion über Studiengebühren eingesetzt. In großen Teilen Europas ist die Situation ähnlich wie in Österreich: die Thematik ist überaus kontroversiell, eine konsensfähige Lösung wurde bislang nicht erreicht. Innerhalb der EU herrscht ein ziemlich ausgewogenes Verhältnis zwischen den Ländern, die Gebühren verlangen, und jenen, in denen es (derzeit noch) einen Nulltarif an Hochschulen gibt (in nahezu allen Ländern wird die Einführung von Studiengebühren diskutiert). Sieben Länder haben Gebührenregelungen, in acht (inkl. Österreich) ist das Studium gratis. Es ist folgendes Muster erkennbar: In Süd[6] - und Westeuropa werden Studiengebühren verlangt (Ausnahme: Griechenland, Großbritannien ist ein Sonderfall[7]); in Skandinavien und im deutschsprachigen Raum werden keine Gebühren verlangt.

In zwei europäischen Ländern gibt es relativ hohe Gebühren:

- In Irland[8] betragen die jährlichen Gebühren zwischen 1.000 (Geistes- und Wirtschaftswissenschaften) und 1.500 irische Pfund (Studienfächern mit Laborbetrieb). Für die nichtuniversitären Studien sind die Gebühren spürbar niedriger. Wer Anspruch auf ein Sozialstipendium hat, zahlt in der Regel keine Gebühren.
- In den Niederlanden[9] betragen die jährlichen Studiengebühren 1.950 Gulden für Vollzeit- und 1.325 Gulden für Teilzeitstudenten. Wer sein Studium nach sechs Jahren nicht abgeschlossen hat, dessen Gebühren erhöhen sich auf 2.750 Gulden. Freilich erhalten holländische Studenten - unabhängig vom Einkommen ihrer Eltern - seine sehr großzügig Studienbeihilfe. Vollzeitstudenten, die nicht bei ihren Eltern wohnen, erhalten in den ersten fünf Jahren ihres Studiums ein nichtrückzahlbares Stipendium in der Höhe von 7.000 Gulden.

Studiengebühren in geringer bis mittlerer Höhe gibt es in folgenden Ländern:

- In Belgien[10] sind die Studiengebühren für den flämischen und den französischen Teil unterschiedlich hoch. Im flämischen Teil betragen sie für ein Vollzeitstudium zwischen 10.000 und 14.500 BFR (Teilzeitstudien ca. die Hälfte). Daneben fallen noch andere Gebühren für Versicherung, Prüfungstaxen etc. an, so daß die Gesamtbelastung bei ca. 17.000 BFR liegt. Im französischen Teil sind die Gebühren höher, sie variieren zwischen 16.000 und 23.000 BFR (zusätzlich fallen noch Prüfungstaxen etc. an).
- In Frankreich betragen die Studiengebühren an den Universitäten 500 FF pro Jahr, zusätzlich sind jährlich 650 FF für Sozialversicherung zu bezahlen. In den Grandes Ecoles betragen die Gebühren in den staatlichen Einrichtungen 2.000 FF, in den privaten Einrichtungen variieren sie zwischen 10.000 und 26.000 FF.

- In Italien variiert die Höhe der Gebühr von Universität zu Universität. Anfang der neunziger Jahre betrug sie durchschnittlich 400.000 Lire pro Jahr. Bei Überschreiten der Mindeststudiendauer kommt es zu einer spürbaren Gebührenerhöhung.
- In Spanien wird die Höhe der Studiengebühren in Abhängigkeit vom Ausmaß der inskribierten Kurse berechnet. 1990/91 haben die jährlichen Kosten zwischen 44.000 und 62.000 Pta betragen. Ab der dritten Wiederholung eines Kurses erhöht sich die Gebühr um 20%.

Zusammenfassend läßt sich sagen, daß Studiengebühren in Europa weiterhin nur einen marginalen Teil der Einnahmen von Hochschulen darstellen. Ganz anders ist die Situation in den außereuropäischen OECD–Ländern. Studiengebühren gibt es in den USA, in Kanada, in Japan und in Australien. Die Hochschulsysteme dieser Länder zeichnen sich durch eine starke Marktorientierung aus, in den USA und in Japan gibt es auch sehr starke private Sektoren[11] . Den größten Stellenwert besitzen Studiengebühren im amerikanischen Hochschulsystem. Es liegt daher nahe, sich dieses System näher anzusehen und zu prüfen, ob die dort etablierten Mechanismen der Hochschulfinanzierung auch für Österreich brauchbar sind. Dieser Weg wird aber hier nicht beschritten. Der Grund liegt darin, daß die Unterschiede zwischen dem österreichischen und dem amerikanischen Hochschulsystem so tiefgreifender Art sind, daß ein Erfahrungstransfer kaum möglich ist. Im folgenden wird daher nur ein grober Überblick[12] über die Finanzierung des amerikanischen Hochschulsystems gegeben, dessen Hauptfunktion darin besteht, die Entscheidung zu begründen, es sei nicht möglich, Gebührenvarianten aus diesem System für Österreich zu übernehmen.

Eines der im Vergleich zu Europa hervorstechendsten Merkmale des amerikanischen Hochschulsystems ist die Vielfalt seiner Finanzierungsquellen. In Tabelle 6 werden diese Quellen in vier Kategorien zusammengefaßt: öffentliche Gelder (die ihrerseits in unterschiedliche Regierungsebenen untergliedert werden), Studiengebühren, Einnahmen aus dem Verkauf von Dienstleistungen sowie Spenden und Einnahmen aus dem Privatvermögen. Es zeigt sich, daß das Gesamtsystem nur zu etwas mehr als 40% aus öffentlichen Geldern finanziert wird, während Studiengebühren genau ein Viertel der Einnahmen ausmachen. Nahezu ein weiteres Viertel der Einnahmen kommt aus dem Verkauf von Dienstleistungen.

Es versteht sich, daß die Finanzierungsmuster privater und öffentlicher Institutionen sich grundsätzlich unterscheiden. Die öffentlichen Einnahmen der privaten Hochschulen sind natürlich wesentlich geringer als die des öffentlichen Sektors[13] , aber auch letzterer wird nur knapp mehr als zur Hälfte

Finanzierungsquelle	öffentlich	privat	insgesamt
Öffentliche Gelder	54,3	18,4	41,2
Federal	10,3	15,4	12,2
State	40,3	2,3	26,4
Local	3,7	0,7	2,6
Studiengebühren	16,1	40,4	25,0
Dienstleistungen	22,7	22,9	22,8
Spenden/Privatvermögen	4,3	13,8	7,8
Sonstiges	2,6	4,5	3,3

Quelle: US Department of Education, 1993

Tabelle 6: Einnahmen öffentlicher und privater Hochschulen in den USA, 1990/91 (in %)

über öffentliche Gelder finanziert, die restlichen Einnahmen müssen über den Markt oder die private Philantropie erzielt werden. Im privaten Sektor muß die fehlende Unterstützung durch die Regierungen der Einzelstaaten über sehr hohe Studiengebühren wettgemacht werden. Mehr als 40% der Gesamteinnahmen privater Hochschulen kommt aus dieser Quelle. Aber auch im öffentlichen Sektor stellen Studiengebühren mit 16% eine sehr bedeutsame Einnahmenkategorie dar.

Wie hoch sind derzeit[14] die jährlichen Studiengebühren? Der Durchschnittswert für sämtliche Institutionen beträgt 3.525$. Differenziert man nun nach privater oder öffentlicher Trägerschaft einerseits, nach dem Typ der Institution andererseits, so kommt man zu folgenden Werten: Der Durchschnittswert für sämtliche öffentliche Institutionen macht 1.787$ aus, betrachtet man nur die öffentlichen Universitäten[15] , so erhöht sich dieser Wert auf 2.610$. Im privaten Sektor betragen die Studiengebühren ein Mehrfaches davon: Der Durchschnittswert sämtlicher privater Institutionen macht 10.031$ aus, der Wert für die privaten Universitäten beträgt 13.043$. Dabei ist zu berücksichtigen, daß die Studiengebühren der teuersten privaten Eliteuniversitäten bereits um die 20.000$ betragen.

Bereits diese kurze Skizze macht deutlich, worin die Hauptproblematik der Studiengebühren in den USA liegt. Es ist die Höhe der Gebühren im privaten Sektor, die im Elitesegment bereits schwindelerregende Dimensionen erreicht hat. Trotz dieser hohen Beträge übersteigt die Nachfrage nach Studienplätzen das Angebot bei weitem, die privaten Eliteuniversitäten können daher ihre Gebühren weit über der Inflationsrate steigern, ohne Einnahmensausfälle wegen sinkender Nachfrage hinnehmen zu müssen. Die einzige wirkliche

Schranke, mit der das private Elitesegment bei seiner Gebührenpolitik konfrontiert ist, ist die Rücksichtnahme auf die öffentliche Meinung. In der Tat haben die hohen Steigerungsraten in den achtziger Jahren dazu beigetragen, daß das Ansehen der Universitäten in der breiten Öffentlichkeit stark gelitten hat. Es besteht die Gefahr, daß der private Sektor die Aura der Gemeinnützigkeit einbüßt und damit einen Rückgang bei den privaten Spenden hinnehmen muß, möglicherweise auch seine Steuerbefreiung verliert (vgl. Pechar 1993).

Daß es unter den Bedingungen so exorbitant hoher Gebühren nicht einfach ist, Studenten aus einkommensschwachen Familien faire Zugangschancen zu gewähren, versteht sich von selbst. Dennoch ist das in Österreich grassierende Klischee falsch, daß sich in den USA nur die Reichen eine Ausbildung an guten Universitäten leisten können. Ein Bündel an Maßnahmen gewährleistet, daß sich Studenten aller Sozialschichten ein anspruchsvolles Hochschulstudium leisten können, sofern sie die akademischen Zulassungskriterien des selektiven Hochschulsegments erfüllen:

- Bei der Zulassung von Studenten wird nicht auf deren Vermögensverhältnisse geachtet, sondern es sind hierfür ausschließlich die Fähigkeiten der Bewerber ausschlaggebend. Die meisten Universitäten (vor allem die teuren Eliteeinrichtungen) garantieren, daß das Angebot eines Studienplatzes auch dann aufrecht bleibt, wenn der betreffende Student die Gebühren nicht bezahlen kann. In diesem Fall wird zum einen die Gebühr ermäßigt (in seltenen Fällen auch ganz erlassen), zum anderen stellt die Universität aus den in der Folge erwähnten Programmen ein maßgeschneidertes Förderpaket zur Finanzierung der gesamten Ausbildungskosten zusammen.
- Es gibt nichtrückzahlbare Stipendien aus öffentlicher und privater Quelle, die nach sozialen Gesichtspunkten vergeben werden. 1989/90 haben 37% der Undergraduates eine solche Förderung erhalten, die durchschnittliche Förderhöhe lag bei 3.095$.
- Es gibt zinsgestützte Darlehen öffentlicher und privater Natur, die vorwiegend für Studenten aus der Mittelschicht gedacht sind. 1989/90 haben 20% der Undergraduates Anleihen erhalten, deren durchschnittliche Höhe bei 2.764$ lag.
- Es gibt öffentlich subventionierte Programme für eine Teilzeitbeschäftigung von Studenten (Work Programms).

Die Gebührenermäßigung für Studenten aus einkommensschwachem Elternhaus wird explizit als Umverteilungspolitik von privaten, gemeinnützigen Einrichtungen betrachtet; man spricht vom "Robin Hood Prinzip". Demzufolge werden die Gebühren deshalb so hoch angesetzt, damit die Institution über einen ausreichenden finanziellen Spielraum verfügt, um sozial bedürftige Studenten zu unterstützen. Um in den Genuß dieser Unterstützung zu gelangen, muß man freilich über herausragende Fähigkeiten verfügen.

Trotz dieser Fördermaßnahmen sind Studenten aus wohlhabenden Familien im privaten Elitebereich stark überrepräsentiert. Die starke Expansion des amerikanischen Hochschulsystems war nur möglich, weil der öffentliche Sektor eine Ausbildung zu bedeutend geringeren Kosten anbietet. Es gibt eine Reihe öffentlicher Forschungsuniversitäten, die zwar nicht über das Sozialprestige der Ivy League verfügen, deren akademische Qualität aber gleichwertig ist. Zwar gibt es im Elitesegment mehr private Institutionen, aber die öffentlichen Eliteuniversitäten sind dafür wesentlich größer, sodaß die Ausbildungskapazitäten des privaten und des öffentlichen Elitesegments annähernd gleich sind.

Die privaten Beiträge zur Studienfinanzierung ergeben somit ein überaus komplexes Bild: der private Sektor hebt sehr hohe Gebühren ein, die aber im Bedarfsfall ermäßigt und durch Fördermaßnahmen gestützt werden. Auf Grund der staatlichen Grundsubvention ist es dem öffentlichen Sektor möglich, wesentlich niedrigere Gebühren zu verlangen. Auch für diesen Sektors gibt es ein gut ausgebautes System von Fördermaßnahmen für einkommensschwache Studenten. In Summe führt dies dazu, daß die privaten Studienkosten, die jeder Einzelne zu tragen hat, sehr viel direkter vom Einkommen seiner Eltern abhängen, als dies in Europa der Fall ist. Eine vergleichende Untersuchung hat ergeben, daß im unteren Einkommenssegment die privaten Belastungen der Studenten geringer sind, als in den meisten europäischen Ländern (auch solchen ohne Studiengebühren), während im oberen Einkommenssegment amerikanische Studenten sehr viel mehr beitragen müssen, als dies in Europa der Fall ist (vgl. Abbildung 5).

Figure 2

Higher Education Expenses Borne by Parents as a Function of Family Income—United Kingdom, Federal Republic of Germany, France, Sweden, and the United States, 1985–86

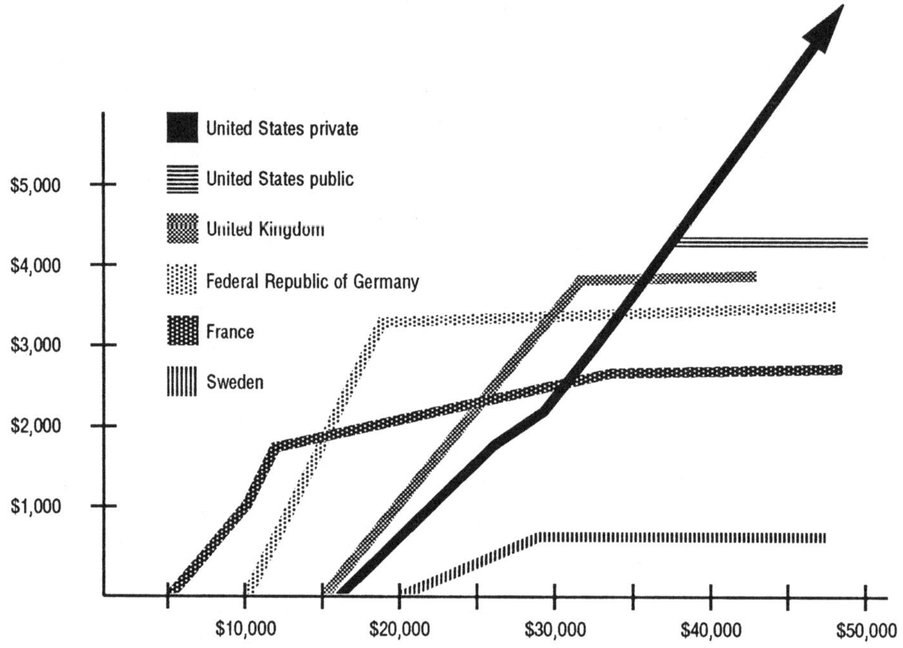

Source: D. Bruce Johnstone, *Sharing the Cost of Higher Education* (New York: The College Board, 1986), p. 147.

Reproduced with permission from *Sharing the Costs of Higher Education: Student Financial Assistance in the United Kingdom, the Federal Republic of Germany, France, Sweden, and the United States* by D. Bruce Johnstone, copyright © 1986 by College Entrance Examination Board, New York.

Abbildung 5: Private Hochschulausgaben in Relation zum Elterneinkommen

Andererseits macht die starke Differenzierung des amerikanischen Hochschulsystems und das steile Qualitätsgefälle zwischen dem Elitesektor einerseits und den vielen Einrichtungen, die in Europa nicht den Status einer Hochschule hätten, andererseits, einen internationalen Vergleich außerordendlich schwierig. Während nämlich in den meisten europäischen Ländern alle Hochschulen des gleichen Typs annähernd die selbe Qualität haben, ist es in den USA von herausragender Bedeutung, welche Hochschule man besucht. Vor allem in der Mittelschicht haben in den letzten Jahren die starken Gebührensteigerungen im privaten Sektor Unmut und Zweifel an der Gerechtigkeit dieses Systems ausgelöst. Auf die meisten Fördermaßnahmen haben diese Familien keinen Anspruch, aus eigenen Mitteln kann man aber die Gebühren im privaten Elitebereich nicht mehr tragen.

Für die aktuelle hochschulpolitische Diskussion in Österreich haben alle diese Fragen wenig Bedeutung. Selbst wenn es in Österreich jemals zu privaten Hochschulen im engeren Sinne (d.h. solchen, die sich überwiegend aus privater Quelle finanzieren) kommen sollte (wofür es keinerlei Anzeichen gibt), kann man ausschließen, daß deren Studiengebühren auch nur annähernd die Dimensionen privater amerikanischer Eliteuniversitäten erreichen. Universitäten können ihre Gebühren ja nicht beliebig in die Höhe treiben; sie können nur dann soviel Geld verlangen, wenn sie in einem Marktsegment angesiedelt sind, das ihnen eine extrem starke Verkäuferstellung gibt. In Österreich ist eine solche Entwicklung nicht vorstellbar, weil sich jene Angebots- und Qualitätsdifferenzierung nicht entwickeln kann, welche die Basis der einzigartigen Marktposition des amerikanischen Elitesektors ist.

Immerhin zeigt die hohe Studentenquote, daß Studiengebühren, die aus einer österreichischen Perspektive auch an den öffentlichen Universitäten sehr hoch sind, die Hochschulexpansion in den USA nicht behindert haben. Es dürfte im Gegenteil so sein, daß die Expansion nur deshalb so rasch voranschreiten konnte, weil die amerikanischen Hochschulen durch die Erschließung privater Einnahmen über eine ausreichend breite Finanzierungsbasis verfügen. Die tiefgreifenden Unterschiede nicht nur zwischen den Hochschulsystemen, sondern auch den Mentalitäten und der politischen Kultur der beiden Länder lassen es aber nicht zu, konkrete Erfahrungen mit amerikanischen Gebührenvarianten für Österreich zu nutzen.

In der Diskussion über Hochschulfinanzierung hat in den letzten Jahren vor allem Australien große Aufmerksamkeit auf sich gezogen. Dort wurde 1989 eine Studiengebührenvariante eingeführt, die der Sozialverträglichkeit besonderes Augenmerk schenkte. Die in der Bildungsökonomie seit längerem diskutierte Idee einkommensabhängiger Darlehen wurde dabei erstmals in die Praxis umgesetzt. Die Hochschulexperten vieler Länder verfolgen seither mit großem Interesse, wie sich diese in der Theorie bestechende Idee in der Praxis bewährt. Zwar reichen die wenigen Jahre, die seit der Implementierung vergangen sind, nicht aus, um eine endgültige Aussage zu treffen, aber die ersten Erfahrungen mit diesem Gebührenschema sind auch für die aktuelle Diskussion in Österreich von Interesse. Auch von den Rahmenbedingungen her ist das australische Hochschulsystem viel eher mit den österreichischen Verhältnissen zu vergleichen, als das amerikanische. Aus diesem Grund widmen sich die restlichen Abschnitte dieses Kapitels dem australischen Hochschulsystem und den Besonderheiten seines Gebührenschemas.

2.2 Allgemeine Charakteristika des australischen Hochschulsystems

Australien ist ein Bundesstaat, der sich aus sechs Staaten (New South Wales, Queensland, South Australial, Tasmania, Victoria, Western Australia) und zwei Territories (Australian Capital Territory, das ist Canberra, der Sitz der Bundesregierung, und Northern Territory) zusammensetzt.[16] Die Bevölkerung macht ca. 17 Mill. aus, was bei einer Fläche von ca. 7,6 Mill qkm (nahezu die Größe der USA) eine überaus geringe Bevölkerungsdichte ergibt. Die regionale Verteilung der Population ist sehr unregelmäßig, die mit Abstand stärkste Konzentration befindet sich in den Küstenregionen des Südostens und Ostens. Die größten Teile des Landesinneren sind unbewohnt.[17]

2.2.1 Historischer Abriß

Das australische Hochschulsystem hat sich in enger Anlehnung an die britischen Traditionen entwickelt. Es lassen sich vier Phasen unterscheiden:

- In einer ersten Phase wurde in jedem der sechs Staaten eine Universität gegründet.[18] Gemäß der 1901, bei der Gründung des Commonwealth, festgelegten Gewaltenteilung zwischen dem Bund und den Staaten, fällt das gesamte Bildungswesen, auch die Hochschulen, in die legislative Kompetenz der Staaten. Ursprünglich fiel auch die öffentliche Finanzierung, die neben den Gebühren die Haupteinnahmequelle der Hochschulen ausmachte, in die Verantwortlichkeit der Staaten.
- Der Zweite Weltkrieg läutete eine neue Phase der Hochschulentwicklung ein, in der es einerseits zu einer ersten Expansion des australischen Systems kam und in der andererseits der Commonwealth eine zunehmend wichtigere Rolle zu spielen begann. Während des Kriegs sicherte

sich der Commonwealth das exklusive Recht zur Einhebung von Einkommensteuern; das gab dem Bundesstaat die Möglichkeit, sich an der Finanzierung der Hochschulen zu beteiligen und auf diesem Wege seine hochschulpolitischen Zielsetzungen durchzusetzen. Der Commonwealth verfolgte eine Politik der Expansion, die sich an nationalen Prioritäten orientierte. Im Laufe der vierziger Jahre verdoppelte sich die Zahl der Studenten; 1950 gab es ca. 30.000 Studenten und 8 Universitäten. 1957 schlug das Murray Committee eine kräftige weitere Expansion vor. 1960 gab es ca. 53.000 Studenten und 10 Universitäten. Auf Anregung des Martin Committees (1961–65) wurde Mitte der sechziger Jahre ein nichtuniversitärer Sektor, die Colleges of Advanced Education (CAE) gegründet. Dabei wurde an die schon bestehenden technischen Colleges[19] angeknüpft; die Empfehlung des Martin Committees ging dahin, die weitere Expansion primär in diesen Sektor zu kanalisieren. Ungeachtet dessen ging auch die Expansion im universitären Sektor weiter. 1970 gab es hier bereits mehr als 130.000 Studenten.

- 1973 faßte die damalige Labour Regierung den Entschluß, daß der Commonwealth die alleinige finanzielle Verantwortlichkeit für den gesamten Hochschulbereich übernimmt.[20] Gleichzeitig wurden die Studiengebühren, die zuletzt ca. 10% der Gesamteinnahmen der Hochschulen ausmachten, abgeschafft. Eine weitere wichtige Entscheidung bestand darin, die Institutionen zur Lehrerausbildung (Teachers Colleges) als CAEs anzuerkennen. In der 2. Hälfte der siebziger Jahre folgte ein Jahrzehnt relativer Stagnation, in dem es an den Universitäten nur noch ein schwaches Wachstum bei gleichzeitig sinkenden Ausgaben pro Student gab. Der nichtuniversitäre Sektor expandierte rascher, 1980 waren hier erstmals mehr Studenten inskribiert als an den Universitäten.[21] 1985 gab es an den Universitäten 175.000 und in den CAEs 192.000 Studenten.

- In der zweiten Hälfte der achtziger Jahre schlug die Regierung neuerlich einen expansiven Kurs ein. Voraussetzung für einen Ausbau der Studienplätze waren tiefgreifende strukturelle Reformen und Veränderungen in der Hochschulfinanzierung. Durch das "White Paper"[22] wurde das "binäre System", die Teilung der Hochschulen in einen universitären und einen nichtuniversitären Sektor, abgeschafft.[23] Der Grund bestand darin, daß sich die Profile der Universitäten und der CAEs entgegen den ursprünglichen Intentionen angeglichen hatten, sodaß es zu einer Überlappung ursprünglich klar getrennter Funktionen gekommen war. Zugleich ging es der Regierung darum, die teilweise sehr kleinen CAEs[24] zu größeren organisatorischen Einheiten zusammenzufassen.

Dadurch kam es zu einer Verringerung der Gesamtzahl der Institutionen: die 19 alten Universitäten und die 44 CAEs sind im neuen Unified National System (UNS) auf 36 Institutionen geschrumpft.[25] Die zweite wichtige Maßnahme des White Paper bestand in der Einführung privater Studienbeiträge in Form des "Higher Education Contribution Scheme" (HECS).

2.2.2 Entscheidungsstrukturen und hochschulpolitische Akteure

Wie alle angelsächsischen Hochschulverfassungen unterscheidet sich auch die australische in grundsätzlicher Weise von jenen Kontinentaleuropas. Obwohl die Universitäten (mit wenigen unbedeutenden Ausnahmen) öffentliche Einrichtungen sind, handelt es sich um keine staatlichen Anstalten, die von der staatlichen Bürokratie geleitet und verwaltet werden, sondern um autonome Institutionen mit professionellen und entscheidungsfähigen Leitungsorganen. Die Leitungs- und Entscheidungsstrukturen sind sehr stark von der britischen Tradition geprägt, haben sich aber seit den achtziger Jahren in Richtung des amerikanischen Musters verändert. In vieler Hinsicht sind die Hochschulverfassungen und Leitungsstrukturen heute jenen des öffentlichen Sektors im amerikanischen System vergleichbar.

Obwohl also die einzelnen Hochschulen nicht durch die staatliche Administration, sondern durch Leitungsorgane auf institutioneller Ebene gelenkt und verwaltet werden, gibt es auch auf der staatlichen Ebene eine Reihe hochschulpolitischer Gremien. Ihre Aufgabe besteht darin, die hochschulpolitischen Ziele des Staates zu formulieren und zu überprüfen sowie Rahmenbedingungen zu schaffen, die es ermöglichen, diese Ziele umzusetzen. Da der Staat das Verhalten der Hochschulen nur in sehr geringem Maße (dies gilt für die Einzelstaaten) oder gar nicht (dies gilt für den Commonwealth) durch Gesetze regulieren kann, übt er seinen Einfluß im wesentlichen dadurch aus, daß er die öffentliche Finanzierung von bestimmten Bedingungen abhängig macht. Da die öffentliche Finanzierung fast ausschließlich durch den Commonwealth erfolgt, ist dieser ein sehr mächtiger hochschulpolitischer Akteur, während die Regierungen der Einzelstaaten nur einen geringen Einfluß ausüben. Die für die Hochschulpolitik des Commonwealth zuständige Instanz ist das Department of Employment, Education and Training (DEET), welchem der Minister for Employment, Education and Training vorsteht. Als Beratungsorgan für den Minister und sein Department fungiert der National Board of Employment, Education and Training (NBEET) bzw. dessen Higher Education Council (HEC). Auch auf der Ebene der Einzelstaaten gibt es hochschulpolitische Instanzen, die allerdings weit geringere Bedeutung haben.[26] Eine wichtige Funktion von ihnen besteht darin, die Interessen des betreffenden Staates gegenüber dem Commonwealth zu sichern, darüberhinaus haben sie koordinierende und die Politik beratende Funktion.

Der öffentliche Charakter australischer Hochschulen kommt darin zum Ausdruck, daß das oberste Lenkungsorgan jeder Institution (zumeist "Council" oder "Senate" genannt) durch öffentliches Recht definiert ist und der Staat großen Einfluß auf die Zusammensetzung dieses Gremiums ausübt. Die legislative Kompetenz der Einzelstaaten in bezug auf das Hochschulwesen kulminiert im Gründungsakt. Im Gründungsgesetz für jede öffentliche Hochschule wird festgelegt, in welchem Ausmaß die verschiedenen Gruppierungen und Interessensgruppen im Council vertreten sind.[27] In der Folge verwaltet sich jede Institution selbst und ist für ihr eigenes Geschick verwantwortlich, wobei das Council als Anwalt der öffentlichen Interessen fungiert (so wie dies etwa im öffentlichen Sektor des amerikanischen Hochschulsystems durch die "Boards" erfolgt). Vom Council wird auch der Vice-Chancellor, die oberste Führungskraft jeder Institution, ernannt.

Im Gegensatz zum kontinentaleuropäischen Rektor nimmt der Vice-Chancellor eine professionelle Leitungsfunktion mit erheblichen Entscheidungsbefugnissen nach innen und nach außen ein. Er wird daher nicht vom Kollegium auf sehr begrenzte Zeit gewählt, sondern von einem externen Gremium (dem Council) auf unbegrenzte Zeit bestellt. Bei dieser Bestellung besitzt die Vertretung des akademischen Kollegiums große Mitsprachemöglichkeiten.[28] Die meisten Vice-Chancellors haben eine akademische Laufbahn hinter sich, das ist aber keine zwingende Bedingung. Es versteht sich von selbst, daß eine Universität nicht in Form einer Teilzeitbeschäftigung geleitet werden kann. Hochschullehrer, die diese Funktion wahrnehmen, beenden ihre wissenschaftliche Laufbahn und widmen sich voll ihrer akademischen Führungsfunktion.

Wenngleich also der Vice-Chancellor eine Führungskraft mit faktischen Leitungsbefugnissen ist, steht er in der britischen Tradition eines betont kollegialen Führungsstils. Entscheidungen werden weniger über bürokratische Anordnungsketten, sondern eher über indirekte Lenkungs- und Steuerungsmechanismen herbeigeführt. Der ideale Vice-Chancellor ist eine "good chairperson", die interne Konflikte mediatisiert und sich in den kollegialen Organen kraft Überzeugung durchsetzt. Freilich ist dieser konsensuale Führungsstil durch das Vordringen eines neuen Managementsstils in den Hintergrund gedrängt worden, der seit den achtziger Jahren auch an den australischen Universitäten zu beobachten ist. Der verstärkte äußere Druck, der auf den Universitäten lastet, hat eine Straffung der Führungsfunktionen notwendig gemacht. Auch hinsichtlich ihres Führungsstils entwickeln sich die australischen Universitäten in Richtung des amerikanischen Systems.

Über die interne Organisation einer australischen Universität lassen sich nur schwer generelle Aussagen machen. Auf der institutionellen Ebene gibt es überall einen Dualismus administrativer und akademischer Entscheidungsstrukturen, zwischen denen eine Übereinstimmung idealerweise auf konsensualem Weg gesucht wird. Die administrative Führungsebene, die sich immer stärker an Managementprinzipien orientiert, besteht neben dem Vice-Chancellor aus mehreren Pro Vice-Chancellors (bzw. Deputy Vice-Chancellors) mit jeweils spezifischen Aufgabenbereichen. Der kollegiale Gegenpol dazu wird academic board oder council genannt.[29] Viele Universitäten sind in Fakultäten untergliedert, die von einem Dean geleitet werden. Auch der Dean wird vom Council bestellt und ist eine Vollzeitfunktion. Alle Leitungsfunktionen werden durch einen ausreichenden administrativen Apparat unterstützt.

Die akademische Basiseinheit ist das Department, das vom Head of Department, in der Regel einem Professor, geleitet wird. Der höchste akademische Rang ist der Titel Professor, darunter kommt der Associate Professor oder Reader, dann der Senior Lecturer bzw. Lecturer. Die Funktion des Tutors wird in der Regel von research students ausgeübt.

Australische Universitäten haben die Verantwortung für zahlreiche Bereiche, die in den Universitäten des kontinentaleuropäischen Typs von der staatlichen Administration entschieden werden:

- Sie sind die Arbeitgeber des gesamten Hochschulpersonals; die Alleinentscheidung darüber, wieviele Personen für Forschung, Lehre und Verwaltung beschäftigt werden und welche Personen für diese Funktionen ausgewählt werden liegt bei den Leitungsorganen der Universität.
- Die Leitungsorgane jeder Universität sind für das Finanzmanagement ihrer Institution verantwortlich. Die staatliche Finanzierung erfolgt in Form von Blockzuweisungen, es ist die Aufgabe des institutionellen Managements, Ausgaben- und Investitionsentscheidungen zu treffen und eine Kostenrechnung sicherzustellen.
- Jede Institution entscheidet autonom darüber, wieviele Studenten sie in den verschiedenen Studiengängen aufnimmt und welche Zulassungskriterien von den Bewerbern erfüllt sein müssen.[30]
- Jede Institution hat die volle Verantwortung für das Profil und die curriculare Gestaltung des Studienangebots.

Die kollektiven Interessen der Universitäten werden durch das Australian Vice-Chancellors' Committee (AVCC) wahrgenommen. Jede Universität ist durch ihren Vice-Chancellor verteten. Die Hauptfunktion des AVCC besteht darin, Auffassungsunterschiede und Interssenkonflikte zwischen den Institutionen so weit wie möglich intern beizulegen, um der Politik der Regierung eine einheitliche Position der Universitäten entgegensetzen zu können. Die gewerkschaftlichen Interessen der Hochschullehrer werden durch die National Tertiary Education Union (NTEU) vertreten. An jeder Universität gibt es eine Student Union, die die Interessen der Studenten vertritt; auf nationaler Ebene sind diese Vertretungsorgane in der National Union of Students (NUS) zusammengeschlossen. Studenten auf der postgradualen Ebene werden durch den Council of Australian Postgraduate Associations (CAPA) vertreten.

2.2.3 Finanzierung

Die australischen Universitäten werden hauptsächlich durch öffentliche Mittel finanziert. Waren es ursprünglich ausschließlich Zuschüsse der Einzelstaaten, so hat seit dem 2. Weltkrieg der Commonwealth einen wachsenden Teil der Hochschulausgaben übernommen. Anfang der siebziger Jahre übernahm der Commonwealth die gesamten öffentlichen Ausgaben für das Hochschulwesen. Im Verlauf der achtziger Jahre haben aber auch die Staaten wieder einen Teil der öffentlichen Finanzierung übernommen. Erstens werden nun Ausbildungsgänge im UNS angeboten, die immer schon von den Staaten finanziert wurden und auch nach ihrem institutionellen upgrading in deren finanziellen Verantwortungsbereich fallen (nursing training). Zum anderen leisten einige Staaten freiwille Beiträge, weil sie die Zahl der vom Commonwealth finanzierten Studienplätze für unzureichend halten.

Neben den öffentlichen Mitteln haben die Universitäten eine Reihe anderer, zunehmend wichtiger Einnahmequellen:

- Einkünfte aus dem Verkauf von Dienstleistungen (ca. 8% der Gesamteinkünfte, steigende Tendenz)
- Einkünfte aus eigenem Vermögen sowie Schenkungen (ca. 8% der Gesamteinkünfte)
- Beiträge von Studenten; darunter fallen einerseits die für HECS zu entrichtenden Beiträge (vgl. Kap.2) und andererseits Fees. Über HECS entscheidet die Regierung, die Höhe der Fees wird von den Institutionen festgesetzt.

Die Zuteilung der öffentlichen Mittel erfolgt auf einer Dreijahresbasis (triennium), um den Institutionen einen ausreichenden Planungshorizont zu geben. In den siebziger Jahren ist man von einem fixen auf ein "rolling triennium" übergegangen: es finden jedes Jahr Verhandlungen über die künftigen drei Jahre statt, d.h. es kommt zu einer fortschreitenden Überlappung der Dreijahresbudgets, die der Regierung eine bessere Kontrolle über die faktische Entwicklung gibt. Bis Ende der achtziger Jahre gab es in Analogie zum britischen University Grants Committee eine Buffereinrichtung (University Commission, später Commonwealth Tertiary Education Commission), welche die Aufteilung der öffentlichen Mittel auf die einzelnen Institutionen vornahm. Seither führt das DEET Einzelverhandlungen mit jeder Institution des UNS.

Grundsätzlich wird zwischen laufenden Zuwendungen (operating grants) und Bau- und Investitionszuwendungen (capital funding) unterschieden. Bis 1993 wurden die capital funds auf der Basis spezifisch ausverhandelter Projekte zugewiesen. Das hat der Regierung einen Einfluß gegeben, der wichtig war, solange das System expandierte. Ab 1994 wird das capital funding in die operating grants eingebaut. Die Institutionen müssen nun selbst für Investitions- und Bauausgaben vorsorgen. Die Regierung hat sich aber einen Spezialfonds (capital development pool) vorbehalten, der ihr weiterhin eine Möglichkeit zur Finanzierung spezieller Entwicklungsprojekte gibt.

Die gesamten Hochschulausgaben des Commonwealth werden in regierungsinternen Verhandlungen festgelegt. Es wird eine Gesamtzahl an Studienplätzen im undergraduate und graduate Bereich vereinbart und auf der Basis durchschnittlicher Kosten (derzeit ca. 10.000$ für Undergraduates, für Graduates mehr als doppelt soviel) ein Gesamtbudget beschlossen. Die Verhandlungen der Regierung mit den Institutionen führen nicht zu "earmarked funds", bei denen der Verwendungszweck der öffentlichen Mittel genau spezifiziert ist. Auch das Studienangebot und die Verteilung der Studienplätze auf die verschiedenen Fächer fällt in den Entscheidungsbereich des institutionellen Managements. Zugleich berücksichtigt das DEET (auf eine für den Außenstehehnden schwer zu durchschauende Weise) die unterschiedlichen Kosten der verschiedenen Studiengänge. Das DEET übt auch einen Einfluß auf das Studienangebot aus, indem es mit der Institution ein "educational profile" aushandelt. Dabei geht es weniger um das Gewicht der verschiedenen Disziplinen, als vielmehr um das Verhältnis zwischen dem undergraduate und dem graduate Bereich. Die Regierung legt den Schwerpunkt auf eine am Arbeitsmarkt orienierte Ausbildung, die die Abgänger des Schulsystems absorbiert und die – da größere Teile der Bevölkerung von ihr profitieren – auch politisch gut verkauft werden kann. Sie will daher primär den undergraduate Bereich ausbauen, d.h. die vorhandenen Mittel über eine größere Zahl von

Studenten verteilen. Die Universitäten hingegen würden diese Mittel lieber auf eine kleinere Zahl besonders befähigter Studenten konzentrieren, weil das ihre akademische Qualität und ihre Reputation stärkt; daher tendieren sie zu einem Ausbau des postgradualen Bereichs.[31]

Ergebnis der Verhandlungen ist ein für die Institution spezifischer Durchschnittsbetrag für eine bestimmte Zahl an Studienplätzen. Im Rahmen der damit eingegrenzten finanziellen Möglichkeiten besitzt die Institution die volle Entscheidungsgewalt über ihr Studienangebot. Die Regierung finanziert "equivalent full time student units" (EFTSU)[32] und es ist Sache der Institution, wie diese Vollzeitäquivalente auf Vollzeit– und Teilzeitstudenten aufgeteilt werden. Der durchschnittliche Betrag pro EFTSU ist nicht einheitlich, sondern er hängt vom educational profile der Institution ab. Um dabei nicht die Kontrolle zu verlieren, hat das DEET Ende der achtziger Jahre eine "Relative Teaching Costs Matrix" entwickelt, welche je nach Studienfach bzw. Studienart (undergraduate vs graduate) eine Kostenabstufung vornimmt. Mittels dieser Matrix wurden die Normkosten für jede Institution errechnet und diese Beträge wurden mit den tatsächlichen Kosten verglichen. Dabei stellt sich heraus, daß einige Universitäten über, andere unter diesen Normkosten liegen. Das DEET intendiert, diese Differenzen über einen Zeitraum von fünf Jahren zu egalisieren.

Die Forschung der Universitäten wird auf zweifache Weise finanziert. Zum einen gibt es unabhängige Forschungsfonds (z.B. Australian Research Council), die auf kompetitiver Basis Projektfinanzierung betreiben. Zweitens enthalten die laufenden Mittelzuweisungen der Regierung neben der studienplatzbezogenen Finanzierung auch eine Forschungskomponente. Deren Höhe hängt einerseits von der Anzahl der research students und andererseits vom Ausmaß der auf Wettbewerbsbasis eingeworbenen Mittel ab.

2.2.4 Studienorganisation und –abschlüsse

Wie in allen angelsächsichen Hochschulsystemen gibt es auch in Australien eine klare Gliederung des Studiums in einen undergraduate und einen graduate Bereich.[33] Ein Studium auf der undergraduate Ebene kann keinesfalls mit dem ersten Studienabschnitt eines österreichischen Studiums verglichen werden, denn ein solches Studium führt zu einem vollwertigen und am Arbeitsmarkt anererkannten akademischen Abschluß (Bachelor degree), und die Mehrheit der Studenten beendet ihr Studium mit diesem Abschluß. Unterhalb dieses Niveaus eines akademischen Erstabschlusses gibt es eine Reihe von Studienangeboten auf "sub degree level", an deren Ende ein geringer bewertetes Zeugnis (Diploma, Certificate etc.) steht. Ein Studium auf degree level, das mit einem Bachelor abgeschlossen wird, hat in der Regel eine Mindeststudiendauer von drei Jahren. Wie in allen angelsächsischen Ländern wird diese Mindeststudiendauer vergleichsweise gering überschritten. Im Gegensatz zu einem undergraduate Studium in den USA, das zumindest in den ersten beiden Jahren sehr stark allgemeinbildend orientiert ist, findet in Australien bereits auf dieser Ebene eine fachliche Spezialisierung statt.

Studenten, die über einen Erstabschluß hinaus weiterstudieren wollen, machen in der Regel einen Honours Degree, der ein weiteres Jahr erfordert und zu einem postgraduate Studium überleitet. Dieses wird mit einem Masters Degree bzw. einem Doctors Degree abgeschlossen. Auf der postgraduate Ebene gibt es die Möglichkeiten eines professionellen Studiums und eines Forschungsstudiums. Im ersten Fall geht es darum, professionelle Qualifikationen zu erwerben, die über die Basisqualifikationen des Bachelor Degree hinausgehen und die dem Studenten in einem relativ klar strukturierten Studienangebot vermittelt werden. Daher wird dieser Typ des postgraduate Studiums als "Coursework" bezeichnet. Ein Forschungsstudium bildet die Grundlage einer akademischen Karriere oder einer Forschungstätigkeit anderer Art. Diese Studenten sind in die Forschungstätigkeit des entsprechenden Departments einbezogen und unterstützen das Department in der Funktion eines Tutors bei seinen Lehraufgaben im undergraduate Bereich.

Diese klare Strukturierung (vgl. Abbildung 6) des Ausbildungsangebots in unterschiedliche Ebenen und Profile erlaubt es den Universitäten, das Verhältnis von Forschung und Lehre den Bedürfnissen und Anforderungen des jeweiligen Studientyps gemäß zu definieren. Das hat die australischen Universitäten davor bewahrt, daß der Grundsatz der Einheit von Forschung und Lehre mit zunehmender Hochschulexpansion zu einer inhaltslosen Phrase verkommen ist. Zugleich erwachsen der staatlichen Hochschulpolitik zusätzliche Steuerungsmöglichkeiten: sie kann – je nach dem öffentlichen Interesse, das man den verschiedenen Studientypen zumißt – diese in unterschiedlicher Form und in unterschiedlicher Höhe finanzieren. Gegenwärtig trifft die Regierung folgende Unterscheidungen:

- Ca. 80% aller Studenten befinden sich auf dem undergraduate level. Für die Nachfrageseite und auch unter arbeitsmarktpolitischen Gesichtspunkten handelt es sich hier um den wichtigsten Studientyp, dem die Regierung daher eine hohe politische Priorität gibt. Zugleich ist es unbestritten, daß seine Absolventen im Vergleich zu Personen mit niedrigerer Qualifikation eine Reihe von Vorteilen genießen. Auf dieser Ebene hat sich daher eine moderate Variante des "user pays" Prinzips durchgesetzt, die sich darin ausdrückt, daß undergraduates HECS

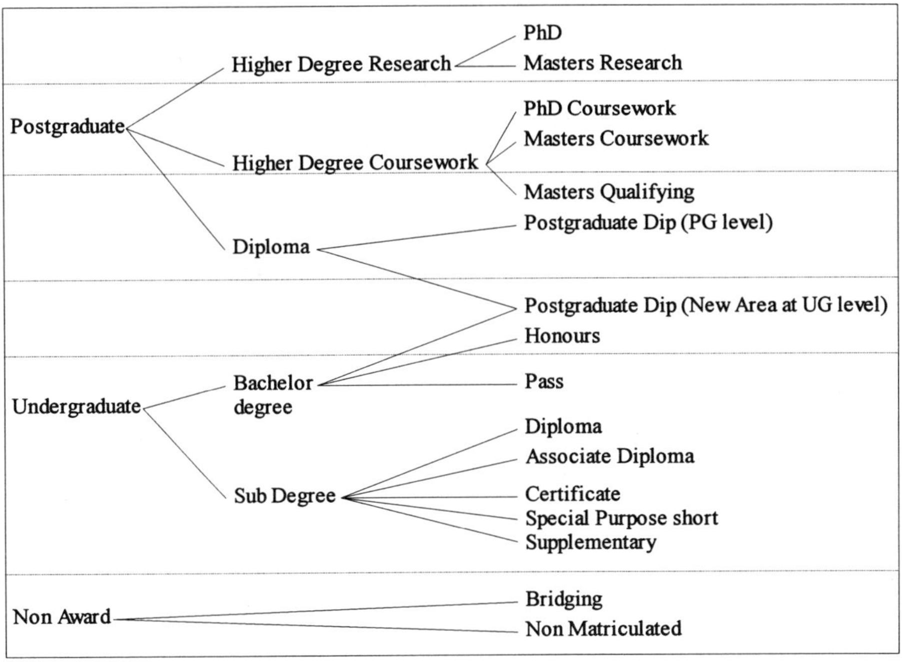

Abbildung 6: Struktur der Abschlüsse (Quelle: DEET 1993a)

zahlen müssen.

- Von den ca. 20% aller Studenten, die sich auf dem postgraduate level befinden, absolviert etwa ein Viertel ein Forschungsstudium. Trotz geringer quantitativer Nachfrage besitzt die Ausbildung des Forschungsnachwuchses eine hohe hochschulpolitische Relevanz. Demgegenüber sind die privaten Vorteile der Absolventen dieses Studientyps relativ gering, da die sehr langen Ausbildungszeiten nicht durch entsprechend höhere Verdienstmöglichkeiten kompensiert werden. Daher kommt das "user pays" Prinzip hier in der Regel nicht zur Anwendung: die meisten research students müssen kein HECS zahlen, viele erhalten darüber hinaus ein nicht–rückzahlungspflichtiges Stipendium.

- Ca. 15% aller Studenten streben entweder einen higher Degree in einem professionellem Studium (coursework) an oder befinden sich in irgendeiner Form postgradualer Weiterbildung. Die Absolventen dieser Ausbildungstypen lukrieren die höchsten Einkommen, die privaten

Vorteile sind also auf dieser Ebene am stärksten ausgeprägt, das öffentliche Interesse an diesen Ausbildungsangeboten ist am geringsten. Daher kommt hier das "user pays" Prinzip am stärksten zur Geltung. In den letzten Jahren hat die Regierung den Institutionen in immer stärkerem Maß erlaubt, von diesen Studenten Fees zu verlangen und die Höhe dieser Gebühren selbst festzulegen.

Neben der klaren Gliederung in unterschiedliche Ausbildungsebenen gibt es auf jeder Ebene eine ausgeprägte Binnenstruktur, die ihrerseits Voraussetzung für das "Monitoring" der Studenten ist, auf das australische Universitäten sehr großen Wert legen. Es wurde bereits das Konzept der EFTSU bzw. der student load hingewiesen, also auf eine jährliche (bzw, semesterweise) Studiennormbelastung, die bei Bedarf beliebig portioniert werden kann. Das gibt jeder australischen Universität die Möglichkeit, sich über den Studienfortschritt ihrer Studenten jederzeit auf dem laufenden zu halten.

Im großen und ganzen sind Studenten frei, den Belastungslevel selbst zu wählen, den sie sich für ein Semester oder ein akademisches Jahr zumuten. Sie sind dann entweder full–time students oder part–time students (mit einer beliebig gewählten student load).[34] Ihre faktische Studienleistung wird in Anteilen einer vollen student load ausgedrückt. Das ist zugleich die Basis, auf der sowohl HECS als auch die Fees berechnet werden.

Es gibt freilich Einschränkungen in der Wahlfreiheit der student load. Alle Overseas Students müssen full–time studieren. Ein full–time Studium ist auch Voraussetzung dafür, daß man Stipendien erhält; das gilt sowohl für die undergraduate Ebene (AUSTUDY) wie für die postgraduate Ebene.

Auch für research students ist ein Vollzeitstudium zumeist obligatorisch. Man erwartet von ihnen, daß sie zumindest 40 Stunden pro Woche an ihrer Forschung arbeiten, und zwar – sofern sie hier einen Arbeitsplatz haben – im Department. Jedem Forschungsstudenten ist ein Supervisor zugeordnet, der über seinen Fortschritt auf dem laufenden ist. Es gibt aber gerade für research students einen sehr starken Anreiz zu einem zügigen Arbeitstempo, denn nach ca. 3 Jahren läuft das Stipendium aus. Dieses strikte Monitoring führt dazu, daß research students eine sehr hohe Erfolgsrate und eine geringe Studiendauer haben.[35]

Neben der Unterscheidung zwischen Vollzeit– und Teilzeitstudium bieten australische Universitäten ihren Studenten auch die Wahl zwischen Präsenz– und Fernstudium. Das Fernstudium (external study bzw. distance education) hat in Australien eine lange Tradition.[36] Derzeit gibt es ca. 60.000 Fernstudenten, ihr Anteil an den gesamten Studierenden ist leicht rückläufig.

2.2.5 Deregulierung

Seit den Reformen der späten achtziger Jahre hat die Regierung den Hochschulbereich in erheblichem Maße dereguliert. Eine Reihe von Entscheidungen, die früher von der Politik einheitlich für das gesamte Hochschulsystem getroffen wurden, fallen nun in den Kompetenzbereich der institutionellen Leitung. Das hat zugleich die Rolle der universitären Leitungsorgane verändert und einem stärker managementorientierten Führungsstil zum Durchbruck verholfen.[37] Die Regierung betreibt die Deregulierung vor allem deshalb, um den öffentlichen Haushalt zu entlasten und den Institutionen die Möglichkeit zu geben, einen zunehmenden Teil ihrer Einnahmen selbst zu erwirtschaften.

Ein erster Schritt der Deregulierung wurde gegenüber den ausländischen Studenten (overseas students) gesetzt. Bis 1990 wurden die Universitäten für Studienplätze ausländischer Studenten von der Regierung in derselben Weise finanziert wie für Inländer. Ausländer mußten bereits seit 1980 einen – nicht kostendeckenden – Beitrag bezahlen, der für alle Universitäten einheitlich war und vom Staat eingehoben wurde. Seit 1990 fallen die Studienplätze für Overseas Students aus der öffentlichen Finanzierung komplett heraus. Die Universitäten haben das Recht erhalten, von diesen Studenten kostendeckende Studiengebühren einzuheben. Die Regierung setzt keine Obergrenze für diese Gebühren, sondern überläßt diese Entscheidung dem Markt. Sie setzt allerdings eine Untergrenze und verlangt, daß die Gebühren kostendeckend sein müssen, um auszuschließen, daß ein Teil der operational grants zur Subventionierung der Overseas Students verwendet wird (vgl. Abbildung 7). Es gibt eine begrenzte Anzahl von Stipendien für Ausländer, und zwar sowohl von staatlicher Seite als auch von Seiten einiger Universitäten. Diese Stipendien werden überwiegend nach Leistungsgesichtspunkten vergeben, d.h. sie dienen dazu, die fähigsten Studenten nach Australien zu holen.

Indicative minimum course fees for fee-paying overseas students in 1995

Course Categories		Recurrent $	Capital $	Total $
ON CAMPUS				
1	ELICOS (fee/weekly)	190	20	210
2	Law, Economics, Business, Humanities, Maths/Statistics, Social Science, Education, Computing, Architecture, Design, Nursing, Arts, Science (non-lab-based)	6540	1250	7790
3	Science (lab-based), Paramedical, Engineering, Pharmacy, Agriculture	9860	1770	11630
4	Medicine, Dentistry, Veterinary Science	13630	2400	16030
EXTERNAL				
E1	ELICOS (fee/weekly)	190	20	210
E2	Law, Economics, Business, Humanities, Maths/Statistics, Social Science, Education, Computing, Architecture, Design, Nursing, Arts, Science (non-lab-based)	6540	350	6890
E3	Science (lab-based), Paramedical, Engineering, Pharmacy, Agriculture	9860	480	10340

Abbildung 7: Studiengebühren für Overseas Students (Quelle: DEET 1994)

Die meisten Universitäten setzen die Höhe der Fees für ausländische Studenten so fest, daß ihnen ein Gewinn verbleibt.[38] Trotz dieser hohen Gebühren hat die Zahl der Overseas Students in den vergangenen Jahren sehr stark zugenommen (von 17.000 im Jahr 1987 auf 40.000 im Jahr 1992). Das ist zum einen auf die günstige Marktposition der australischen Universitäten im pazifischen Raum zurückzuführen, ist aber auch ein Indikator für ihre hohe akademische Reputation und ihre starke Stellung im internationalen Wettbewerb. Der überwiegende Teil der Ausländer kommt aus dem südostasiatischen Raum, zuletzt nahm auch das Interesse aus Osteuropa zu. Alle Universitäten sind bemüht, das Segment der auslämdischen Studenten weiter zu vergrößern. Ausländer stellen einerseits eine Einnahmequelle dar, die die Unabhängigkeit von der öffentlichen Finanzierung erhöht, und sie sind zugleich eine kulturelle Bereicherung, die – sofern die Standards nicht gelockert werden – eine Stärkung der akademischen Qualität ermöglicht. Insgesamt werden die Folgen der Deregulierung gegenüber ausländischen Studenten von allen hochschulpolitischen Akteuren positiv bewertet.

Ein zweiter Schritt der Deregulierung erfolgte gegenüber den postgradualen Studien des professionellen Typs (d.h. nicht gegenüber den research students, sondern den coursework students). Es wurde bereits darauf hingewiesen, daß das "user pays" Prinzip bei diesem Studientyp die größte Berechtigung hat und auch die stärkste Akzeptanz findet. Postgraduale Weiterbildungsangebote sind seit langem gebührenpflichtig und werden nicht durch öffentliche Finanzierung gestützt. In der Höhe der Gebühr gibt es sehr große Unterschiede,[39] die daraus erzielten Einnahmen sind ein noch kleiner, aber rasch wachsender Teil der Gesamteinnahmen.

Bis 1994 war es den Universitäten nicht erlaubt, für Studienangebote, die zu einem ersten professionellen Abschluß führen, Fees zu verlangen. Die meisten postgradualen Studien wurden daher wie undergraduate courses behandelt, d.h. die Studenten zahlten HECS, aber keine Fees. Der MBA gilt nicht als erster professioneller Abschluß, daher wurden dafür von den meisten Universitäten schon bisher Fees verlangt.[40] Seit 1994 gibt es diese Beschränkung nicht mehr, d.h. die Universitäten können nun für alle postgradualen Studienangebote des professionellen Typs Fees verlangen.[41] Diese weitere Form der Deregulierung wurde damit begründet, daß in den letzten Jahren das Wachstum der Studienplätze entgegen den Intentionen der Regierung überwiegend im Bereich der professionellen Studien stattgefunden habe. Während die Regierung mit einer Erweiterung der Studienplätze erreichen will, daß ein größerer Teil der Bevölkerung einen ersten Abschluß erreicht, haben in Wahrheit diejenigen, die ohnehin schon das größte Bildungskapital akkmuliert haben ("the educational rich"), ihren Vorsprung weiter ausgebaut. Das ist der

Grund, warum man das "user pays" Prinzip in diesem Bereich verstärkt zur Anwendung bringen will.

Die Deregulierung des postgradualen Bereichs ist derzeit Gegenstand heftiger Kontroversen. Die Folgen dieser Politik sind noch nicht abzusehen. Es ist nun die Entscheidung jeder Universität, ob sie ihre postgraduate students auf einem HECS-pflichtigen Platz unterbringt oder ob sie Fees verlangt – und wenn letzteres, in welcher Höhe. Für die Institutionen gibt es starke Anreize, Fees zu verlangen, und es ist sehr wahrscheinlich, daß dies bei der Mehrheit der postgradualen Studien des professionellen Typs der Fall sein wird.[42] Da es sich hierbei um up front Zahlungen handelt, es also keine Darlehensmöglichkeiten gibt,[43] muß es in diesem Bereich zu Barrieren für Studenten aus einkommenschwachen Haushalten kommen. Die Regierung steht unter erheblichem Rechtfertigungsdruck und hat zuletzt versucht, den Ball an die Universitäten weiterzuspielen. Als Reaktion auf wachsenden politischen Protest hat der Minister for Employment, Education and Training, Simon Crean, die Universitäten aufgefordert, ihrerseits ein einkommenabhängiges Darlehensschema zu entwicklen.[44] Ein Sprecher des AVCC hat diesen Vorschlag zurückgewiesen, da er die finanziellen Möglichkeiten der Universitäten übersteige und da es sich dabei um eine Aufgabe der Regierung handle.

Eine noch weitergehende Form der Deregulierung, die sich auch auf den undergraduate Bereich bezieht, ist derzeit Gegenstand der "Resource Allocation" Debatte (vgl. weiter unten).

2.2.6 Die aktuelle Diskussion über Hochschulfinanzierung

Im White Paper (1988) hat der Commonwealth das Ziel einer neuerlichen kräftigen Expansion des australischen Hochschulsystems formuliert. Tatsächlich hat die Zahl der Studenten seither stark zugenommen, 1990 und 1991 gab es sogar zweistellige Wachstumsraten. Die Zahl der Studenten hat sich von 394.000 (1987) auf 576.000 (1993) erhöht, jene der vom Commonwealth finanzierten EFTSUs von 289.000 (1987) auf 389.000 (1993) (vgl. DEET/HEC 1994).

Mitte der neunziger Jahre haben sich die politischen Prioritäten neuerlich verschoben. Im August 1994 hat die Regierung in einem Diskussionspapier zur Resource Allocation (DEET/HEC 1994) dargelegt, daß sie die Ziele, die den Expansionskurs motiviert haben, im wesentlichen für erreicht betrachtet.[45] Daher werden die Mittel des Commonwealth für den Hochschulbereich in den nächsten Jahren nur noch sehr schwach wachsen. Mit dieser Begrenzung der künftigen Ausgaben beabsichtigt die Regierung aber keineswegs eine Zementierung der bestehenden Strukturen im Hochschulbereich. Zum einen wird die Möglichkeit eines weiteren – allerdings gebremsten – Wachstums der Studienplätze keineswegs ausgeschlossen. Dieses Wachstum müsse dann allerdings aus anderen Quellen als jenen des Bundesbudgets finanziert werden. Zum anderen hat das Diskussionspapier die gegenwärtige Verteilung der Studienplätze auf die unterschiedlichen Staaten in Frage gestellt.

Als Kernstück des Papiers werden drei Optionen zur Diskussion gestellt, die die Flexibilität des Hochschulsystems erhöhen sollen und die die Institutionen in die Lage versetzen sollen, auch unter den Rahmenbedingungen einer stagnierenden öffentlichen Finanzierung auf neue Herausforderungen mit innovativen Lösungen zu antworten:

- Eine Umverteilungsvariante, die damit begründet wird, daß die unterschiedlichen demographischen Entwicklungen in den einzelnen Staaten zu einem wachsenden Ungleichgewicht in ihrer Versorgung geführt haben.[46]
- Eine Rationalisierungsvariante, die darauf hinaus läuft, die bestehenden Ressourcen besser zu nutzen und auf diesem Weg ein ausgabenneutrales Wachstum zu ermöglichen.
- Eine Deregulierungsvariante, die ein zusätzliches Wachstum hauptsächlich durch private Beiträge finanzieren möchte. Das könnte einerseits durch eine Differenzierung der unter HECS geleisteten Beiträge und zum anderen durch die Einführung von Fees auch im undergraduate Bereich erreicht werden.

Die Publikation dieses "Resource Allocation Papers" hat eine sehr heftige Diskussion ausgelöst. Generell kann gesagt werden, daß die Hochschulangehörigen die Prämisse dieses Diskussionspapiers, daß es nämlich mittelfristig kein bzw. ein nur sehr geringes Wachstum bei der öffentlichen Hochschulfinanzierung geben wird, in Frage stellen. Andererseits glaubt man nicht daran, daß die Universitäten über genügend Einfluß verfügen, um ihrem Bereich eine höhere Priorität zu verleihen. Es ist daher sehr wahrscheinlich, daß in den nächsten Jahren tatsächlich die oben dargestellten Optionen (in allen denkbaren Kombinationen) wirksam werden.

Hinsichtlich der Umverteilungsvariante gibt es natürlich in erster Linie regionale Interessengegensätze. Auf nationaler Ebene können hier weder das AVCC noch die NUS eine klare Position beziehen. Der wichtigste sachliche Einwand gegen diese Lösung besteht darin, daß Studienplätze eine Infrastruktur voraussetzen, die nicht ohne weiteres regional verschoben werden kann.

Eine weitgehende Ablehnung von Seiten der Hochschulangehörigen wird der Rationalisierungsvariante entgegengebracht. Aus der Perspektive des AVCC handelt es sich hierbei um eine unzumutbare Verschlechterung der Arbeitsbedingungen. Auch die Studentenvertretungen sind skeptisch, da sie eine Verschlechterung in den Betreuungsleistungen befürchten. Generell wird darauf hingewiesen, daß die realen Ausgaben pro Student seit langem rückläufig sind.

Die größte politische Brisanz dürfte in der Deregulierungsvariante liegen. Eine Option geht dahin, den Universitäten das Recht zu verleihen, jene Studenten, die derzeit keinen Studienplatz erhalten (da die Nachfrage das öffentlich finanzierte Studienangebot übersteigt) auf der Basis kostendeckender Fees aufzunehmen. Gegenwärtig dürfen solche Fees im undergraduate Bereich nur von Overseas Students verlangt werden. Das AVCC unterstützt die Forderung einer Deregulierung auch des undergraduate Bereichs mit der Begründung, daß man dadurch erstens den postgradualen Bereich entlasten und die Gebühren gleichmäßiger auf die verschiedenen Studientypen verteilen könnte, und zweitens Australier dann die gleichen Möglichkeiten hätten, die derzeit nur ausländische Studierende haben. Das Gegenargument, das vor allem von den Studentenvertretungen vorgebracht wird, lautet, daß diese Form der Deregulierung zwei Klassen australischer undergraduate students schaffen würde: die leistungsstärkeren Studenten, die auf kostengünstige Weise studieren können (d.h. nur HECS zahlen müssen), und die leistungsschwächeren Studenten, die sich einen Studienplatz mit kostendeckenden Beiträgen erkaufen müssen. Diese Option hat derzeit wenig Chancen auf Realisierung, da auch große Teile der Labour Party dagegen opponieren.

Eine weitere Option besteht darin, die derzeit gültigen einheitlichen HECS–Beiträge nach verschiedenen Gesichtspunkten zu differenzieren. Nach wie vor gibt es Überlegungen, eine Differenzierung nach Studienrichtungen vorzunehmen, da auch die pro Kopf Ausgaben je nach Studienrichtung sehr unterschiedlich sind. Daneben gibt es die Überlegung, von Studenten, die die Normstudiendauer überschritten haben,[47] höhere HECS–Beiträge zu verlangen. Es versteht sich, daß die Studentenverbände auch gegen diese Vorschläge opponieren. Sie haben dabei in den Universitäten einen starken Bündnispartner. Deren Argument lautet, daß jede Differenzierung von HECS die administrativen Kosten auf universitärer Ebene unverhältnismäßig erhöhen würden.

2.2.7 Hochschulbezogene Kenndaten

- Anzahl der Universitäten im UNS: 44 (davon 19 "alte" Universitäten)

- Anzahl der Studenten (1992): 559.000, davon

  339.000 full-time

  159.000 part-time

  61.000 external

  ergibt insgesamt 375.000 FTESUs

- Studenten nach Studientyp:

  413.000 undergraduates

  24.000 postgraduate research

  29.000 postgraduate coursework

  92.000 anderes

- Anteil der 18–21jährigen Vollzeitstudenten an der gleichaltrigen Wohnbevölkerung: 15,2%
- Studienanfänger (1992): 211.000
- Studienanfängerquote (Anteil an der 18jährigen Wohnbevölkerung): 35,5%
- Studienabschlüsse (1992). 121.000
- Absolventenquote (Anteil der Erstabschlüsse (= Bachelor) an der 22jährigen Wohnbevölkerung): 24,4%
- Hochschulpersonal in FTEs (1991): 75.000, davon

  33.000 akademisches Personal

  42.000 sonstiges Personal

- Betreuungsrelation (1992): 15,3
- Hochschulausgaben des Commonwealth (1994): 4.700 Mill.$
- Anteil des Hochschulbudgets an den Gesamtausgaben des Commonwealth (1994): 3,5%
- Anteil der öffentlichen Hochschulausgaben am BIP: 0,93%
- laufende Ausgaben pro EFTSU (1994): 10.820 $
- Gesamtaufwendungen pro EFTSU (1994): 12.283 $

2.3 Higher Education Contribution Scheme (HECS)

2.3.1 Der hochschulpolitische Hintergrund

Mit Ausnahme einer kurzen Periode in den siebziger und achtziger Jahren haben australische Studenten immer Studiengebühren bezahlen müssen. Ursprünglich waren private Gebühren die wichtigste Einnahmequelle der Universitäten. Das Vordringen sozialstaatlicher Konzepte in der Hochschulpolitik hat sich darin niedergeschlagen, daß ein immer größerer Teil dieser Kosten durch Stipendien der Einzelstaaten bzw. des Commonwealth refundiert wurde. Immerhin machten die privaten Beiträge der Studierenden Ende der dreißiger Jahre ca. 30% der gesamten Einnahmen der Universitäten aus. Anfang der siebziger Jahre war dieser Anteil auf ca. 10% geschrumpft. Die Labour–Regierung des Jahres 1974 schaffte Studiengebühren mit denselben Argumenten ab,[48] die zu dieser Zeit in den meisten Industrieländern als Begründung für den Nulltarif an Hochschulen dienten:

- man wollte mit dieser Maßnahme die Hochschulexpansion beschleunigen, damit es zu keinen Engpässen am Akademikerarbeitsmarkt komme;
- man glaubte auf diese Weise das soziale Profil der Studenten grundlegend verändern zu können: auf lange Sicht sollten alle Sozialschichten auf annährend gleiche Weise an der Universität repräsentiert sein.

Schon in der zweiten Hälfte der siebziger Jahre zeigte sich, daß man die für das Bundesbudget entstehenden Belastungen unterschätzt hatte. Das führte zunächst dazu, daß der Expansionskurs deutlich reduziert wurde und daß sich die Ausgaben pro Student verringerten. In den achtziger Jahren wurde dann die Frage diskutiert, inwieweit sich die Erwartungen einer sozialen Egalisierung im Hochschulzugang erfüllt hatten. Es wurde deutlich, daß sich das soziale Profil der Studenten nur in geringem Maße verändert hat (vgl. Anderson & Vervoorn 1983). Vor diesem Hintergrund entstand neuerlich eine Diskussion über Studiengebühren.

Es ist bemerkenswert, daß es eine Labour–Regierung war, die das Studium wieder kostenpflichtig machte.[49] 1987 wurde eine "Higher Education Administration Charge"[50] in der Höhe von 250$ pro Jahr eingeführt. Dieser Betrag war von allen Studenten (Voll– und Teilzeit) im voraus zu entrichten. Trotz des sehr geringen Betrages stieß diese Maßnahme auf großen Widerstand und es wurde behauptet, daß sie einer sozialen Selektion Vorschub leiste.

Im Zuge der tiefgreifenden Strukturreformen, die durch das Green Paper und das White Paper in die Wege geleitet wurden, wurden auch die privaten Beiträge zur Hochschulfinanzierung auf eine gänzlich neue Basis gestellt. Mit dem White Paper kündigte die Regierung eine neuerliche Expansionsphase im australischen Hochschulsystem an, die zum einen die Wettbewerbsfähigkeit der australischen Wirtschaft stärken sollte und zugleich die Hochschulpartizipation bislang unterrepräsentierter Gruppen (v.a. Aboriginals, einkommenschwache Haushalte) heben sollte. Die Regierung machte aber klar, daß zur Finanzierung dieser Expansion neben öffentlichen auch private Mittel erforderlich sein würden.[51] Ende 1987 wurde ein "Committee on Higher Education Funding" mit der Aufgabe betraut, zu prüfen, ob es Optionen für sozialverträgliche Formen privater Studienbeiträge gibt. Im April 1988 wurde der "Report of the Committee on Higher Education Funding" veröffentlicht.

2.3.2 Die Vorschläge des Committees

Das Committee baute seine Empfehlungen auf einer Reihe von empirischen Studien auf, die dem australischen Hochschulsystem in Hinblick auf soziale Fairness ein schlechtes Zeugniss ausstellten:

- Hochschulabsolventen lukrieren erhebliche private Vorteile:
  - sie haben Zugang zu Berufen mit höherem Status und höherer Arbeitsqualität;
  - sie haben ein geringeres Risiko auf Arbeitslosigkeit;
  - sie haben ein höheres Lebenseinkommen als andere Bildungsabgänger.
- Jugendliche aus niedrigen Einkommenschichten sind im Hochschulbereich stark unterrepräsentiert.
- Aber die Kosten der Hochschulausbildung werden zur Gänze aus dem allgemeinen Steuertopf finanziert.

Die Schlußfolgerungen des Committees waren, daß der Nulltarif zwar keine soziale Egalisierung im Hochschulzugang bewirkt hatte, aber die Kostenbelastung deutlich zu jenen Teilen der Bevölkerung verschoben hatte, die keinen direkten Nutzen aus den Hochschulen ziehen. Bei der Suche nach einem fairerem Finanzierungssystem wurden folgende Optionen diskutiert:

- Vouchers. Diese Option wurde verworfen, da Vouchers zwar eine marktförmige Verteilung öffentlicher Mittel begünstigen, sich aber nicht dazu eignen, auf sozialverträgliche Weise zusätzliche private Gelder zu mobilisieren.

- "Up front" fees, die als jährlich im voraus zu entrichtende Gebühr definiert wurden. Diese Option wurde verworfen, da solche Fees entweder eine ernsthafte Barriere für Studenten aus einkommenschwachen Familien darstellen oder aber umfangreiche und schwer zu administrierende Ausnahmeregelungen erfordern würden. Sofern die Ausnahmeregelungen großzügig definiert werden, würden aus solchen Fees nur geringe Einnahmen entstehen.

- Fees, die mit einem Darlehen kombiniert werden. Diese Option vermeidet viele Probleme, die bei up front fees auftauchen, schafft aber neue Probleme und wurde daher verworfen. Überläßt man die Abwicklung des Darlehens dem privaten Kapitalmarkt, entstehen für den Darlehensnehmer hohe Finanzierungskosten, die gerade bei jenen Schichten, die auf das Darlehen angewiesen sind, einen Abschreckungseffekt erzielen können. Wird das Darlehen von der öffentlichen Hand abgewickelt, dann eröffnen sich zwar größere Gestaltungsspielräume, es entstehen aber hohe Kosten für Administration und Ausfallshaftung.

- Akademikersteuer, die als lebenslanger Zuschlag zur sonstigen Steuerleistung (lifetime tax surcharge) definiert wurde. Hier sind die Varianten eines für alle Akademiker fixen Betrags oder einer Erhöhung der Steuerbemessungsgrundlage, die dann eine einkommenabhängige progressive Staffelung des zu leistenden Beitrags bewirkt, denkbar. Ein Vorteil dieser Option sind ihre geringen administrativen Kosten (sie erfordert keinen zusätzlichen Apparat). Diese Option wurde verworfen, weil der zu leistende Beitrag in keiner Beziehung zu den verursachten Kosten steht. Diese Option diskriminiert gegen drei Gruppen:
  - gegen die Bezieher hoher Einkommen,
  - gegen Personen, die frühzeitig ins Beschäftigungssystem eintreten,
  - gegen Absolventen (gegenüber Personen, die die Leistungen der Universitäten in Anspruch genommen haben, aber keinen formellen Abschluß haben); daraus entsteht ein Anreiz, das Studium kurz vor dem Abschluß abzubrechen.

- "Steuerschuldenschema" (tax debit scheme); dieses Modell unterscheidet sich von der Akademikersteuer dadurch, daß hier nicht lebenslang die normale Steuerleistung erhöht wird, sondern eine höhere Steuer nur solange gefordert wird, bis eine – durch das Studium verursachte – Steuerschuld zurückbezahlt ist. Ebenso wie bei der Akademikersteuer gibt es auch hier die Möglichkeit einer einkommenabhängigen progressiven Staffelung, die sich hier aber nur auf das Rückzahlungstempo auswirkt: Personen mit hohem Einkommen zahlen ihre Steuerschuld rascher zurück als solche mit niedrigem Einkommen, die im Grenzfall ihre Schuld nie tilgen. Diese Option kombiniert die vorteilhaften Aspekte des Darlehensmodells und der Akademikersteuer und vermeidet deren Nachteile:

- bei der einkommenabhängigen Staffelung ist auch für einkommenschwache Gruppen das Risiko einer Verschuldung sehr gering;
- sie stellt eine klare Beziehung zwischen den verursachten Kosten und den zu zahlenden Beiträgen her;
- die administrativen Kosten sind gering.

Diese Option wurde vom Committee befürwortet und in Form einer Reihe von Empfehlungen näher präzisiert. Das vorgeschlagene Beitragschema wurde "Higher Education Contribution Scheme" (HECS) genannt.

Die wichtigsten Empfehlungen des Committees lauten wie folgt:

- Ca. 20% der institutionellen Kosten eines Studiums sollten durch private Beiträge der Studenten gedeckt werden.[52]
- Die institutionellen Kosten haben je nach Studienrichtung und Studienart eine sehr unterschiedliche Höhe. Aus Gründen der Vereinfachung wird eine dreifache Staffelung der Beiträge vorgeschlagen:
  - 3.000$ jährlich für ein Vollzeitstudium in den teuersten Studienrichtungen (z.B. Medizin);
  - 2.500$ jährlich für ein Vollzeitstudium in einer Reihe weiterer kostenintensiver Studien (z.B. technische Studien);
  - 1.500$ jährlich für ein Vollzeitstudium in den übrigen Fächern.
- Bei einem Teilzeitstudium soll die Höhe des Beitrags in Relation zu den belegten Kursen gestaffelt werden.
- Jeder Student sollte die Wahl zwischen zwei Formen haben, um diesen Beitrag zu leisten:

  - entweder in Form einer sofortigen (up front) Zahlung;
  - oder in Form einer aufgeschobenen Zahlung; in diesem Fall würden die Studienbeiträge eine Steuerschuld begründen.

- Die Rückzahlung dieser Schuld soll über das Steuersystem erfolgen und erst dann fällig werden, wenn das Einkommen des Schuldners über dem Durchschnittseinkommen liegt. Um knapp oberhalb dieses Einkommens den Grenzsteuersatz nicht zu stark zu erhöhen, wurde weiters empfohlen, eine einkommenabhängige Staffelung der Rückzahlungsraten vorzunehmen.

- Die Steuerschuld sollte nicht verzinst, aber an die Inflationsentwicklung angepaßt werden.

- Die öffentlichen Finanzierungskosten von HECS könnten durch einen hohen Anteil von Studenten, die ihre Beiträge sofort (up front) leisten, vermindert werden. Daher sollten zweierlei Maßnahmen von der Regierung näher erwogen werden:
  - die Gewährung einer Gebührenreduktion (discount), um einen Anreiz für freiwillige up front Zahlungen zu schaffen;
  - die Verpflichtung von einkommenstarken Haushalten zu einer up front Zahlung.

- Die Implementierung des vorgeschlagenen Beitragschemas sollte einem Monitoring unterworfen werden und die Auswirkungen auf potentiell benachteiligte Gruppen der Bevölkerung sollten regelmäßig evaluiert werden.

- Es wurde als wünschenswert angesehen, den Institutionen ein gewisses Ausmaß an Preisflexibilität zu geben, das es ihnen erlauben würde, die von ihnen geforderten Beiträge innerhalb eines festgesetzten Rahmens zu erhöhen oder zu vermindern. Zugleich wurde auf die Schwierigkeit hingewiesen, eine solche Flexibilität mit den Grundmerkmalen des vorgeschlagenen Gebührenschemas kompatibel zu machen. Die Entscheidung über diese Frage sollte daher auf einen späteren Zeitpunkt verschoben werden.

Neben dem Kernteil der Empfehlungen, der sich auf ein sozial ausgewogenes Schema privater Studienbeiträge bezog, wurden vom Committee einige weitere Überlegungen angestellt:

- Es wurde die Möglichkeit überprüft, ob und auf welchem Weg Wirtschaftsunternehmungen einen Beitrag zu den Kosten der Hochschulausbildung leisten können. Die naheliegendste Form solcher Beiträge besteht in Form freiwilliger Spenden und Leistungen, die ein Unternehmen entweder auf Grund einer speziellen Beziehung zu einer Institution macht, oder deshalb, weil Studenten (oder ehemalige Studenten) im Unternehmen beschäftigt sind (Übernahme von bzw. Zuschüsse zu Studienbeiträgen). Es wurden Maßnahmen empfohlen, um die Bereitschaft der Unternehmen zu solchen freiwilligen Leistungen zu erhöhen, insbesondere solche Zahlungen von bestimmten Steuern zu befreien und Spenden als Steuerabsetzbeträge anzuerkennen. Weiters wurde die Option einer obligatorischen Bildungsumlage (levy arrangements) diskutiert. In dieser Frage wurde keine klare Empfehlung abgegeben, sondern die Regierung wurde aufgefordert, zusätzliche Studien anzustellen und Gespräche mit der Wirtschaft aufzunehmen.

- Es wurde angeregt, das System der Studienbeihilfen zu revidieren und sowohl den Kreis der Anspruchsberechtigten auszuweiten als auch die Beiträge zu erhöhen. Zu diesem Zweck müßte man sowohl die Einkommenobergrenzen, von denen der Anspruch abhängt, als auch die Beiträge selbst enger, als das in der Vergangenheit der Fall war, an die Inflationsentwicklung anbinden.

- Besonderes Augenmerk wurde den postgraduate research students geschenkt. Diese Studenten durchlaufen bis zu ihrem PhD sehr lange Studienzeiten und akkumulieren daher bei dem vorgeschlagenen Beitragschema eine hohe Steuerschuld. Zugleich können sie im Regelfall nicht mit jenem hohen Einkommen rechnen, das Absolventen eines professionellen postgraduate Studiums lukrieren. Daraus ergibt sich die Gefahr eines rückläufigen Zugangs zum Forschungsstudium. Es wurde daher empfohlen, eigene Stipendien einzurichten, mit deren Hilfe postgraduate research students von den Studienbeiträgen befreit werden könnten. Diese Stipendien sollten von den Universitäten vergeben werden.

2.3.3 Die Implementierung und Administration von HECS

Die Empfehlungen des Committees wurden von der Regierung innerhalb eines Jahres umgesetzt. 1989 wurde die Higher Education Administration Charge abgeschafft und durch HECS ersetzt. Obwohl der jährlich zu leistende Beitrag wesentlich höher war als die zwei Jahre zuvor eingeführte Higher Education

Administration Charge, wurde diese Maßnahme – mit Ausnahme einiger ritueller Studentenproteste – von der Öffentlichkeit positiv aufgenommen. In der Zwischenzeit ist HECS auch innerhalb der Studentenschaft akzeptiert.

Es wurde ein öffentlicher Fonds eingerichtet (HECS Trust Fund), der jenen Studenten, die sich für die Aufnahme einer Steuerschuld entschließen, die Gebühr vorstreckt bzw. diese Gebühr direkt an ihre Universitäten überweist. Bei der Implementierung von HECS hat sich die Regierung im wesentlichen an die Empfehlungen des Committees gehalten. Die wichtigsten Abweichungen von diesen Empfehlungen betreffen folgende Punkte:

- Die Höhe des Beitrags wird nicht nach den faktischen Kosten des Studienfachs gestaffelt, sondern ist für alle Studenten gleich (flat rate).
- Die Variante, den Institutionen innerhalb gewisser Grenzen eine Preisflexibilität zu erlauben, wurde verworfen.
- Ebenfalls verworfen wurde die Anregung, einkommenstarke Haushalte zu einer up front Zahlung zu verpflichten. Realisiert wurde dagegen der Vorschlag, einen Anreiz für freiwillige up front Zahlungen in Form einer Gebührenermäßigung zu schaffen.

Die Regierung hat sich also entschlossen, auf Kosten geringerer Einnahmen bzw. höherer Finanzierungskosten eine möglichst einfache und schlanke Variante von HECS zu implementieren. Diese Variante läßt sich im wesentlichen durch vier Parameter definieren (vgl. Abbildung 8):

- Die Höhe des jährlichen Beitrags: Sie betrug 1989 1.800$ und hat sich bis 1995 auf 2.390$ erhöht.
- Die Höhe der Einkommensgrenzen, ab denen eine Rückzahlung fällig wird; auf Grund einer gestaffelten Rückzahlung gibt es drei solcher Grenzen, die sich alle auf das zu versteuernde Bruttojahreseinkommen beziehen: sie betrugen 1989 22.000$, 25.000$ und 35.000$. Einkommen unter 22.000$[53] sind rückzahlungsfrei; zwischen 22.000$ und 24.999$ kommt die niedrigste, zwischen 25.000$ und 34.999$ die mittlere und ab 35.000$ die höchste Rückzahlungsrate zur Anwendung. 1995 betrugen die Einkommensgrenzen 26.853$, 30.517$ und 42.723$.
- Die Höhe der Rückzahlungsraten: sie betrugen 1989 0,5%, 1,0% und 1,5% des zu versteuernden Einkommens. In der Zwischenzeit wurden sie beträchtlich erhöht und betragen seit 1994 3%, 4% und 5% des zu versteuernden Einkommens.

- Die Gebührenermäßigung (discount), die im Fall einer freiwilligen up front Zahlung in Kraft tritt: sie betrug ursprünglich 15% und wurde 1993 auf 25% erhöht.

Wie sieht nun die administrative Abwicklung von HECS aus? (vgl. Abbildung 9) In die Administration sind drei Akteure eingebunden: die Universitäten, DEET und das Australian Taxation Office (ATO). Jede Universität wickelt die Detailoperationen mit ihren Studenten ab und liefert die gesammelten Daten an das ATO. Das ATO wahrt den Überblick über die Steuerschuld und administriert den Tilgungsprozeß. Die Gesamtverantwortung für die Abwicklung von HECS liegt beim Minister of Employment, Education and Training bzw. beim DEET, an das auch Anträge für Ausnahmeregelungen gerichtet werden.

Jede Institution hat folgende Verpflichtungen:[54]

- Sie muß zunächst entscheiden, ob ein Student beitragspflichtig (HECS–liable) ist. Von der Beitragspflicht ausgenommen sind:
  - research students, die ein Postgraduate Exemption Scholarship haben (das waren 1991 17.000 Studenten);
  - alle Studenten, die Fees, also wesentlich höhere Gebühren als HECS zahlen (das sind im wesentlichen oversea students sowie postgraduate students im professionellen Bereich);
  - Studenten, deren Studienplatz von privaten oder öffentlichen Arbeitgebern bezahlt wird.
- Sie muß ihre beitragspflichtigen Studenten über alle Optionen informieren. Auf der Basis dieser Information entscheidet sich jeder Student, ob er den (ermäßigten) Beitrag sofort zahlt oder ob er die Zahlung aufschiebt (deferred payment). Diese Entscheidung wird vertragsmäßig festgehalten. Studenten, die das betreffende Formular (Payment Options, vgl. Abbildung 10) nicht unterzeichnen, werden vom Studium ausgeschlossen. Die Regierung setzt für jedes Semester einen "census date" fest (31.3., 31.8.), bis zu dem dieser Prozeß abgeschlossen sein muß.

Higher Education Contribution Scheme

The following information is a summary of the taxable income thresholds, repayment rates, indexation factors and HECS semester charges that have applied each year since the introduction of the Higher Education Contribution Scheme in 1989.

TAXABLE INCOME	*REPAYMENT RATE*	*INDEXATION FACTOR*	*SEMESTER DEBT*
1988/89 YEAR			
Less than $22,000	NIL		**1989**
$22,000 to $24,999	0.5% of taxable income	**Not Applicable**	$900 / Semester
$25,000 to $34,999	1.0% of taxable income		($1800 / Year)
$35,000 and over	1.5% of taxable income		
1989/90 YEAR			**1990**
Less than $23,583	NIL	**8.0%**	$941 / Semester
$23,583 to $26,798	1% of taxable income		($1882 / Year)
$26,799 to $37,518	2% of taxable income		
$37,519 and over	3% of taxable income		
1990/91 YEAR			**1991**
Less than $25,469	NIL	**6.4%**	$996 / Semester
$25,469 to $28,941	2% of taxable income		($1993 / Year)
$28,942 to $40,519	3% of taxable income		
$40,520 and over	4% of taxable income		
1991/92 YEAR			**1992**
Less than $27,098	NIL	**2.4%**	$1125 / Semester
$27,098 to $30,793	2% of taxable income		($2250 / Year)
$30,794 to $43,112	3% of taxable income		
$43,113 and over	4% of taxable income		
1992/93 YEAR			**1993**
Less than $27,748	NIL		$1164 / Semester
$27,748 to $31,532	2% of taxable income	**0.9%**	($2328 / Year)
$31,533 to $44,146	3% of taxable income		
$44,147 and over	4% of taxable income		
1993/94 YEAR			**1994**
Less than $26,403	NIL		$1178 / Semester
$26,403 to $30,004	3% of taxable income	**1.9%**	($2355 / Year)
$30,005 to $42,005	4% of taxable income		
$42,006 and over	5% of taxable income		
1994/95 YEAR			**1995**
Less than $26,853	NIL		$1195 / Semester
$26,853 to $30,516	3% of taxable income	**Available after**	($2390 / Year)
$30,517 to $$42,722	4% of taxable income	**March 1995**	
$42,723 and over	5% of taxable income	**C.P.I.**	

Abbildung 8: Parameter für HECS

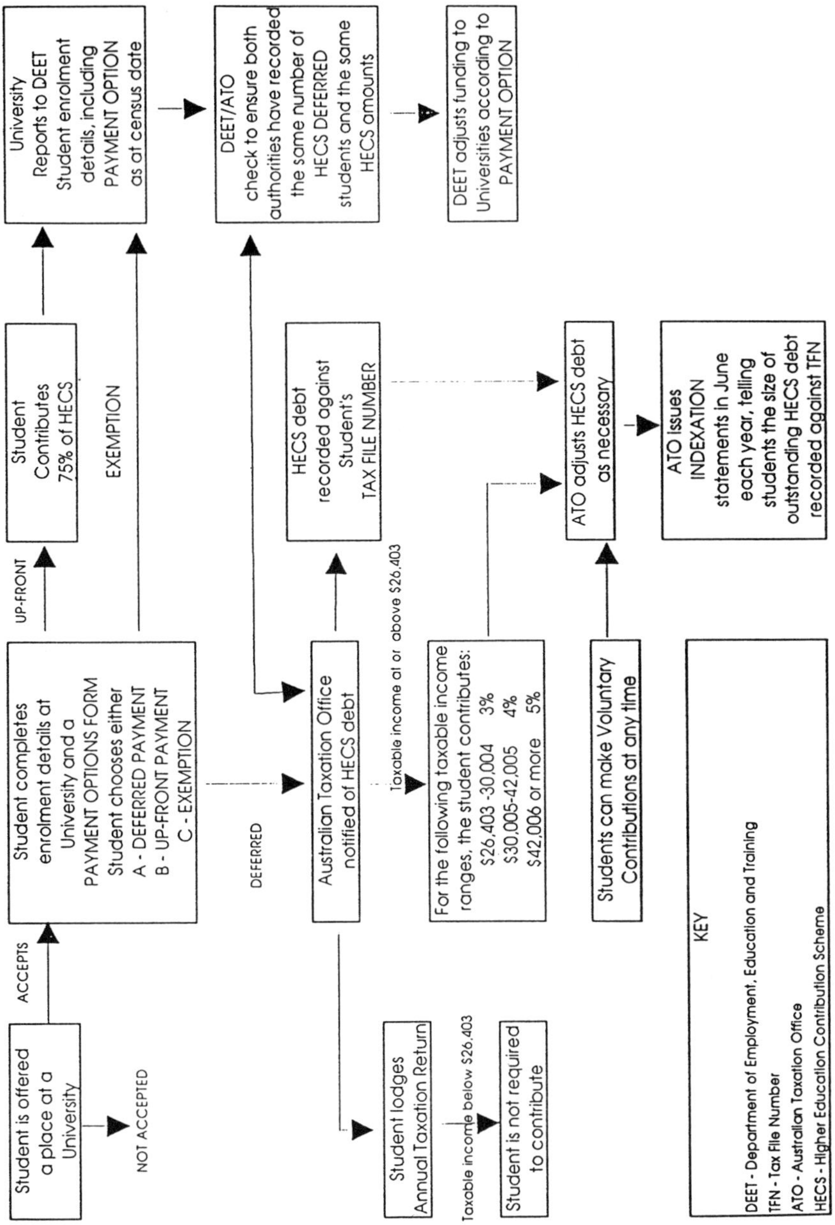

Abbildung 9: Administrative Abwicklung von HECS

AUSTRALIA

Higher Education Contribution Scheme (HECS)

Payment Options

Before you complete this form you should read the HECS information booklet which is available from your institution.

Your Tax File Number for the DEFERRED PAYMENT or SAFETY NET option is required by Commonwealth laws for taxation and income related purposes. The Australian Taxation Office is very careful to protect the privacy of individuals. Some information may be given to certain people and bodies as described in Commonwealth laws. Your institution is authorised to retain Tax File Number data only for the purpose of reporting details of HECS debts to the Australian Taxation Office.

The payment options in this form relate to section 41 (1) (a) and (b) of the Higher Education Funding Act 1988.

Please use a biro and write neatly in BLOCK LETTERS.

1 Your surname

2 Given names

3 Date of birth / / (Day/Month/Year)

4 Sex: Male Female

5 Name of institution

6 Name of course

7 Student number at this institution — Institution use – course code

8 This form is to take effect from: Semester Year

9 Are you a student who is exempt from paying HECS contributions? (Types of exempt students are shown on the back of this form.)

No ▶ Go to 10

Yes ▶ Give the appropriate exemption code as shown on the back of this form — Then go to the Declaration at 13.

10 Are you one of these?:

- A person who, at the time of enrolment, is a New Zealand citizen, is not also an Australian citizen, and has been resident in Australia for a continuous period of less than 2 years
- A person who, at the time of enrolment, is an Australian permanent resident and will be resident outside Australia for the semester for a reason other than a requirement of the course
- A person who, at the time of enrolment, is a New Zealand citizen, is not also an Australian citizen, and is enrolling as an external student resident outside Australia.

No ▶ Go to 11

Yes ▶ If you are one of these, you must choose the UP FRONT PAYMENT option at 11. You cannot apply for the DEFERRED PAYMENT option.

11 **Select your payment option** – either UP FRONT PAYMENT or DEFERRED PAYMENT (not both)

UP FRONT PAYMENT

You pay 75% of your HECS contribution for this course for each semester to the institution, when required by the institution and by the HECS census date. The Commonwealth pays the rest, and you do not have to pay it back to the Commonwealth. — TICK TO CHOOSE 11

and SAFETY NET for Up Front Payment

You authorise the institution to change your payment option to DEFERRED PAYMENT should you fail to pay up front by the census date. (This may prevent your enrolment being cancelled because of non-payment) — TICK TO AUTHORISE

OR

DEFERRED PAYMENT

The Commonwealth lends you the amount of unpaid HECS contribution for this course for each semester and pays it to the institution. You pay the Commonwealth back later through the taxation system when your taxable income reaches a certain amount. — TICK TO CHOOSE 10

12 If you ticked DEFERRED PAYMENT or the SAFETY NET for Up Front Payment, give your Tax File Number

WARNING

You must either pay up front **or** provide your tax file number by the census date, otherwise your enrolment will be **cancelled**.

If you cannot quote your tax file number at enrolment, you should immediately obtain your tax file number, or a certificate from the Tax Office stating that you have applied for one, and provide it to the institution by the census date. (Please note: Certificates will only be provided in the last 10 days prior to the census date.)

13 **DECLARATION**

I declare that the information I have given on this form is complete and correct.

If I have selected the UP FRONT PAYMENT option and I pay at least 75% of my HECS contribution for each semester by the census date, I request the Commonwealth to pay to the institution the unpaid part of my HECS contribution for each semester to discharge my liability for the semester.

If I have selected the DEFERRED PAYMENT option, I request the Commonwealth to lend me an amount equal to the unpaid part of the HECS contribution for each semester, and pay it to the institution to discharge my liability for the semester. I understand that I will have to repay this loan later through the Australian Taxation Office, in accordance with Chapter 5A of the Higher Education Funding Act 1988, when my taxable income reaches a certain amount.

I have read the HECS Information booklet, and I am aware of my obligations under the scheme and the requirement for all withdrawals to be in writing.

I understand that I must either pay up front or provide my tax file number or a certificate from the Tax Office to my institution by the census date, otherwise my enrolment will be cancelled.

Your signature

Date / /

Please note: Under Commonwealth law, there are penalties for deliberately making a false or misleading statement.

14 **Lodging your form:**

Return the form to your institution's Student Administration when required by the institution and by the HECS census date.

ORIGINAL

2 – 51 – 2 (9406)

Abbildung 10: Payment Options

- Auf Basis der vom Studenten gewählten Studienbelastung (student load) errechnet die Institution die Höhe des zu leistenden Beitrags. Teilzeitstudenten zahlen das Äquivalent ihrer student load. Studenten, die ihr Studium unterhalb der Normzeit beenden wollen, können auch eine höhere student load wählen und zahlen dann einen entsprechend höheren Beitrag.[55] Ab dem census date ist diese Entscheidung bindend.[56]

- Die Institution muß den Studenten darüber informieren, welcher Beitrag auf der Basis seiner student load für ihn errechnet wurde (liability notices), um ihm die Möglichkeit zum Einspruch zu geben (vgl. Abbildung 11).

- Von Studenten, die sich vertraglich für eine up front Zahlung entschieden haben, wird der Beitrag von der Institution eingehoben. Dieser Betrag ist Teil ihrer operating grants. Da HECS in diesem Fall um den discount vermindert ist, wird dieser Betrag von der Regierung auf die volle Höhe ergänzt. Studenten, die ihre Zahlung bis zum census date nicht leisten, werden vom Studium ausgeschlossen.[57]

- Im Falle einer aufgeschobenen Zahlung wird der Studienbeitrag, der ja Teil der operating grants der Institutionen ist, von der Regierung vorgeschossen. Studenten, die sich für diese Option entscheiden, benötigen eine Steuernummer, unter der ihre Steuerschuld gespeichert wird. Wer keinen Antrag auf eine Steuernummer stellt, wird vom Studium ausgeschlossen.

- Die Institutionen müssen die Daten über ihre Studenten innerhalb gegebener Frist an DEET und ATO übermitteln. Die dabei notwendige Datenstruktur wurde von den beiden Behörden für ihre jeweiligen Zwecke festgelegt.

The Australian National University
Canberra ACT 0200 AUSTRALIA

Telephone: +61 6 249 3339
Facsimile: +61 6 249 0751

Enrolment Confirmation/Fees and HECS Liability

Check the following details and read the explanatory notes overleaf.

Student Number:	9000873	Name (Family name last):	ABIGAIL ELIZABETH ABIGAIL		
Home Address:	Someother Place Faraway 2232	Date of Issue:	31/08/94	Document Number:	4146
		Telephone Numbers:		Student Type:	Local

Course Details

Course Code/POS:	4507	Course Title:	Indonesian Studies		
Year/ Stage:	1994/4	Majors:	CHST	Award Title:	BIndonS
Start Date:	31/12/95	End Date:		Location: Asn Stds	Current Intensity: Part-Time
Graduate Program:					

You are recorded as expecting to complete the following award(s) in the session(s) indicated:

Award Title	Session	Award Title	Session

Unit Code	Session	Unit Name	Unit EFTSU	Unit Status	Enrol. Type	Class/ Teacher	Point Value
COMP3043	S1	Computer Science C43	0.083	ASD	N		0.5
SEAS3550	S1	Year in Indon (M/Y)		TRF			3.0
SEAS3501	S2	Year in Indonesia Proj	0.167	CUR			1.0

Payment Details

Period	Payment Type	Annual Rate ($A)	EFTSU	Session Charge ($A)	HECS "Up-front" Amount ($A)
2	HECS	2355	0.167	393	294

Points completed: 20.0

HECS Payment Option: Pay Now

Payment Slip

Tear this slip off, complete the details on the other side and return it with your payment.

Student Number: 9000873

Document Number: 4146

Name and Mailing Address:
Ms AE ABIGAIL
Some Place
Closeby
2232

Period	Payment Type	Amount Due ($A)	Amount Paid ($A)	Balance ($A)
2	HECS	294		294.00

Fee/Charge to be paid: 294.00

Due Date 01 June 1994

Page 1 of 1

Please note that failure to pay by the due date will result in the cancellation of your enrolment.

Abbildung 11: Liability Notice

Die Abwicklung von HECS innerhalb des ATO ist denkbar einfach. Die von den Institutionen übermittelten Daten werden ohne nennenswerten Aufwand in die eigenen Datenbanksysteme eingespeist. Die Steuerschuld aller Personen, die sich für eine aufgeschobene Zahlung entschieden haben, wird unter ihrer Steuernummer gespeichert. Jeder australische Bürger, der Einkünfte bezieht, hat die Pflicht, zum Jahresende der Behörde die Gesamtheit seiner steuerpflichtigen Einkünfte bekanntzugeben (annual taxation return). An Hand dieser Information entscheidet ATO, ob und in welcher Höhe eine Rückzahlung der Steuerschuld fällig wird. Die Einkommensgrenzen für 1995 sind 26.853$, 30.517$ und 42.723$; die Rückzahlungsraten sind 3%, 4% und 5%.[58] Am 1.6. jeden Jahres werden alle Steuerschulden, die älter als ein Jahr sind, mittels des Verbraucher–Preis–Index an die Inflationsentwicklung angepaßt.

Die Aufgabe des DEET besteht im wesentlichen in der Formulierung und Überprüfung der hochschulpolitischen Ziele, die mit HECS verfolgt werden. DEET koordiniert diese Politik und legt der Öffentlichkeit gegenüber Rechenschaft über die Entwicklung von HECS. Hier werden allfällige politische Korrekturen vorbereitet. Mittels des "Higher Education Operating Grants Index" wird von DEET jährlich die Höhe des zu leistenden Beitrags neu festgelegt. Zu Beginn des Studienjahrs wird von DEET für Information und Beratung eine HECS–Hotline eingerichtet. Unter bestimmten Umständen können Studenten bei DEET ein Ansuchen um einen teilweisen oder vollständigen Nachlaß ihrer Gebühr stellen.[59] Die Bearbeitung solcher Ansuchen nimmt den größten Teil der Verwaltungsarbeit von DEET in Anspruch.

Die wichtigsten Veränderungen, die es seit der Einführung von HECS gegeben hat, zielten darauf, die öffentlichen Kosten von HECS zu reduzieren bzw. die Einnahmen zu erhöhen, indem:

- durch eine Erhöhung der Rückzahlungsraten eine raschere Schuldentilgung in die Wege geleitet wurde;
- durch eine Erhöhung des discounts mehr Studenten zu up front Zahlungen ermuntert und somit die öffentlichen Finanzierungskosten reduziert werden sollten;[60]
- während üblicherweise die Höhe der Beiträge mit Hilfe eines eigenen Index an die Teuerung angepaßt wird, gab es im Jahr 1992 eine reale Erhöhung; in diesem Jahr wurde HECS von 20% auf 22,5% der institutionellen Kosten angehoben.

Wie haben sich die Einnahmen aus HECS und die ausständigen Steuerschulden entwickelt? Auf Grund der kurzen Laufzeit von HECS sind die Rückzahlungen noch relativ gering und die kumulierten Steuerschulden nehmen jährlich zu. Die gesamten Rückstände aus HECS machen 1994 ca. 3 Mrd. $ aus, die erwarteten Gesamteinnahmen für 1994 betragen 375 Mill. $, das sind 8,7% der gesamten Hochschulausgaben des Commonwealth (vgl. Tabelle 7). Bei der Einführung von HECS ging man davon aus, daß auf Grund der einkommenabhängigen Rückzahlungskonditionen bis zu 30% der Steuerschulden aus HECS nicht einbringbar sein würden. Auf Grund erster Erfahrungen und neuer Schätzungen wurde dieser Prozentsatz erheblich reduziert; man geht derzeit davon aus, daß ca. 15% der Schulden dauerhaft nicht einbringbar sein werden. Einer Schätzung aus dem Jahr 1993 zufolge werden im Alter von 28 Jahren 50% der Männer ihre Schuld zurückgezahlt haben, im Alter von 34 Jahren bereits 75%. Bei den Frauen liegen die entsprechenden Alterswerte bei 38 und 52 Jahren (vgl. Tabelle 8).

Was sind die administrativen Kosten von HECS? Solche Kosten fallen an drei Orten an: bei den einzelnen Institutionen, beim ATO und im DEET.

- Den größten administrativen Aufwand verursacht HECS bei den einzelnen Institutionen. Bei der Einführung von HECS hat die Regierung die Institutionen für diesen Aufwand durch eine Erhöhung ihres Operating Grants entschädigt. Beispielsweise erhielt die University of Canberra zusätzliche 180.000$, das sind ca. 0,4% ihres Operating Grants. Rechnet man diesen Betrag auf das gesamte UNS um, dann betragen die gesamten administrativen Kosten von HECS auf dieser Ebene ca. 14 Mill.$[61] . Nach Auskunft der von mir interviewten Universitätsadministratoren ist diese Entschädigung für die Verwaltung von HECS sehr großzügig ausgefallen.[62] Zwischen den Zeilen wurde angedeutet, daß mit diesem Geld auch Verwaltungsaufgaben bewältigt werden können, die mit HECS in keinem direkten Zusammenhang stehen. Durch den erhöhten Aufwand dürfte insgesamt die administrative Effizienz der Institutionen gestiegen sein.

- Das ATO erhielt für die Administration von HECS zusätzliche 4,5 Mill.$. Damit wurden 74 zusätzliche Planstellen – 10 in der zentralen Verwaltung und 64 in den branch offices – eingerichtet.

- Am geringsten sind die administravien Kosten bei DEET. Hier sind ca. 10 Personen hauptsächlich mit HECS beschäftigt, die Kosten dürften deutlich unter 1 Mill $ betragen.

COMMONWEALTH REVENUE FROM THE HIGHER EDUCATION CONTRIBUTION SCHEME (HECS), 1980-1996

	1989	1990	1991	1992	1993	1994*	1995*	1996*
	$m	$m	$m	$m	$m	$m	$m	$m
HECS revenue								
Repayments (HECS Assessment Debt)	3.99	20.55	43.48	52.95	65.92	220.08	264.77	253.33
Up-front receipts	77.71	86.82	111.63	126.22	131.48	145.06	151.38	154.65
Voluntary payments	0.96	2.59	9.48	11.80	11.75	9.98	7.94	9.87
Total	82.66	109.96	164.59	190.97	209.15	375.12	424.09	417.85
Total Commonwealth outlays on Higher Education	2579.8	2923.0	3150.7	3500.7	3720.9	4290.6	4491.9	4651.0
HECS revenue as a percentage of total Commonwealth outlays on higher education (%)	3.20	3.76	5.22	5.46	5.62	8.74	9.44	8.98
Cumulative HECS debt (incl indexation)	444.85	931.18	1464.15	2029.33	2593.61	3084.21	3578.25	4122.62

*Estimates; includes PAYE from 1994-95

Tabelle 7: Einnahmen aus HECS (Quelle: DEET)

	Males	Females
Time of highest repayments	mid / late 20s.	mid / late 20s.
Average age of full repayment	33.8 years	39.3 years
Age by which given percentage of loan repaid		
50%	28 years	38 years
75%	34 years	52 years
Percentage repaid by age 65	96%	77%

Note: These estimates are made prior to the August 1993 Budget changes and thus are not adjusted to account for the rebasing of the threshold and the increasing of the rates of repayment (to 3, 4 & 5%) as announced in that Budget.

Source: Ann Harding, Lifetime Repayment Patterns for HECS and AUSTUDY Loans, National Centre for Social and Economic Modelling. Discussion Paper No. 1, July 1993.

Tabelle 8: Geschätzte Rückzahlungsmuster für HECS

Das ergibt insgesamt jährliche Verwaltungskosten in der Größenordnung von 19 Mill.$. Dieser Betrag bezieht sich aber auf das Jahr der Einführung von HECS, auf 1989. Bei Berücksichtigung der Inflationsentwicklung kommt man für 1994 auf eine Größenordnung von 24 Mill.$, das sind 3,7% der in diesem Jahr neu hinzugekommenen HECS-Steuerschulden bzw. ca. 6% der in diesem Jahr aus HECS erzielten Einnahmen. Die administrativen Kosten von HECS sind also gering. Wesentlich gravierender dürften die Finanzierungskosten sein.

2.3.4 Auswirkungen von HECS auf den Hochschulzugang

Bei der Einführung von HECS ist die Regierung den Empfehlungen des Committees gefolgt und hat das DEET zu einer regelmäßigen Evaluation der Auswirkungen von HECS auf den Hochschulzugang verpflichtet. Seit Bestehen von HECS wurden der Öffentlichkeit bisher acht Berichte über diese Auswirkungen vorgelegt.

Vor der Einführung von HECS wurde von einigen Kritikern prognostiziert, daß private Studienbeiträge, selbst wenn sie unter einem sozial ausgewogenen Steuerschuldenschema zu leisten sind, zu einem massiven Rückgang in der Studienbeteiligung führen würden. Das ist nicht eingetreten. Vielmehr ist sowohl die Zahl der Studienanfänger als auch die Zahl der insgesamt Studierenden jährlich gestiegen.[63] 1989, im ersten Jahr mit Beitragspflicht, gab es um 7,2% mehr Studienanfänger als im Vorjahr, 1990 stieg diese Zahl sogar um 11,2% (vgl. Tabelle 9).

Bei der Interpretation dieser Zahlen muß man freilich berücksichtigen, daß in Australien die Studiennachfrage das Studienangebot übersteigt, daß es also immer schon eine Reihe von studierwilligen Personen gegeben hat, die keinen Studienplatz erhalten hatten (derzeit ca. 20.000). Einer der Gründe für die Einführung von HECS bestand ja darin, durch die damit erzielte Entlastung der öffentlichen Hand die Anzahl der Studienplätze auszubauen und damit das Ungleichgewicht zwischen Angebot und Nachfrage zu vermindern. Das Wachstum bei den Studienanfängern zeigt zunächst nur, daß die Studienplätze tatsächlich ausgebaut wurden und daß trotz HECS die Nachfrage nicht hinter das Angebot zurückgefallen ist.

Daher wurde auch die Frage geprüft, ob diejenigen Schulabgänger, die nicht in den Hochschulbereich übertreten wollten bzw. noch unentschieden waren, in ihrer Entscheidung durch HECS maßgeblich beeinflußt wurden. Eine vom NBEET im Jahr 1992 vorgelegte Studie konzentrierte sich dabei auf jene Bevölkerungsgruppen, bei denen es am ehesten plausibel war, daß HECS

Table 3.1 Total students, commencing students and course completions, 1982 - 1992

Year	Total students	% change	Commencing students	% change	Course completions	% change
1982	341 390	1.4	125 285	-2.4	66 888	
1983	348 577	2.1	127 983	2.2	68 939	3.1
1984	357 373	2.5	131 424	2.7	70 287	2.0
1985	370 016	3.5	139 151	5.9	73 435	4.5
1986	389 968	5.4	148 677	6.8	77 781	5.9
1987	393 734	1.0	153 800	3.4	80 257	3.2
1988	420 850	6.9	168 916	9.8	86 859	8.2
1989	441 076	4.8	181 102	7.2	90 482	4.2
1990	485 075	10.0	201 440	11.2	94 399	4.3
1991	534 538	10.2	217 940	8.2	107 591	14.0
1992	559 365	4.6	210 599	-3.4	120 000 (p)	8.5

Source: *Selected Higher Education Statistics, 1992*
(p): projected

Tabelle 9: Veränderungen in der Studentenpopulation (Quelle: DEET 1993a)

auf ihre Entscheidung einen negativen Einfluß ausübern würde, nämlich auf Jugendliche aus:

- einkommenschwachen Haushalten,
- ländlichen Regionen,
- nicht–englischsprachigen Elternhäusern,
- alleinerziehenden Elternhäusern, sowie auf
- Aboriginals.

Bei denjenigen, die kein Studium aufnehmen wollten, nahm HECS aus einer Reihe von 17 möglichen Gründen einen mittleren Rang ein. Wichtiger waren andere Gründe, wie:

- der Wunsch, direkt ins Beschäftigungssystem einzutreten,

- Zweifel an der akademischen Leistungsfähigkeit,
- der Wunsch nach anderen Ausbildungsvarianten.

Ein ähnliches Ergebnis zeigt sich bei denjenigen, die noch unentschieden waren. Insgesamt ist also die Schlußfolgerung zulässig, daß die Auswirkungen von HECS auf die Nachfrage nach Studienplätzen marginal sind.

2.4 Studienförderung in Australien

In der österreichischen Diskussion wird häufig ein Junktim zwischen der Einführung von Studiengebühren und einer Reform und Ausweitung der Studienförderung unterstellt. Nun zeigt das australische Beispiel, daß diese beiden Materien sehr leicht getrennt behandelt werden können, denn die Sozialverträglichkeit der Gebührenregelung hängt in diesem Fall ja nicht vom Ausmaß der empfangenen Studienförderung ab. Im Gegensatz zu den USA, wo ein großer Teil der erhaltenen Studienförderung zur Bezahlung von Studiengebühren verwendet werden muß, können australische Studenten diese Gelder für die Deckung ihrer Lebenskosten verwenden. Dennoch sei auch das System der Studienförderung in Australien kurz skizziert, nicht zuletzt deshalb, weil es sich dabei eine interessante Kombination von nichtrückzahlbaren Stipendien und einkommensabhängigen Darlehen handelt.

2.4.1 Stipendien

Unter dem Titel AUSTUDY gibt es für Schüler und Studenten ab dem 16. Lebensjahr eine finanzielle Unterstützung in der Art des östereichischen Sozialstipendiums. Der Kreis der Anspruchsberechtigten ist jedoch wesentlich größer als jener der direkten Studienförderung in Österreich. Das Ziel besteht darin, einkommensschwachen Bevölkerungsschichten eine Förderung und einen Anreiz zu geben, ihre Bildungslaufbahn auch nach Ende der Schulpflicht fortzusetzen. AUSTUDY ist somit nicht nur auf das oberste Begabungssegment (Forschungsuniversitäten) zugeschnitten, sondern es handelt sich um ein integriertes Förderpaket für Schüler und Studenten staatlich anerkannter Ausbildungsgänge jenseits der Schulpflicht. Die Förderung wird üblicherweise für die Mindeststudiendauer der entsprechenden Ausbildungsgangs gewährt, und zwar nur an Vollzeitstudenten.

Die Höhe der Unterstützung hängt einerseits vom Einkommen und Vermögen der Eltern (bzw. bei Studentenhaushalten vom Einkommen des Studenten oder dessen Ehepartners) ab,[64] andererseits von den Lebensumständen des Studenten. Unterschieden werden:

- Studenten, die im Elternhaushalt leben (Standard);
- unverheiratete Studenten, die aus Studiengründen außerhalb des Elternhaushaltes leben müssen;
- verheiratete Studenten;
- alleinerziehende Studenten.

Tabelle 10 gibt einen Überblick über die Höchststipendien für die unterschiedlichen Kategorien anspruchsberechtigter Studenten.

Im Studienjahr 1992/93 haben insgesamt 467.000 Personen eine Förderung unter dem Programm von AUSTUDY erhalten. Von den Undergraduates an den australischen Hochschulen haben etwas mehr als 40% eine Förderung erhalten. Die Gesamte Fördersumme von AUSTUDY machte 1.438 Mill. $ aus, das ergibt einen durchschnittlichen Förderbetrag von 3.079$ pro Person.

Neben AUSTUDY gibt es als weiteres Programm nichtrückzahlbarer Stipendien ABSTUDY, eine spezielle Förderung für Aboriginals.[65] 1992/93 gab es 43.000 Empfänger von ABSTUDY, die durchschnittliche Förderhöhe betrug 2.472$ pro Person.

2.4.2 Darlehen

Obwohl die gesamte Fördersumme von AUSTUDY und ABSTUDY mehr als 12 Mrd. öS ausmacht und eine große Zahl von Personen in den Genuß einer Studienförderung kommt, reicht die Höhe der Stipendien in der Regel nicht zur Deckung des Lebensunterhalts. Unter dem Titel AUSTUDY Supplement bietet die Regierung daher eine ergänzende Studienförderung auf Darlehensbasis an.[66] AUSTUDY Supplement ist ausschließlich für Studenten des Postsekundarbereichs verfügbar. Wie HECS handelt es sich um ein einkommensabhängiges Darlehen, im Gegensatz zu HECS haben aber nicht alle Studenten Anspruch darauf. Die Anspruchsberechtigung wird auf ähnliche Weise wie bei AUSTUDY geprüft, ausschlaggebend ist also das Einkommen des für den Unterhalt des Studenten sorgenden Haushalts. Die Einkommensobergrenzen sind für AUSTUDY Supplement hinaufgesetzt,[67] der Kreis der Anspruchsberechtigten ist also größer als bei AUSTUDY. Personen, die bereits AUSTUDY beziehen, haben Anspruch auf ein Darlehen zwischen 500$ und 4.000$, bei den übrigen beträgt die Darlehenshöhe maximal 2.000$.

AUSTUDY Maximum Allowances

Age	Rate	Weekly Allowance $	Annual Allowance $
16-17	Standard	64.90	3,384
	Away/Independent	107.15	5,587
	Married with dependent child	130.15	6,786
18 and over	Standard	78.05	4,070
	Away/Independent	118.50	6,179
	Married with dependent child	130.15	6,786
Special	Standard[1]	95.75	4,993
	Away/Independent[1]	143.95	7,506
	Married without child[2]	130.15	6,786
	Sole Parent	153.05	7,980

1 You can get these rates if you are single, 21 or over when your course starts and you are transferring to AUSTUDY from a Department of Social Security pension or allowance which you received for at least six of the past nine months, or you are doing ESL study. The normal requirements for the Standard, Away-from-home or Independent rates need to be met.

2 You can get this rate if you are married (no dependent children) and you also meet the same requirements as in note 1.

Tabelle 10: Höchststipendien für AUSTUDY (Quelle DEET 1993b)

Da es sich um ein zinsenfreies (nur an die Infaltion angepaßtes) Darlehen mit sehr großzügigen Rückzahlungskonditionen handelt, fallen für AUSTUDY Supplement hohe öffentliche Finanzierungskosten an. Um diese in Grenzen zu halten, hat die Regierung erstens die Anspruchsberechtigung von sozialen Kriterien abhängig gemacht und sie zweitens an eine wichtige Bedingung geknüpft. Bei Personen, die bereits AUSTUDY beziehen, funktioniert die Ergänzung so, daß sie einen Teil ihres nichtrückzahlbaren Stipendiums gegen das Darlehen "eintauschen" müssen: Wer auf einen Teil des Stipendiums verzichtet, erhält den doppelten Betrag als Darlehen. Gesetzt den Fall, jemand bezieht über AUSTUDY ein jährliches Stipendium von 5.200$ und möchte diesen Betrag über AUSTUDY Supplement auf 6.200$ aufstocken, dann muß er 1.000$ seines nichtrückzahlbaren Stipendiums gegen ein Darlehen von 2.000$ eintauschen. Der ihm zur Verfügung stehende Betrag von 6.200$ teilt sich in 4.200$ nichtrückzahlbares Stipendium und in 2.000$ einkommensabhängiges Darlehen. Personen, die kein Stipendium beziehen, aber – wegen der erweiterten Einkommensobergrenzen – Anspruch auf AUSTUDY Supplement haben, können ohne weitere Bedingungen ein Darlehen zwischen 500$ und 2.000$ aufnehmen.

Wie erfolgt die Rückzahlung von AUSTUDY Supplement? In den ersten fünf Jahren nach Darlehensaufnahme sind keine Rückzahlungen fällig. Erfolgen in dieser Zeit dennoch Rückzahlungen, dann wird die Gesamtschuld um 15% der freiwillig geleisteten Tilgung reduziert. Nach fünf Jahren muß in jedem Fall mit der Darlehenstilgung begonnen werden. Der jährlich fällige Betrag ist vom Einkommen abhängig, die Einkommensgrenzen sind dieselben wie bei HECS, auch der Rückzahlungsbetrag wird in der selben Weise wie bei HECS als Prozentsatz des Einkommens definiert (vgl. Abschnitt 2.3.3). Tabelle 11 gibt ein Beispiel für die so entstehenden Belastungen für den jungen Hochschulabsolventen.

Jack is in his final year of study in 1993. He opts for a Supplement of $4,000. He starts work as a Band 1 secondary teacher in 1994. Since repayments through the tax system do not start for at least five years from when the Supplements is taken out, there is no repayment due in his first four years of teaching. He makes the repayments over four years with an average weekly repayment of approximately $20 (in 1992 dollars).

Year	Supplement Amount	Taxable Income as teacher*	Annual Repayments	Weekly Equivalent Repayments
1993	$4,000		nil	nil
1994		27890	nil	nil
1995		29038	nil	nil
1996		30639	nil	nil
1997		32026	nil	nil
1998		33512	$1,005	$19.27
1999		34899	$1,047	$20.08
2000		36104	$1,083	$20.77
2001		37505	$865	$16.59

* Taxable incomes based on average salary of a Band 1 secondary teacher.

Tabelle 11: Rückzahlung von AUSTUDY Supplement (Quelle DEET 1993c)

2.5 Schlußfolgerungen für Österreich

Die Diskussion im Abschnitt 2.3 hat gezeigt, daß HECS ein sehr erfolgreiches Modell zur einhebung von Studiengebühren ist. Aus der Perspektive des heimischen Diskussionsstandes über Studiengebühren muß HECS gleichsam als eine hochschulpolitische Quadratur des Kreises erscheinen, denn es kann Anforderungen vereinbaren, von denen man häufig behauptet, daß sie in unversöhnlichem Gegensatz zueinander stehen:

- HECS ist sozialverträglich und hat zu keiner Reduktion der Studienbeteiligung benachteiligter Gruppen geführt.
- HECS ist benutzerfreundlich und hat eine hohe Akzeptanz bei allen hochschulpolitischen Akteuren.
- HECS ist auf einfache Weise und mit geringen Kosten zu administrieren.
- Dennoch bringt HECS eine spürbare Entlastung für den öffentlichen Haushalt.

Es ist daher kein Wunder, daß HECS im Ausland auf reges Interesse stößt.[68] Zwar werden einkommensabhängige Darlehensmodelle zur Finanzierung von Studiengebühren in Europa seit mehr als 20 Jahren diskutiert (vgl. Weizsäcker 1971), aber diese Diskussion beschränkte sich auf einen kleinen Kreis von Ökonomen und fand in der Hochschulpolitik keine Resonanz. Man konnte auch immer darauf hinweisen, daß es sich hierbei um Gedankenspielereien von Theoretikern handle, die den Problemen der Praxis nicht standhalten würden. HECS hingegen wurde erfolgreich implementiert, seine Bewährung in der Praxis kann überprüft werden.

Es spricht also viel dafür, sehr ernsthaft zu prüfen, ob und in welcher Form ein Gebührenschema à la HECS auch in Österreich möglich wäre. Da es wenig Sinn macht, das Rad neu zu erfinden, kann man HECS bei solchen Überlegungen als direktes Vorbild heranziehen. Im folgenden werden einige Aspekte diskutiert, die bei der Adaptierung dieser Grundidee auf österreichische Verhältnisse beachtet werden müssen.

2.5.1 Unterschiedliche politische Traditionen

Wie jedes Land des angelsächsischen Bereichs ist auch Australien viel stärker von liberalen Traditionen geprägt als die Staaten des europäischen Kontinents. Das kommt am klarsten in der liberalen Konzeption des Staates zum

Ausdruck, dessen Funktionen primär ordnungspolitischer Natur sind und dem in wesentlich geringerer Weise als etwa in Österreich eine paternalistische Rolle zugebilligt wird. Damit einher geht die Überzeugung, daß die einzelnen Individuen eine große Eigenverantwortung haben und auch in finanzieller Hinsicht eine Eigenvorsorge treffen sollten.

Man sollte diese Unterschiede freilich nicht überdehnen, denn Australien hat mittlerweile ein System der sozialstaatlichen Sicherung, das sich durchaus mit dem westeuropäischen Niveau messen kann. Aber es gibt weiterhin unterschiedliche Gerechtigkeitskonzeptionen (vgl. Haller 1995) und auch unterschiedliche Vorstellungen darüber, unter welchen Umständen der Staat die Verantwortung für das Wohlergehen seiner Bürger übernehmen sollte. Die Idee finanzieller Eigenleistungen für eine Form der Bildung, an der nicht mehr die gesamte Altersgruppe partizipiert, ist im australischen Kontext wesentlich naheliegender als etwa in Österreich. Gleichzeitig muß man sehen, daß die Forderung nach Chancengleichheit (in ihrer meritokratischen Variante) viel ernster genommen wird als in den paternalistisch geprägten Gesellschaften Europas.

Dieses Meinungsklima fördert auch ein Selbstverständnis der Studenten, das sich von jenem der österreichischen Studenten deutlich unterscheidet; es steht im Einklang mit den Grundannahmen der neoklassischen Bildungsökonomie:

- Australische Studenten betrachten sich in erster Linie als Konsumenten einer Dienstleistung. Das heißt nicht, daß sie auch bereit wären, die gesamten Kosten für diese Dienstleistung zu tragen, aber eine Kostenbeteiligung erscheint unter diesen Umständen naheliegend. Nur Forschungsstudenten, die in den Forschungsbetrieb und das Leben des Departments tatsächlich integriert sind, begreifen sich im engeren Sinn als "Hochschulangehörige".[69]

- Die Hochschulausbildung wird in Australien im allgemeinen als Investition in das Humankapital betrachtet. Umstritten ist dabei höchstens, ob es sich um eine erfolgversprechende Investition handelt, ob die Absolventen auch einen ihrer Ausbildung entsprechenden und gutbezahlten Arbeitsplatz bekommen werden etc. Eine solche vergleichsweise nüchterne Betrachtungsweise ist in Österreich die Ausnahme. Das Studium wird hier häufig als Akt der kulturellen Vervollkommnung betrachtet. Vor allem aus den Äußerungen der Studentenvertretungen muß mam den Eindruck gewinnen, das Studium sei ein selbstloser, aber unbedankter Dienst an der Gesellschaft. Eine solche realitätsferne Selbsteinschätzung erschwert die Einsicht in die Legitimität einer Kostenbeteiligung.

Diese ideologischen Rahmenbedingungen haben die Akzeptanz von HECS in der australischen Gesellschaft begünstigt. In Österreich würde ein vergleichbares Konzept auf geringeres Verständnis und größeren Widerstand stoßen, und zwar nicht nur bei den Studenten, sondern darüberhinaus bei allen Gruppierungen mit einer traditionell stark etatistischen Grundhaltung. Anders als in Australien würde die Einführung eines HECS-ähnlichen Gebührenschemas in Österreich in der Tat eine Art hochschulpolitischen Paradigmenwechsel darstellen (bzw. voraussetzen), eine sehr tiefgreifende Veränderung des in der Öffentlichkeit wirksamen Verständnisses von der gesellschaftlichen Rolle der Hochschulen. Viele Ansätze zu einer solchen veränderten Sichtweise sind vorhanden, vor allem die Diskussion über das UOG '93 war ein wichtiger Schritt in diese Richtung. Andererseits zeigt die Art und Weise, in der Studiengebühren im Wahlkampf 1994 thematisiert wurden, wie stark ein traditionelles Deutungsschema in der politischen Klasse, aber auch in weiten Teilen der Bevölkerung verankert ist.

2.5.2 Unterschiede im Steuerrecht

HECS ist ein "Steuerschulden-Modell". Das Darlehen, das der Staat jenen Studenten gewährt, die die Gebühr nicht sofort bezahlen wollen, wird von den Finanzbehörden verwaltet und schlägt sich in einer Steuerschuld nieder. Das ist eine Voraussetzung dafür, daß HECS auf so einfache und kostengünstige Weise administriert werden kann. Es war kein eigener Verwaltungsapparat nötig, sondern die bestehenden administrativen Einrichtungen der Hochschulen und des Fiskus wurden personell aufgestockt. Unter diesen Voraussetzungen kann kein vernünftiger Mensch behaupten, daß ein Großteil der Einnahmen aus Studiengebühren ohnehin für den Verwaltungsaufwand benötigt wird.

Damit stellt sich aber die Frage, ob das Steuersystem in Österreich so beschaffen ist, daß ein vergleichbares Modell auch hier implementiert werden könnte. In Österreich stößt man gelegentlich auf die Vermutung, daß es Unvereinbarkeiten praktischer Natur geben könnte. Auch meine Gesprächspartner in Australien haben dieser Frage große Bedeutung zugemessen. Namentlich wurde auf die Schlüsselfunktion des "Annual Taxation Return" hingewiesen.

Im folgenden werden die technischen Details der Steuereinhebung nicht thematisiert. Auf der Makroebene ergeben sich jedoch keine Hinweise, daß die Implementierung eines HECS-ähnlichen Gebührenmodells an den Besonderheiten des österreichischen Steuersystems scheitern könnte. Die Identifikation aller Steuerschuldner mittels einer Steuernummer sollte keine unlösbaren Schwierigkeiten bereiten. Steuern werden in beiden Ländern auf individueller Basis – nicht auf der Basis von Haushalten – eingehoben. Wie in Österreich wird in Australien steuerlich zwischen selbständigen und unselbständigen Einkünften unterschieden. Die Lohnsteuer wird bereits vom Arbeitgeber einbehalten und an die Finanzbehörden abgeführt. Einkommen aus selbständiger Tätigkeit müssen den Behörden nach Ablauf des Steuerjahrs bekannt gegeben werden.

Der gravierendste Unterschied scheint darin zu bestehen, daß jeder australische Bürger, auch der lohnsteuerpflichtige, nach Ablauf des Steuerjahres eine Erklärung über seine Gesamteinkünfte abgeben muß (Annual Taxation Return). An Hand dieser Informationen entscheiden die Steuerbehörden, ob und in welcher Höhe eine Rückzahlung der Steuerschuld fällig wird. Ein Annual Taxation Return hat in Österreich kein Äquivalent. Es handelt sich hier aber um ein technisches Detail, aus dem man kein grundsätzliches Hindernis für die Implementierung eines Steuerschulden–Modells ableiten kann. Denn auch ohne diese Erklärung besitzen die Behörden sowohl für selbständige als auch für unselbständige Einkommensbezieher alle Informationen, die zur Entscheidung nötig sind, ob Rückzahlungen fällig werden.[70]

Eine andere Frage ist es, wie verläßlich diese Informationen sind. Dieses Problem stellt sich bekanntlich nur für selbständige Einkommen, denn für unselbständig Beschäftigte sind die Möglichkeiten der Steuerflucht sehr beschränkt. Die Verläßlichkeit der selbständigen Steuererklärungen hängt zum einen von der Steuermoral der Bevölkerung, zum anderen von der Qualität der fiskalischen Kontrollen ab. In Österreich gibt es den begründeten Verdacht, daß die Selbständigeneinkünfte steuerlich begünstigt sind, weil sich ihnen ein breites Feld sowohl legaler und halblegaler Abschreibungsmöglichkeiten als auch illegaler Hinterziehungschancen eröffnet.[71] Davon ausgehend könnte man die Meinung vertreten, daß ein Steuerschulden–Modell deshalb abzulehnen sei, weil die Benachteiligung der unselbständigen Einkommen damit noch verschärft wird.[72]

Eine solche Auffassung ist nicht schlüssig. Selbständige Akademiker verdienen in aller Regel soviel, daß sie auch bei Anwendung aller legaler und halblegaler Manipulationsmöglichkeiten ihr zu versteuerndes Einkommen nicht unter jenen Grenzwert drücken können, der sie vor einer Rückzahlung ihrer Steuerschuld befreien könnte. Diese Problematik ist völlig anders geartet als jene der österreichischen Sozialstipendien, wo Selbständigenhaushalte aus der Landwirtschaft oder des Gewerbes gegenüber den Arbeits– und Angestelltenhaushalten einen Vorteil haben. Diese Bevorzugung resultiert daraus, daß ein Einkommen, das in der Nähe des Grenzwerts liegt, auf Grund steuerlicher Besserstellung unter diesen Grenzwert gedrückt werden kann.[73]

Im übrigen ist die Ungleichheit selbständiger und unselbständiger Einkommen ist eine Grundsatzfrage der Steuergerechtigkeit, die unabhängig von der Einführung eines HECS-ähnlichen Gebührenschemas zufriedenstellend gelöst werden muß. Zwar sollte man sich nicht der Illusion hingeben, daß eine perfekte Steuergerechtigkeit möglich ist. Es käme aber einer sozialpolitischen Bankrotterklärung gleich, wollte man mit Verweis auf die bestehenden Ungleichheiten alle politischen Maßnahmen in Frage stellen, die die Bevölkerung nach ihrem zu versteuernden Einkommen differenzieren.

2.5.3 Kompatibiltät mit EU-Richtlinien

Die sehr großzügigen Rückzahlungskonditionen von HECS erfordern einen hohen öffentlichen Finanzierungsaufwand. HECS ist daher nur für australische Staatsbürger konzipiert, Studenten aus dem Ausland können kein Darlehen dieser Art in Anspruch nehmen.[74] Abgesehen davon, daß die Regierung nicht bereit ist, diesen Finanzierungsaufwand für Ausländer zu tragen, leuchtet es auf den ersten Blick ein, daß ein Steuerschuldenmodell nur dann realisierbar ist, wenn es auf die eigenen Staatsbürger begrenzt ist. Welche Probleme können nun hinsichtlich der ausländischen Studenten in Österreich auftreten?

Ab 1995 ist Österreich Mitglied der EU. In der EU gelten sehr strenge Richtlinien, die jedem Mitgliedsstaat diskriminierende Maßnahmen gegen die Bürger anderer Mitgliedsstaaten untersagen. Es wird daher ab 1995 zwei Kategorien von Ausländern geben. Von Bürgern außerhalb der EU könnten österreichische Universitäten theoretisch Gebühren in beliebiger Höhe verlangen. Gegenüber EU-Bürgern darf es auf der Ebene der Studiengebühren keine Diskriminierung geben.[75] Die Höhe der Gebühr müßte also für Österreicher und andere EU-Bürger gleich sein.

Besitzen EU-Bürger einen Anspruch auf ein HECS-ähnliches Darlehen zur Bezahlung der Studiengebühr? Diese Frage kann hier nicht endgültig geklärt werden. Auf der Basis der verfügbaren Literatur ist es aber sehr unwahrscheinlich, daß sich ein solcher Anspruch begründen läßt. Zwar wurde in verschiedenen Urteilen auch ein Anspruch von EU-Bürgern auf Studienunterstützung anerkannt. Dabei werden aber Differenzierungen vorgenommen: "Die neuere Rechtsprechung des EuGH unterscheidet nunmehr zwischen Beiträgen zu den Kosten der allgemeinen Lebenshaltung und Zahlungen für die eigentlichen Studienzwecke, wobei nur im Bereich der letzteren ein Gleichbehandlungsanspruch anerkannt wird. Diese Unterscheidung kann sich auch darauf stützen, daß der Gemeinschaft die Zuständigkeit für eine autonome Sozialpolitik fehlt." (Berka 1991, 42) Ein einkommensabhängiges

Darlehen zur Bezahlung einer Studiengebühr stellt aber zweifellos eine sozialpolitische Maßnahme dar; es ist nicht zu erwarten, daß der EuGH daraus eine Diskriminierung ableitet, wenn Österreich diese Maßnahme auf seine eigenen Staatsbürger begrenzt. Auf jeden Fall sollte man dieser Frage Beachtung schenken und dazu ein eigenes Rechtsgutachten einholen.

2.5.4 Unterschiede in der Studienorganisation

Die wichtigste Barriere gegen eine direkte Übertragung von HECS auf österreichische Verhältnisse liegt in den sehr tiefgreifenden Unterschieden der Studienorganisation. Das Studium an einer australischen Universität ist in mehrfacher Hinsicht klar strukturiert:

- Es ist in eine Undergraduate– und eine Postgraduate–Ebene unterteilt, letztere gliedert sich in ein Forschungs– und ein Coursework–Studium.
- Auf jeder dieser Ebenen wird eine präzise Normbelastung definiert, die nicht bloß eine Mindeststudiendauer beschreibt, sondern für beide Seiten sehr klare Verbindlichkeiten festlegt. Vom Studenten wird erwartet, daß ein von ihm gewählter Belastungslevel auch tatsächlich eingehalten wird. Für die Universität und ihre Lehrkräfte geht damit die Verpflichtung einher, die für den Studienerfolg erforderlichen Ressourcen (Platz im Hörsaal, Laborplatz, Betreuungskapazität) tatsächlich zur Verfügung zu stellen.
- Trotz dieser klaren Struktur bleibt dem Studenten ein ausreichender Gestaltungsspielraum, u.a. bei der Festlegung des Studientempos: Er kann ein Vollzeit– oder ein Teilzeitstudium führen, wobei letzteres im Prinzip aus einem beliebigen Prozentsatz einer vollen Normbelastung bestehen kann.

Diese klar strukturierte Studienorganisation ist für die Hochschulfinanzierung im allgemeinen und für die Abwicklung von HECS im besonderen von großer Bedeutung. Universitäten werden vom Staat auf der Basis von EFTSUs finanziert und auch der vom Studenten zu bezahlende HECS–Betrag wird anteilig nach seiner Student Load errechnet. Zugleich werden die Studenten je nach Studientyp unterschiedlich behandelt. Forschungsstudenten werden in der Regel finanziell begünstigt, hier wird der "user pays" Grundsatz durchbrochen. Diese Struktur unterscheidet sich in mehrfacher Hinsicht von den Gegebenheiten in Österreich:

- In Österreich werden gegenwärtig Teilzeit- und Vollzeitstudien nicht unterschieden. Der Hochschulverwaltung stehen als Orientierungsgröße nur Kopfzahlen zur Verfügung, es ist nicht möglich, diese sehr ungenaue Kennziffer durch Vollzeitäquivalente zu präzisieren.

- Keine österreichische Universität kann sich verpflichten, ihren Studenten jene Ressourcen und Betreuungskapazitäten zur Verfügung zu stellen, die für einen Studienerfolg im Rahmen der Normstudiendauer erforderlich sind. Eine solche Garantie setzt eine kapazitätsorientierte Eingangsselektion durch die Institution voraus (in einer ähnlichen Weise, wie sie derzeit schon im Fachhochschulsektor betrieben wird).

- Die österreichische Unterscheidung zwischen dem Magisterstudium und dem Doktoratsstudium ist nicht mit der Gliederung in ein Undergraduate und ein Graduate Studium kongruent. Beide Abschlüsse in Österreich haben ein wissenschaftliches Langzeitstudium zur Voraussetzung, würden also in Australien dem Graduate Bereich zugeordnet werden. Für die technische Abwicklung eines HECS-ähnlichen Gebührenschemas hat das keine Bedeutung; es ist aber innerhalb der österreichischen Studienstruktur nicht möglich, jene bildungs- und wissenschaftspolitischen Schwerpunktsetzungen vorzunehmen, die in Australien auch die privaten Kosten eines Studiums beeinflussen.

Von elementarer Bedeutung für die Implementierung eines HECS-ähnlichen Gebührenschemas ist die Frage des Teilzeitstudiums. Wenn man keine formelle Teilzeitoption anbietet, kann man nur eine jährliche Pauschalgebühr verlangen, welche die erwerbstätigen Studenten eklatant benachteiligt. Diese Frage wird im 3. Kapitel neuerlich aufgegriffen.

Es ist auch schwer denkbar, von Studenten, die auf einen Laborplatz warten müssen oder denen man keinen Platz in einer für ihren Studienfortschritt erfoderlichen Lehrveranstaltung garantieren kann, Gebühren zu verlangen. Die einzig praktikable Lösung dieses Problems besteht in einer kapazitätsorientierten Zulassung. Ein solcher Schritt würde freilich neben dem "kostenlosen Studium" auch den "offenen Hochschulzugang", die zweite heilige Kuh der österreichischen Hochschulpolitik, beseitigen. Einige hochschulpolitische Akteure würden dies als Angriff auf die Rechte der Studenten interpretieren. De facto handelt es sich darum, informelle Selektionsprozesse, die derzeit nur in der langen Studiendauer und der hohen Drop-out Quote zum Ausdruck kommen, explizit und sichtbar zu machen. Gleichzeitig wäre ein solcher Schritt eine Voraussetzung für eine wirksame Verbesserung der Studiensituation.

Unterschiedliche Varianten sozialverträglicher Studiengebühren für Österreich

3.1 Prämissen

Seit es in Österreich eine Diskussion über Studiengebühren gibt, waren die Grenzen der Finanzierung der Massenuniversität ein wichtiges Motiv der Befürworter von Gebühren. Dennoch hat es bislang kaum Vorschläge gegeben, deren Umsetzung den österreichischen Universitäten nennenswerte Einkünfte ermöglicht hätten. Häufig wurden Varianten zur Diskussion gestellt (Gebühren in der Höhe von 2.000 – 3.000 öS pro Jahr), die man nur als eine "Schutzgebühr", um einer unernsten Inanspruchnahme des freien Hochschulzugangs vorzubeugen, bezeichnen kann. Auch für die meisten anderen Vorschläge gilt, daß deren Erträge nach Abzug der administrativen Kosten zu gering sind, als daß man von einer relevanten zusätzlichen Quelle der Hochschulfinanzierung sprechen könnte.

Drei Motive waren dafür maßgeblich, so niedrige Studiengebühren zur Diskussion zu stellen:

- Erstens gibt es ein Spannungsverhältnis zwischen der Höhe der Gebühr und ihrer Sozialverträglichkeit. Die meisten österreichischen Diskussionsbeiträge sind bislang davon ausgegangen, daß man die Errichtung sozialer Barrieren nur durch extrem niedrige Gebühren verhindern könnte. In der Regel wird dann die Schmerzgrenze so angesetzt, daß man bei der oben erwähnten Schutzgebühr landet.
- Umfragewerte zeigen, daß die politische Akzeptanz von Studiengebühren umso höher ist, je niedriger die Gebühr angesetzt wird.[1] Man darf vermuten, daß die niedrige Gebühr in einigen Fällen als "Einstiegsvariante" gedacht war, gleichsam um einen "Fuß in die Tür zu stellen". In der Folge könnte man dann versuchen, die Gebühr schrittweise zu erhöhen. Eine Gebührenerhöhung enthält sicherlich weit weniger Konfliktstoff als die Grundsatzentscheidung, ob es Studiengebühren geben soll oder nicht.
- Schließlich scheinen in vielen Fällen die Steuerungseffekte, die man sich von Studiengebühren erhofft, Vorrang gegenüber dem Motiv zu haben, den Universitäten eine zusätzliche Einnahmequelle zu erschließen. Am häufigsten will man via Studiengebühren die Studiendauer reduzieren, andere Ziele sind eine "bedarfsgerechte" Reduktion des Hochschulzugangs oder eine Reduktion des Studienabbruchs. Bemerkenswert an den Vorschlägen dieser Art ist zweierlei: Erstens wird das Ziel, das erreicht werden soll, nur selten zur Diskussion gestellt. Man scheint davon auszugehen, daß sich diese Ziele von selbst verstehen oder mehrheitlich geteilt werden, sodaß eine Auseinandersetzung darüber nicht nötig ist. In

einigen Fällen (Reduktion der Studiendauer oder der Drop–out Quote) mag das zutreffen, in anderen (Reduktion des Hochschulzugangs) aber keinesfalls. Zweitens wird durchgängig ein überaus einfaches Wirkungsgefüge unterstellt, innerhalb dessen die angestrebten Ziele leicht erreicht werden könnten, ohne daß dabei nicht–intendierte Effekte auftreten.

Die in der Folge entworfenen Konzepte sozialverträglicher Studiengebühren unterscheiden sich in mehrfacher Hinsicht von den bislang die Diskussion dominierenden Vorschlägen. Sie gehen von folgenden Prämissen aus:

- Studiengebühren dienen in erster Linie zur Erweiterung der Finanzierungsbasis des österreichischen Hochschulsystems. Ein Gebührenschema kann nur dann als geglückt angesehen werden, wenn es nennenswerte Einkünfte generiert. Einen Orientierungspunkt stellt das australische Beitragsschema dar, das den Anteil der privaten Beiträge bei 20% der gesamten institutionellen Kosten ansetzt. Eine "Schutzgebühr" hat keinen Sinn. Ihr einziger Effekt würde in der Eliminierung der Scheininskribenten liegen. Das hätte zwar den Vorteil, daß verschiedene statistische Indikatoren dadurch eine größere Aussagekraft erhalten, was seinerseits Voraussetzung für mehr Transparenz und Kostenwahrheit ist. Jedoch würden diese Effekte allein die politischen Kosten einer Einführung von Studiengebühren kaum rechtfertigen.

- Dreh– und Angelpunkt jeden Gebührenmodells ist seine Sozialverträglichkeit. In keinem Fall dürfen Studiengebühren finanzielle Barrieren bilden, die Studenten aus einkommensschwachen Familien an einem Hochschulbesuch hindern und damit die jetzt schon bestehenden Ungleichheiten im Hochschulzugang weiter verschärfen. Die folgenden Überlegungen gehen aber davon aus, daß es andere und bessere Mittel gibt, die Sozialverträglichkeit von Studiengebühren sicherzustellen als irrelevant niedrige Beträge.

- Es ist ein willkommener Nebeneffekt von Studiengebühren, wenn sie die Serviceorientierung der Anbieter– und die Konsumentenorientierung der Nachfrageseite stärken. Generell gilt aber, daß die Steuerungseffekte von Studiengebühren schwierig einzuschätzen sind und die Gefahr nicht–intendierter Effekte nicht unterschätzt werden darf. Daher wird mit den hier vorgestellten Modellen kein Versuch unternommen, das Nachfrage– und Studierverhalten der Studenten explizit zu beeinflussen. Auf keinen Fall steht hinter den hier entwickelten Vorschlägen für Studiengebühren die Absicht, die Hochschulexpansion zu stoppen oder gar zurückzuschrauben. Aus einer internationalen Perspektive ist weder die Übertritts- noch die Studentenquote und erst recht nicht die Akademikerquote zu hoch; diese Quoten liegen eher unter dem Durchschnitt der entwickelten Welt. Studiengebühren sollen daher nicht von einem Studium abschrecken, sie sollen vielmehr dazu beitragen, die weitere Expansion des Hochschulsektors auf eine solide finanzielle Basis zu stellen.

- Studiengebühren sollen einfach zu administrieren sein und geringe administrative Kosten verursachen. Sie dürfen weiters keine großen rechtlichen Probleme oder Unsicherheiten bewirken (etwa in Form einer großen Anzahl von Grenzfällen, die komplizierte Klärungsprozesse erfordern). Schließlich sollen sie für alle Betroffenen leicht durchschaubar und in ihren Folgen abschätzbar sein. All das spricht dafür, einer einfachen Lösung den Vorzug zu geben, selbst wenn diese nicht in jeder Hinsicht die optimale Variante darstellt.

3.2 Zwei Grundphilosophien zur Sozialverträglichkeit von Studiengebühren

Wie kann das Spannungsverhältnis von Effizienz und Sozialverträglichkeit gelöst werden? Als Kriterium der Sozialverträglichkeit gilt, daß die Zugangschancen von Studenten aus einkommensschwachen Familien nicht gefährdet werden dürfen. In Abschnitt 1.5 wurden bereits zwei Grundphilosophien sozialverträglicher Studiengebühren angedeutet, die im folgenden näher ausgeführt werden:

- die Höhe der Studiengebühren kann vom Einkommen des Elternhaushaltes abhängig gemacht werden;
- Studiengebühren können durch einkommensabhängige Darlehen zwischenfinanziert werden.

3.2.1 Der Student als Teil des Elternhaushalts

Wenn man die Gebühr als einen vor bzw. während des Studiums sofort fälligen Betrag konzipiert, lassen sich unüberwindliche materielle Barrieren für einkommensschwache Haushalte nur vermeiden, wenn man die Beitragshöhe nach dem Elterneinkommen staffelt und die Studenten aus Haushalten unterhalb einer bestimmten Einkommensgrenze von der Gebühr gänzlich befreit. Es läuft auf dasselbe hinaus, wenn man einheitliche Gebühren einhebt, aber die Belastungen für die sozial schwachen Studenten durch sehr großzügige, sozial gestaffelte Stipendien ausgleicht. Die selten ausgesprochene, aber implizite Grundannahme dieser Denkrichtung besteht darin, Studenten als integralen Bestandteil ihrer Herkunftsfamilie zu betrachten und die privaten Ausbildungskosten eines Studiums den Unterhaltspflichten ihrer Eltern zuzurechnen. Unter dieser Voraussetzung ist die sozialen Herkunft der Studenten das einzige Kriterium, das bei der Herstellung von Sozialverträglichkeit berücksichtigt werden muß. Die Höhe der Gebühr hängt dann ausschließlich vom Haushaltseinkommen der Eltern ab.

3.2.2 Der Student als selbständiger Bürger

Eine grundsätzlich unterschiedliche Sichtweise besteht darin, die soziale Zukunft des gebührenpflichtigen Studenten zum entscheidenden Faktor für die Herstllung von Sozialverträglichkeit zu machen. Dies kann man damit begründen, daß der Student (und nicht sein Elternhaushalt) der eigentliche Nutznießer der privaten Erträge eines Studiums ist.[2] Wenngleich es insgesamt eine hohe Korrelation zwischen der sozialen Herkunft und der zukünftigen beruflichen und sozialen Position eines Menschen gibt, so ist dieser Zusammenhang keineswegs eindeutig. Vor allem ein Hochschulstudium stellt einen wichtigen intervenierenden Faktor dar, der die intergenerationelle Vererbung sozialer Positionen modifiziert. Als Folge der Hochschulexpansion gibt es mittlerweile eine große Zahl von Studenten aus einkommensschwachen und bildungsfernen Familien, die auf Grund ihres Studiums gute Aussichten auf einen sozialen Aufstieg haben und in den meisten Fällen wesentlich höhere Einkommen erzielen werden als ihre Eltern. Während es für diese Studenten ein Zugangshindernis darstellen würde, wenn ihre Eltern Studiengebühren bezahlen müßten, wird ihr sozialer und bildungsmäßiger Aufstieg in keiner Weise behindert, wenn sie von ihrem späteren Einkommen einen angemessenen Beitrag zu ihren Ausbildungskosten bezahlen müssen.

Der springende Punkt dieser Grundphilosophie ist die zeitlich verschobene Beitragszahlung. Die Gebühr muß nicht vor bzw. während des Studiums sofort entrichtet werden, sondern sie kann über ein Darlehen zwischenfinanziert werden, das der Student vom Staat erhält oder das zumindest staatlich gestützt ist. In der bildungsökonomischen Literatur gibt es einen breiten Konsens darüber, daß der private Kreditmarkt für Darlehen dieser Art nicht funktionsfähig ist, weil das Risiko für beide Seiten zu groß wäre. Eine Darlehensfinanzierung von Ausbildungskosten kann nur funktionieren, wenn die schlechten Risken über die öffentliche Hand abgedeckt werden und wenn der Staat die Zinsen teilweise oder zur Gänze trägt und die Last der Rückzahlung auf diese Weise mindert.

Neben den im engeren Sinn uneinbringlichen Darlehen gibt es ein weiteres Problem: Studenten haben zwar sehr gute Chancen, in ihrem späteren Berufsleben ein überdurchschnittliches Einkommen zu erzielen, eine Garantie dafür gibt es jedoch nicht. Bei einem Teil der Studenten wird sich das Studium aus rein ökonomischer Sicht nicht lohnen. Das Risiko einer Bildungsinvestition erhöht sich, wenn die Studenten einen Teil ihrer Ausbildungskosten zurückzahlen müssen. In diesem Fall könnten einige Studieninteressenten vor der Aufnahme eines Darlehens zurückschrecken und auf ein Studium verzichten. Der Abschreckungseffekt darlehensfinanzierter Studiengebühren nimmt zweifellos mit steigendem Einkommen der Herkunftsfamilie ab.[3] Auch ein "normales" staatliches Darlehen, selbst wenn es durch Zinsenstützung sehr günstig gehalten wird, stellt daher eine Barriere dar, die in sozial selektiver Weise wirkt. Ein solches Darlehen würde somit nicht dem Kriterium der Sozialverträglichkeit entsprechen und es könnte auch zu einem nachhaltigen Rückgang in der Studienbeteiligung führen. Um darlehensfinanzierte Studiengebühren sozialverträglich zu machen, müssen die Rückzahlungskonditionen auf die soziale Lage des Schuldners abgestimmt werden. Dies kann auf zweifache Art geschehen: Man kann sowohl die Höhe des rückzuzahlenden Betrags als auch das Tempo der Rückzahlung vom Einkommen des Schuldners abhängig machen.

Ein entscheidender Unterschied zu dem nach Elterneinkommen gestaffelten Beitragsmodell liegt darin, daß Studenten in diesem Fall als selbständige Bürger und nicht als Teil der Herkunftsfamilie betrachtet werden. Auf diese Weise wird die Unabhängigkeit der Studenten von ihren Eltern erhöht. Gleichzeitig werden auch die finanziellen Lasten zwischen den Generationen anders verteilt: der private Beitrag zu den institutionellen Kosten eines Studiums wird nicht als Unterhaltspflicht der Eltern definiert, sondern er muß von dem von der Ausbildung begünstigten Studenten selbst getragen werden.

	Eltern tragen die Gebühr	Student trägt die Gebühr
Geldströme während des Studiums	einkommensabhängige Eigenfinanzierung	Fremdfinanzierung durch staatliches Darlehen
Geldströme nach dem Studium		einkommensabhängige Rückzahlung mit unterschiedlichen Frei- und Tilgungsjahren

Tabelle 12: Geldströme während und nach dem Studium, geleistet von Eltern und Studenten

3.2.3 Resümee

Diese beiden unterschiedlichen Ansätze zur Gewährleistung von Sozialverträglichkeit dienen als Basis für die in der Folge entwickelten Modelle für Studiengebühren. In der Tabelle 12 werden die wichtigsten Unterschiede der zwei Grundphilosophien nach zwei Gesichtspunkten zusammengefaßt:

- wer trägt die Studiengebühren?
- zu welchem Zeitpunkt fallen Geldströme an?

3.3 Sollen Studiengebühren unerwünschtes Studierverhalten bestrafen?

Jede Studiengebührenvariante hat zwangsläufig indirekte Auswirkungen auf das Verhalten der beteiligten Akteure. In den Abschnitten 1.6 und 1.7 wurden einige dieser Aspekte diskutiert und es wurde die Auffassung vertreten, daß Studiengebühren im großen und ganzen wünschenswerte ordnungspolitische Implikationen nach sich ziehen. Man darf andererseits nicht darüber hinwegsehen, daß ein so tiefgreifender Eingriff in das Wirkungsgefüge des Hochschulsystems die Gefahr unvorhergesehener und nicht–intendierter Nebeneffekte in sich birgt. Daher sollte die Implementierung jedes Gebührenschemas sorgfältig beobachtet werden, damit notfalls rechtzeitige Korrekturen vorgenommen werden können.

Weiters sollte die Möglichkeit unvorhergesehener Nebeneffekte dazu veranlassen, das Gebührenschema möglichst einfach zu gestalten, sowohl in Hinblick auf seine komplikationslose und kostengünstige Administrierbarkeit als auch in Hinblick auf seine Transparanz für die Betroffenen. Das ist auch der Grund, warum die in der Folge entwickelten Gebührenmodelle nicht die Intention verfolgen, via Studiengebühren das Studier- und Nachfrageverhalten im Detail zu steuern. In der öffentlichen Diskussion über Studiengebühren hat der Steuerungsaspekt bislang eine sehr große Rolle gespielt. Häufig wurden "Strafgebühren" vorgeschlagen, deren Zweck eine negative Sanktion bestimmter Formen unerwünschten Studienverhaltens ist. Vorschläge dieser Art verfolgen in der Regel die Intention, die Studiendauer zu reduzieren oder die Zahl der Studienabbrecher herabzusetzen.

3.3.1 Gebühren zur Bestrafung langer Studienzeiten

Die größte Verbreitung haben Vorschläge, Studiengebühren explizit auf eine Bestrafung zu langer Studienzeiten zuzuschneiden. Das ist nicht überraschend, denn einerseits gibt es einen breiten Konsenes darüber, daß die durchschnittliche Studiendauer von 7 1/2 Jahren für einen Erstabschluß in Österreich zu lang ist. Zugleich scheint es sehr einfach zu sein, diese langen Studienzeiten mit Hilfe von Studiengebühren herabzusetzen. Die meisten Vorschläge gehen dahin, eine gewisse, als angemessen betrachtete Zeitspanne (z.B. die Mindeststudiendauer plus 1 Jahr) gebührenfrei zu belassen und erst bei Überschreitung dieser Zeit Studiengebühren zu verlangen.

Es ist leicht erkennbar, daß Studiengebühren dieser Art nur sehr geringe Einnahmen für die Universitäten bringen.[4] Aber es ist ja nicht das Ziel dieser Gebührenvariante, eine zusätzliche Einnahmequelle zu erschließen. Die Gebühr dient hier vielmehr als "Rute im Fenster", von der man sich eine wirkungsvolle Steigerung der Durchlaufgeschwindigkeit an den Hochschulen erwartet. Bei gleichbleibender Studentenquote würden dann die Studentenzahlen sinken, und davon wiederum erhofft man sich Einsparungen bei den Hochschulausgaben. Die Zielrichtung dieser Gebührenvariante geht also nicht dahin, das Hochschulbudget zu erhöhen, sondern die bestehenden Mittel effizienter zu nutzen.

Die Befürworter eines solchen Gebührenschemas halten es in der Regel nicht für nötig, flankierende Maßnahmen zu treffen, um seine Sozialverträglichkeit zu gewährleisten. Die gebührenfreie Sockelphase des Studiums, so wird argumentiert, erlaubt ja den unbeeinträchtigten Zugang für Studenten aus allen Einkommensschichten. Die Gebühr treffe nur jene, die entweder nicht ausreichend begabt sind oder aber das großzügige Recht des kostenlosen Studiums durch mangelnde Ernsthaftigkeit mißbrauchen. In beiden Fällen gibt es gute Gründe dafür, die volle Übernahme der Studienkosten durch die öffentliche Hand einzuschränken.

Eine nähere Prüfung zeigt freilich, daß es eine Vielzahl an Gründen für die lange Studiendauer in Österreich gibt (vgl. Pechar/Wohlfahrt 1995). Neben den in der Realität höchst seltenen (aber dennoch die hochschulpolitische Norm bildenden) Vollzeitstudenten, die das Studium ohne nennenswerte Überschreitung der Mindeststudiendauer beenden, kann man analytisch folgende Kategorien des Studienverhaltens unterscheiden:

- Vollzeitstudenten, die länger als vom Studienplan vorgesehen benötigen, was entweder auf Überforderung oder mangelhaften Einsatz der Studenten oder auf Schwächen im Lehrangebot (geringe hochschuldidaktische Kompetenz) zurückgeführt werden kann.
- Vollzeitstudenten, bei denen sich der Abschluß auf Grund unfreiwilliger Wartezeiten (Warten auf Laborplätze, überfüllte Hörsäle, unzureichende Betreuung[5]) verzögert.
- Teilzeitstudenten, die einer Erwerbstätigkeit nachgehen und daher nur beschränkte Zeit für ihre Studien haben.[6]
- Studenten, die die hohen Freiheitsgrade an Universitäten dafür nutzen, nur mit geringem zeitlichen Einsatz zu studieren; sie betreiben ein Teilzeitstudium, ohne einen gesellschaftlich akzeptierten Grund (wie Erwerbstätigkeit) dafür zu haben.[7]

Ein Gebührenschema, das auf eine Erhöhung der Durchlaufgeschwindigkeit abzielt, will ein Studienverhalten negativ sanktionieren, das sich entweder durch mangelnde Begabung oder fehlenden Ernst erklären läßt. Von diesen Gebühren wären aber auch die erwerbstätigen Studenten betroffen sowie jene, die unfreiwillige Wartezeiten auf sich nehmen müssen.[8] In beiden Fällen handelt es sich um Effekte, die mit der Grundphilosophie dieses Gebührenkonzeptes nicht gerechtfertigt werden können. Im Falle der Erwerbstätigkeit hat dies überdies eine soziale Schlagseite, denn Studenten aus einkommensschwachen Schichten sind in dieser Gruppe zweifellos überrepräsentiert. Dieses Gebührenschema würde somit dem Kriterium der Sozialverträglichkeit nicht entsprechen, denn viele Studenten sind darauf angewiesen, neben dem Studium zu "joben". Sie würden auf die negative Sanktion nicht mit einem beschleunigten Abschluß, sondern mit einem Studienabbruch antworten. Dem könnte nur eine massive Anhebung der Sozialstipendien vorbeugen. Es stellt sich aber die Frage, ob es überhaupt wünschenswert ist, die Erwerbstätigkeit neben dem Studium einzuschränken (vgl dazu Abschnitt 3.4.4).

3.3.2 Gebühren zur Bestrafung von Studienabbruch

Auch das Ziel, die hohe Zahl an Studienabbrechern herabzusetzen, findet eine breite Zustimmung. Gelegentlich wurde vorgeschlagen, von Studienabbrechern nachträglich Gebühren zu verlangen und auf diese Weise den Anreiz zu einem zielstrebigen (mit einem Abschluß endenden) Studienverhalten zu erhöhen. Einen ähnlichen Effekt hätte es, würde man während des Studiums eine Art "Kaution" verlangen, die nur bei Studienabschluß zurückbezahlt wird.[9] Solchen Vorschlägen liegt die Überzeugung zugrunde, daß der Staat die hohe Last der Ausbildungskosten nur für jene Tragen sollte, die sowohl über Begabung wie Zielstrebigkeit in jenem Ausmaß verfügen, das für ein Universitätsstudium nötig ist. Die unerwünschten Nebeneffekte eines solchen Gebührenschemas wären vermutlich viel ausgeprägter als die eigentlich angestrebten Wirkungen.

Während es noch einigermaßen plausibel erscheint, daß die Androhung negativer Sanktionen in vielen Fällen tatsächlich die Studiendauer verkürzt, ist es nur in seltenen Fällen wahrscheinlich, daß abbruchgefährdete Studenten ihr Studium deswegen fortsetzen und abschließen, weil sie andernfalls eine Gebühr zahlen müßten. Die wichtigsten Gründe für einen Studienabbruch dürften die folgenden sein:

- Während des Studiums beginnt ein Student daran zu zweifeln, den Anforderungen der Universität gewachsen zu sein. Oder er stellt fest, daß er das Interesse am gewählten Fach oder ganz allgemein die Lust am Studium verloren hat (z.B. deshalb, weil die Vorstellungen, die er sich zuvor von diesem Studium gemacht hat, mit der Realität nicht übereinstimmen[10]).
- Ein Student gerät in finanzielle Schwierigkeiten (z.B. weil er keine staatliche Studienbeihilfe mehr bezieht oder weil die Eltern ihre Unterstützung eingestellt haben).
- Jemand findet eine attraktive Beschäftigung, die in der Folge höhere Priorität gewinnt als das Studium; eine Fortsetzung des Studiums neben dem Beruf erscheint unmöglich.

Vermutlich könnte nur im letzten der hier angeführten Fälle die Androhung einer Gebühr am Studienabbruch etwas ändern,[11] in den anderen beiden Fällen ist das eher unwahrscheinlich (1. Fall) bis unmöglich (2. Fall). Sofern eine Gebührenregelung dieser Art tatsächlich einen nennenswerten Einfluß auf das Verhalten der Studenten hat (was primär von der Höhe der Strafgebühr bei

Studienabbruch abhängt), dann dürfte dieser primär in einer Erhöhung der mentalen Barrieren gegenüber einer Studienaufnahme liegen. Einige Studieninteressenten, die sich ihrer Fähigkeiten und Interessen nicht wirklich sicher sind, würden bei spürbaren Strafgebühren auf eine Studienaufnahme verzichten. Nun ist es zweifellos sehr wünschenswert, wenn Neuinskibenten nicht ins Blaue hinein studieren, sondern ihre Erwartungen an die Universität klären und das Studienangebot gründlich prüfen. Aber es besteht keine Gewähr, daß jene, die sich durch die Androhung einer Strafgebühr abschrecken lassen, keine Eignung zu einem Studium besitzen. Auch diese Gebührenvariante hat eine soziale Schlagseite, denn nur Studenten aus einkommensschwachen Haushalten würden sich davon in ihrer Studienentscheidung beeinflussen lassen.

3.3.3 Resümee

Abschließend sei nochmals darauf verwiesen, daß es sich bei diesen Gebührenvarianten um eine negative Sanktion handelt. Der Begriff "Strafgebühr" hat keineswegs polemischen Charakter, sondern verweist auf eine zentrale Eigenschaft dieser Modelle. Auch bei den später diskutierten Gebührenmodellen müßten jene Personen, die von einer Strafgebühr betroffen wären, einen Beitrag zahlen. Das bedeutet aber nicht, daß die verhaltenssteuernden Aspekte der Gebühr in beiden Fällen dieselben wären. Für die Wahrnehmung und Interpretation der Gebührenpflicht durch die Betroffenen macht es einen großen Unterschied, ob grundsätzlich alle Konsumenten einer öffentlichen Dienstleistung eine Gebühr bezahlen müssen oder nur jene, die bestimmten Normvorstellungen nicht entsprechen. Im ersten Fall wird die Gebühr als ökonomisch begründeter Beitrag zu den Kosten dieser Dienstleistung begriffen, im zweiten Fall hingegen als negative Sanktion für die Abweichung von der Norm.

In dem Ausmaß, in dem Studiengebühren überhaupt das Studienverhalten beeinflussen, werden alle vernünftigen Zielsetzungen einer Strafgebühr auch von den später diskutierten Gebührenmodellen erreicht: Niemand, der Gebühren zahlen muß, wird dies freiwillig länger tun, als erforderlich; von jeder Gebühr geht also ein Anreiz aus, die Studiendauer nicht unnötig zu überdehnen. Gleichfalls wird man sich überlegen, ob man aus der gebührenpflichtigen Dienstleistung überhaupt einen Nutzen ziehen kann, ob man also realistische Chancen hat, das Studium abzuschließen. Aber wenn man für das Studium länger braucht, als man sich vorgenommen hat (und daher in Summe höhere Gebühren zahlen muß) oder wenn man keinen Studienabschluß erreicht (und somit in gewisser Hinsicht eine "Fehlinvestition" geleistet hat), so wird man die Zahlung der Studiengebühren doch nicht als Bestrafung für ein Versagen empfinden. Genau dies ist aber der eigentliche Effekt (und auch das Ziel) einer Strafgebühr. Die oben diskutierten unerwünschten Begleiteffekte von Strafgebühren bestehen darin, daß Personen in speziellen Risikolagen einer Bestrafung, d.h. einer Schlechterstellung gegenüber den von der Norm nicht abweichenden Studenten zu entgehen trachten.

Aus all diesen Überlegungen ziehen wir die Schlußfolgerung, daß Gebührenvarianten, die primär bzw. ausschließlich darauf abzielen, die Studiendauer zu verkürzen oder die Drop-out Quote herabzusetzen, nicht sinnvoll sind. Strafgebühren dieser Art bringen erstens nur sehr geringe Einnahmen. Diese stehen in keinem vernünftigen Verhältnis zu den Kosten jener administrativer Maßnahmen, die nötig sind, um das angestrebte Ziel auch nur einigermaßen zu erreichen. Selbst komplizierte (und dementsprechend kostenaufwendige) Begleitmaßnahmen könnten aber nicht verhindern, daß unerwünschte Nebeneffekte auftreten, die dem Kriterium der Sozialverträglichkeit widersprechen.

3.4 Einheitliche oder gestaffelte Gebühren?

Eine der wichtigsten Entscheidungen, die bei der konkreten Gestaltung eines Gebührenmodells zu treffen sind, bezieht sich darauf, ob jeder Student jährlich eine einheitliche Gebühr zu zahlen hat oder ob die Höhe der Gebühr gestaffelt werden sollte. Studiengebühren können nach mehreren Gesichtspunkten gestaffelt werden:

- Am häufigsten findet man den Vorschlag, Studiengebühren nach sozialen Gesichtspunkten zu staffeln; die Höhe der Gebühr bemißt sich in diesem Fall am Haushaltseinkommen der Eltern oder am späteren Lebenseinkommen des Studenten.

- Ein anderer Gesichtspunkt sind die faktischen Ausbildungskosten. Die Kosten eines Medizinstudiums oder einiger technischer Fächer sind um vieles höher als die eines geistes- oder sozialwissenschaftlichen Studiums. Studiengebühren könnten diese Kostendifferenzen berücksichtigen.

- Die künftigen Verdienstmöglichkeiten eines Akademikers hängen sehr stark von der Wahl des Studienfachs ab. Ärzte, Rechtsanwälte oder Betriebswirte verdienen im Durchschnitt bedeutend mehr als Sozial- oder Geisteswissenschafter. Auch diese unterschiedlichen Chancen auf Erträge aus der Bildungsinvestition, können die Grundlage für eine Staffelung von Gebühren bilden.

- Schließlich kann man die Gebühr auch gemäß der faktischen Inanspruchnahme der universitären Kapazitäten staffeln. Dies würde darauf hinauslaufen, eine formelle Teilzeitoption anzubieten und anstelle einer jährlichen Pauschale nur die Vollzeitäquivalente zu verrechnen, die ein Student in Anspruch nimmt.

Für eine Staffelung der Gebühr spricht, daß dadurch verschiedene Gerechtigkeitsaspekte besser berücksichtigt werden können und man unter Umständen auch höhere Einnahmen erzielt. Für eine einheitliche Gebühr spricht, daß sie einfacher und kostengünstiger zu administrieren ist und daß das Gebührenschema in diesem Fall transparanter und in seinen Folgen leichter abschätzbar ist. Diese Vor- und Nachteile müssen von Fall zu Fall gesondert beurteilt werden, je nachdem, was das zugrundeliegende Prinzip der Gebührenstaffelung ist.

3.4.1 Soziale Staffelung

Eine Staffelung nach dem Haushaltseinkommen der Eltern ist der Dreh- und Angelpunkt jeder Gebührenvariante, die den Student als Teil des Elternhaushaltes betrachtet und dementsprechend die privaten Kosten der Hochschulbildung zu den Unterhaltspflichten der Eltern zählt. Warum dies so ist wurde bereits im Abschnitt 3.2 diskutiert und braucht hier nicht wiederholt zu werden. Das erste der in der Folge entwickelten Gebührenmodelle baut auf dieser Philosophie auf und sieht daher gestaffelte Elternbeiträge vor.

Betrachtet man hingegen den Student nicht als Teil seines Elternhaushaltes, sondern als selbständigen Bürger, dann kommt als Basis für eine Staffelung der Gebühr nach sozialen Gesichtspunkten nicht das Elterneinkommen, sondern nur das spätere Lebenseinkommen des Studenten in Betracht. Von hier ausgehend kann man zwei grundlegend verschiedene Ansätze wählen:

- Wenn der Staat dem Studenten ein Darlehen zur Deckung der Studiengebühren gibt, dann muß dieser das Darlehen in voller Höhe zurückzahlen. Um das Risiko der Darlehensaufnahme zu mindern, kann man die Rückzahlungskonditionen auf die Einkommensverhältnisse des Schuldners abstimmen: bei hohem Einkommen ist eine rasche Tilgung des Darlehens zumutbar, bei einem niedrigen Einkommen wird sich die Rückzahlung dagegen über eine längere Dauer erstrecken. Unterhalb einer bestimmten Einkommensgrenze wird die Tilgung gänzlich eingestellt (aber nur für die Dauer, in der diese Einkommensgrenze unterschritten wird). In diesem Fall gibt es somit keine gestaffelten, sondern einheitliche Beiträge (denn das Darlehen muß zur Gänze zurückbezahlt werden); sozial gestaffelt, vom Einkommen abhängig, sind die Tilgungsjahre.[12] Nur bei einem Einkommen, das dauerhaft die festgelegte Grenze unterschreitet (oder wenn es zu keiner Erwerbstätigkeit kommt) verzichtet der Staat auf die Rückzahlung. Dieses Konzept liegt dem zweiten der in der Folge entwickelten Gebührenmodelle zugrunde.

- Anders liegt der Fall bei der Akademikersteuer. Hier vergibt der Staat keine auf Einzelpersonen zugeschnittene Darlehen, die bei späterer Erwerbstätigkeit fällig werden, sondern er trägt wie bisher die institutionellen Kosten des Studiums in voller Höhe, fordert aber einen Teil dieser Kosten in Form höherer Steuerleistungen von Hochschulabsolventen wieder zurück. Da der Grenzsteuersatz mit zunehmendem Einkommen steigt, kommt es in diesem Fall zu einer tatsächlichen Staffelung der Beitragsleistung in Abhängigkeit vom Lebenseinkommen des Absolventen. Dieses Konzept liegt dem vierten der in der Folge entwickelten Gebührenmodelle zugrunde.

3.4.2 Staffelung nach Ausbildungskosten

Eine Staffelung der Gebühren in Abhängigkeit von den tatsächlich verursachten Kosten wäre ein Schritt in Richtung stärkerer Marktorientierung. Zwar wäre es derzeit nicht einfach, die Kostenunterschiede zwischen den einzelnen Studienrichtungen verläßlich zu ermitteln, da es an den österreichischen Universitäten keine Kostenrechnung gibt. Aber dies stellt kein unüberwindliches Hindernis dar; das UOG '93 fordert explizit die Einrichtung einer Kostenrechnung und erste Ansätze dazu gibt es bereits. Im übrigen würde auch eine näherungsweise Berechnung von Kostenunterschieden ausreichen, um eine Gebührenstaffelung zu rechtfertigen. Der administrative Aufwand, um Gebühren unterschiedlicher Höhe einzuheben, kann sicherlich keine prohibitiven Ausmaße annehmen und auch die Transparenz für die Betroffenen würde sich dadurch nicht entscheidend verringern.

Ein Vorteil solchermaßen gestaffelter Gebühren bestünde in der Herstellung von mehr Kostenwahrheit. Ein größerer Teil der anfallenden Kosten wird von jenen getragen, die sie verursachen. Weiters wären erhebliche Mehreinnahmen für die Universitäten möglich, denn eine Staffelung würde wohl darin bestehen, die Gebühren für die teuren Studienrichtungen gegenüber einem fiktiven Durchschnittswert zu erhöhen, und nicht darin, die Gebühren für die billigen Studienrichtungen zu senken.

Auf der anderen Seite gibt es gewichtige Einwände gegen eine solche Staffelung. Erstens erhöht sich die Schwierigkeit, die Sozialverträglichkeit sicherzustellen. Der Versuch, eine kostenabhängige Staffelung mit gestaffelten Elternbeiträgen zu kombinieren, würde komplizierte rechtliche und administrative Probleme aufwerfen. Im Fall einkommensabhängiger Darlehen muß man damit rechnen, daß sich das herkunftsbedingte Element in der Studienrichtungswahl, das es auch bei Kostenfreiheit gibt, verstärkt. Die unterschiedliche Verschuldung am Ende des Studiums wäre ein wichtiger, bei Studenten aus einkommensschwachen Familien in vielen Fällen ausschlaggebender Faktor bei der Wahl des Studienfachs. In einigen teuren Studienrichtungen, z.B. der Medizin, würde die Dominanz von Studenten aus einkommensstarken Haushalten weiter zunehmen.

Dazu kommt ein weiteres Problem. In einigen der teuren Studienrichtungen könnte es nicht nur zu einer Verschiebung in der sozialen Zusammensetzung der Studenten kommen, sondern zu einem generellen Rückgang in der Nachfrage. Vor allem die technischen Studien, bei denen bereits jetzt über einen Mangel an Studenten bzw. Absolventen geklagt wird, dürften davon betroffen sein. Denn während andere teure Studien wie die Medizin hohe monetäre Erträge und einen hohen Statusgewinn versprechen, sodaß jene, die es sich leisten können bzw. ein Risiko nicht scheuen, sich auch von sehr hohen Gebühren nicht abschrecken ließen, sind die Vorteile der technischen Studien weniger stark ausgeprägt. Bei einem Kosten/Nutzen Vergleich würden so billige Studienrichtungen wie die Rechtswissenschaften oder die Betriebswirtschaftslehre vermutlich wesentlich besser abschneiden.[13]

Wie sich eine Staffelung von Studiengebühren auf die Studienwahl auswirkt, hängt in erster Linie von der Höhe der Gebührenunterschiede ab. Sofern diese Differenzen annähernd die faktischen Unterschiede in den Ausbildungskosten widerspiegeln, werden sie das Wahlverhalten zweifellos beeinflussen. Für die Hochschulpolitik bedeutet dies einen zusätzlichen Unsicherheitsfaktor, denn das Ausmaß dieser Veränderung läßt sich im voraus kaum abschätzen. Zumindest in der Anfangsphase einer neuen Gebührenregelung, in der es darum geht, ihre Grundfunktionen störungsfrei zu verankern, dürfte der Nachteil einer erhöhten Unsicherheit den Vorteil höherer Kostenwahrheit und möglicher Mehreinnahmen deutlich übertreffen.

3.4.3 Staffelung nach Einkommenschancen

Diese Form der Gebührenstaffelung geht davon aus, daß der private Beitrag zu den Ausbildungskosten in Relation zu den monetären Vorteilen stehen soll, die der einzelnen aus seinem Studium zieht. Das läßt sich natürlich nicht mit der Forderung nach Kostenwahrheit begründen, dann das Verursacherprinzip wird hier noch stärker verletzt als bei einer einheitlichen Pauschalgebühr für alle Studienrichtungen. In Ländern, in denen es Studiengebühren gibt, ist diese Form der Gebührenstaffelung stärker verbreitet als die im Abschnitt 3.4.2 diskutierte. Ein betriebswirtschaftliches Studium verursacht relativ geringe Kosten, dennoch liegen die Gebühren für einen MBA in den USA im Spitzenfeld. Ähnliches gilt für die Law School. Begründen läßt sich dies nicht nur mit einem Konzept ausgleichender Gerechtigkeit (wer später gut verdient soll diejenigen subventionieren, die über ein geringeres Einkommen verfügen werden), sondern auch ganz pragmatisch damit, daß Studenten mit besseren Ertragsaussichten bereit sind, mehr in ihre Ausbildung zu investieren.

Gegen diese Form der Gebührenstaffelung lassen sich einige Einwände wiederholen, die bereits oben vorgebracht wurden. Auch hier verstärkt sich das Element sozialer Selektion bei der Studienwahl, wobei in diesem Fall sogar alle Studienrichtungen mit guten Verdienstmöglichkeiten für Studenten aus einkommensschwachen Familien schwieriger zugänglich werden. Gestaffelte Elternbeiträge können mit dieser Form der Gebührenstaffelung ebenso schwer kombiniert werden wie mit der im Abschnitt 3.4.2 diskutierten. Andererseits wäre es im Rahmen dieses Konzepts durchaus denkbar, jene Studien, an deren Absolventen ein Mangel besteht, besonders günstig anzubieten. Mittels gestaffelter Gebühren könnte die Hochschulpolitik versuchen, die Studentenströme in bestimmte Richtungen zu lenken. Auch hier gilt freilich, daß die Auswirkungen solcher Steuerungsversuche schwer abzuschätzen sind. Bevor es nicht gelungen ist, die Grundelemente eines sozialverträglichen Gebührenmodells im österreichischen Hochschulsystem zu verankern, sollte man Unsicherheitsfaktoren dieser Art vermeiden.

3.4.4 Voll- und Teilzeitstudien

Bei der Festsetzung von Tarifen werden Leistungen zumeist nur in jener Höhe verrechnet, in der sie tatsächlich in Anspruch genommen werden. Nur in Ausnahmefällen werden Leistungen pauschal abgegolten. Eine leistungsunabhängige Gebührenpauschale läßt sich vor allem mit zwei Argumenten begründen:

- Sie stellt eine administrative Vereinfachung dar und bietet vielfach auch erhöhte Benutzerfreundlichkeit (bei einer Jahresnetzkarte entfällt das Lösen von Einzelfahrscheinen).
- Die Pauschale schafft einen Anreiz, möglichst viel Gebrauch von der entsprechenden Dienstleistung zu machen (wer eine Jahresnetzkarte hat, wird häufiger öffentliche und seltener private Verkehrsmittel benutzen). Dieses Argument hat nur dort Gewicht, wo es gilt, die Nachfrage

aus einem unerwünschten Bereich (z.B. privater Verkehr) in den durch Pauschalierung attraktiv gemachten Bereich (z.B. öffentlicher Verkehr) umzulenken.

Das zweite Argument für Pauschalierung hat im Fall der Studiengebühren keine Relevanz. Hingegen ist nicht zu bestreiten, daß eine pauschalierte Studiengebühr leichter zu administrieren ist, als eine, deren Höhe sich danach bemißt, welche universitären Dienstleistungen in Anspruch genommenen wurden. Letzteres würde erfordern, daß österreichische Universitäten formell zwischen einem Voll- und einem Teilzeitstudium unterscheiden. Jeder Student müßte zu Beginn eines Semesters eine verbindliche Entscheidung treffen, wieviele Semesterwochenstunden an Vorlesungen und Seminaren er im nächsten halben Jahr belegen möchte. An jeder Universität müßten die administrativen Kapazitäten vorhanden sein, um diese Daten zu erfassen und zu verwalten. Gegenüber dem status quo, der sich durch ein Mindestmaß an Inskriptionsaufwand auszeichnet, würden zweifellos Mehrkosten entstehen. Ob es gerechtfertigt ist, diese Mehrkosten auf sich zu nehmen, kann man an Hand dreier Fragen diskutieren:

- Was sind die Nachteile einer Pauschalierung?
- Wie groß ist der administrative Aufwand einer Unterscheidung von Voll- und Teilzeitstudium?
- Was sind die indirekten Auswirkungen einer Unterscheidung von Voll- und Teilzeitstudium?

Die Nachteile pauschalierter Studiengebühren liegen klar auf der Hand. Würde man keine Teilzeitoption anbieten, käme das einer Bestrafung aller jener Studenten gleich, die teil- oder gar vollerwerbstätig sind. Es versteht sich von selbst, daß Erwerbstätigkeit zu längeren Studienzeiten führt, was im Fall pauschalierter Jahresgebühren entsprechend höhere Studienkosten nach sich zieht. Dieser finanzielle Druck würde dafür sorgen, daß die Erwerbstätigkeit von Studenten drastisch zurückginge. Das Vollzeitstudium, das derzeit die unausgesprochene Normvorstellung der österreichischen Studienorganisation ist, würde zur faktischen Norm werden. Das wiederum würde zu einer sozialen Selektion führen und den Besuch einer Hochschule für Studenten aus einkommenschwachen Familien erheblich erschweren. Nur ein gleichzeitiger massiver Ausbau der Studienförderung könnte einer solchen sozialen Selektion vorbeugen. Es müßten bis weit in die mittleren Einkommenschichten hinein Stipendien zur Verfügung gestellt werden, die die tatsächlichen Lebenshaltungskosten decken und die Studenten zu keiner Erwerbstätigkeit zwingen. Eine solche Form der Studienförderung wäre so teuer, daß sie nur auf Darlehensbasis denkbar ist.[14]

Es stellt sich freilich die Frage, ob es sozial- und bildungspolitisch überhaupt wünschenswert ist, jenes buntscheckige Muster verschiedenartiger Studienorientierungen, wie es in dem Nebeneinander von Voll- und Teilzeitstudium und in den unterschiedlichen Ausprägungen der Erwerbstätigkeit von Studenten zum Ausdruck kommt, zugunsten eines einheitlichen Ideals von Vollzeitstudenten zu entflechten. Es gibt eine Reihe guter Argumente dafür, die zunehmende Heterogenität der Studienbiographien nicht als Störfaktor zu betrachten, sondern als sowohl aus individueller wie aus gesamtgesellschaftlicher Perspektive durchaus angemessene Reaktion der Nachfrageseite auf die Rahmenbedingungen der Hochschulexpansion (vgl. z.B. Hondrich 1994).

Die unerwünschten Nebeneffekte einer pauschalierten Studiengebühr sind also so hoch, daß eine Unterscheidung von Voll- und Teilzeitstudien unabdingbar erscheint. Die einzige Gebührenvariante, bei der man auf die Unterscheidung zwischen Voll- und Teilzeitstudenten verzichten könnte, wäre eine Akademikersteuer, bei der jeglicher Zusammenhang zwischen der Höhe des zu leistenden Beitrags und den in Anspruch genommenen Dienstleistungen der Universität eliminiert ist.

Schwieriger ist es, die administrativen Kosten zu schätzen, die die Einführung eines Teilzeitstudiums nach sich ziehen würde. Die erste Voraussetzung bestünde darin, für jede Studienrichtung eine jährliche bzw. semesterweise Normbelastung zu definieren, die dann als Maß eines Vollzeitstudiums gilt. Inwieweit sich der österreichische Studienplan zur Definition einer verbindlichen Normbelastung eignet, ist eine offene Frage. Fest steht, daß es derzeit nicht möglich wäre, eine solche Vollzeitbelastung in beliebige Teilzeitbelastungen zu portionieren. Die Administration an den österreichischen Hochschulen ist auf eine solche Aufgabe nicht vorbereitet, sie besitzt dafür weder die nötigen personellen Kapazitäten, noch ist eine solche Tätigkeit mit ihrem derzeitigen Profil vereinbar. Eine quantitative Schätzung jener Kosten, die dafür erforderlich wären, ist hier nicht möglich, es steht aber außer Frage, daß nur ein Bruchteil jener Erträge erforderlich wäre, die über Studiengebühren hereinkämen.

Wichtiger noch als das günstige Verhältnis zwischen Aufwand und Ertrag ist es, daß neben den Studiengebühren noch zusätzliche Argumente dafür sprechen, Vollzeit- und Teilzeitoptionen einzuführen. Eine solche Maßnahme würde es erstmals ermöglichen, aussagekräftige Indikatoren über die tatsächliche Belastung der Hochschulen zu erhalten. Die Scheininskribenten, der wichtigste Verzerrungsfaktor der österreichischen Hochschulstatistik, könnte man mit jeder Gebührenvariante eliminieren. Aber auch die Kopfzahlen der studienaktiven Studenten ergeben noch kein klares Bild davon, welche Lehr- und Betreuungsleistungen an den verschiedenen universitären Einheiten erbracht werden bzw. erforderlich wären. Dafür benötigt man Vollzeitäquivalente. Mit einem solchen Indikator wäre auch eine Grundvoraussetzung gegeben, um wirksame Maßnahmen zur Erhöhung der betriebswirtschaftlichen Effizienz der Hochschulen einzuleiten.

Darüberhinaus wäre das Angebot einer Teilzeitoption auch eine wichtige Voraussetzung zu einer veränderten Lern- und Lehrkultur an den österreichischen Universitäten. An die Stelle der wechselseitigen Unverbindlichkeit zwischen Lernenden und Lehrenden könnte die Forderung treten, daß beide Seiten die Ansprüche des jeweils anderen ernst nehmen. Studenten müßten sich zu Beginn eines Semesters verbindlich entscheiden, welche Lehrveranstaltung sie besuchen wollen. Und den Instituten bzw. Lehrkräften stünden verläßliche Informationen über die Nachfrage nach den verschiedenen Lehrveranstaltungen zur Verfügung, es wäre ihnen also zuzumuten, das Angebot auf die Nachfrage abzustimmen.

3.5 Vor- und Nachteile von vier Gebührenmodellen

Ausgehend von den in den Abschnitten 3.1 bis 3.4 getroffenen Annahmen werden nun vier konkrete Gebührenvarianten vorgestellt, von denen drei den Modellrechnungen des nächsten Kapitels zugrundegelegt werden. Diese vier Varianten unterscheiden sich vor allem dadurch, wie die Sozialverträglichkeit von Studiengebühren sichergestellt werden soll. Die ersten beiden Modelle (gestaffelte Elternbeiträge, einkommensabhängige Darlehen – unbeschränkter Anspruch) bauen auf die im Abschnitt 3.2 diskutierten unterschiedlichen Grundphilosophien von Sozialverträglichkeit auf, das dritte Modell (einkommensabhängige Darlehen – eingeschränkter Anspruch) kombiniert gewisse Aspekte der beiden ersten. Das vierte Modell (Akademikersteuer) nimmt eine Sonderstellung ein, da es sich um keine leistungsbezogene Gebühr, sondern um eine neue Steuer handelt.

3.5.1 Gestaffelte Elternbeiträge

Dieses Modell entspricht am ehesten den konventionellen Vorstellungen von Studiengebühren. Die Gebühr muß zu Beginn eines jeden Semesters bezahlt werden. Es handelt sich um eine für alle Studienrichtungen einheitliche Gebühr, deren Höhe allerdings von der Zahl der inskribierten Lehrveranstaltungen abhängt. Wer, aus welchen Gründen auch immer, ein Teilzeitstudium wählt, zahlt entsprechend weniger, ist also nicht benachteiligt.

Der wichtigste Aspekt dieses Modells ist die Staffelung der Beiträge nach sozialen Gesichtspunkten. Abgesehen von den Ausnahmefällen, bei denen der Student über ein eigenes Einkommen oder Vermögen verfügt, wird die Studiengebühr hier vom Elternhaushalt getragen. Damit es zu keinen finanziellen Barrieren kommt, ist die Beitragshöhe nach Einkommensklassen gestaffelt. Unterhalb einer unteren Einkommensgrenze ist gar keine Gebühr fällig, die volle Gebühr muß erst oberhalb einer oberen Einkommensgrenze bezahlt werden. Zwischen diesen beiden Einkommensgrenzen schleift sich die Gebühr auf ihre volle Höhe ein. Maßgeblich ist das Haushaltseinkommen des Elternhaushalts, für dessen Nachweis analoge Bestimmungen wie bei der Studienförderung gelten.

Eine erhebliche Komplikation stellt die Existenz von Studentenhaushalte dar. Dieses Modell beruht auf der Voraussetzung, daß Studenten Teil des Elternhaushaltes sind. In einigen Fällen ist dies aber eine grobe Verzerrung der realen Verhältnisse. Vor allem bei älteren Studenten (im Extremfall: Seniorenstudenten), verheirateten Studenten sowie Studenten, die vor ihren Studienbeginn erwerbstätig waren, liegt der Mittelpunkt der Lebensinteressen häufig im eigenen Haushalt. Wenn aber eine Zurechnung zum Elternhaushalt nicht möglich ist, läßt sich die Sozialverträglichkeit der Gebühr nur nach dem Einkommen des Studentenhaushaltes bemessen.[15] Dieses Einkommen wird in aller Regel so niedrig sein, daß keine Gebühr zu zahlen ist. Für Studenten gibt es daher einen starken Anreiz, eigene Haushalte zu gründen. Umgekehrt ergibt sich für die staatliche Hochschulpolitik die Notwendigkeit, die Anerkennung von Studentenhaushalten sehr restriktiven Regelungen zu unterwerfen. Das führt zu erheblichen rechtlichen und administrativen Problemen und es ist unwahrscheinlich, daß dafür eine zufriedenstellende Lösung gefunden werden kann. Wo immer man die Grenzen zieht, schafft man zugleich neue Schlupflöcher sowie einen Anreiz, diese Grenzen zu umgehen.[16]

Bei dieser Variante kommt es ausschließlich während des Studiums zu Geldströmen. Die Sozialverträglichkeit wird über die Berücksichtigung der unterschiedlichen Elterneinkommen, oder, im Fall von Studentenhaushalten, des studentischen Einkommens während des Studiums, sichergestellt. Das Einkommen des Studenten nach Abschluß (oder Abbruch) des Studiums fällt in keiner Weise ins Gewicht (vgl. Tabelle 13):

Was sind die Vorteile von gestaffelten Elternbeiträgen?

- Der größte Vorteil liegt darin, daß es zu sofortigen Einnahmen für die Universitäten bzw. das staatliche Hochschulbudget kommt. Jede Darle-

	Student lebt im Elternhaushalt (Normalfall)	Student lebt im eigenen Haushalt (Sonderfall)
Geldströme während des Studiums	einkommensabhängige Eigenfinanzierung durch Eltern	einkommensabhängige Eigenfinanzierung durch Student (i.d.R. Gebührenbefreiung)
Geldströme nach dem Studium		

Tabelle 13: Geldströme während und nach dem Studium durch Eltern und Studenten bei gestaffelten Elternbeiträgen

hensvariante hat demgegenüber den Nachteil, daß sich die Einnahmen aus Studiengebühren um mehrere Jahre verzögern.

- In seiner Grundvariante handelt es sich um ein sehr einfaches Schema,[17] das für alle Betroffenen in seinen Auswirkungen leicht zu durchschauen ist.

- Hochmotivierte und leistungsfähige Bildungsaufsteiger werden durch dieses Schema begünstigt.[18] Studenten aus einkommensschwachen Haushalten, deren Eltern keine oder nur sehr geringe Gebühren zahlen mußten, beginnen ihre Erwerbstätigkeit ohne Darlehensbelastung. (Bei den übrigen Gebührenmodellen müssen sie entweder ein Darlehen zurückzahlen oder eine höhere Steuerbelastung in Kauf nehmen.)

Was sind die Nachteile gestaffelter Elternbeiträge?

- Es ist eine sehr traditionsbehaftete, der realen Komplexität von Studentenbiographien kaum gerecht werdende Sichtweise, Studenten mit jener Unbedingtheit dem Elternhaushalt zuzurechnen, wie dies im Rahmen dieses Schemas notwendig ist. Das führt bereits dort zu Problemen, wo Studenten tatsächlich bei ihren Eltern leben, ohne daß ein gutes Einvernehmen mit ihnen besteht. In diesem Fall wird durch dieses Gebührenschema das Abhängigkeitsverhältnis in einer gesellschaftspolitisch problematischen Weise zementiert.

- Besonders nachteilig wirkt sich die Zurechnung der Studenten zum Elternhaushalt in der Frage der Studentenhaushalte aus. Einerseits ist es unmöglich, die Existenz von Studentenhaushalten völlig zu ignorieren, sie gleichsam durch behördliche Regulative wegzudefinieren. Auf der anderen Seite kann das Modell der gestaffelten Elternbeiträge nur funktionieren, wenn Studentenhaushalte ein seltener Ausnahmefall bleiben. Man benötigt daher gesetzliche Grundlagen, um "echte" von "fiktiven" Studentenhaushalten zu unterscheiden. Eine wirklich zufriedenstellende Lösung für dieses Problem gibt es nicht. Schlupflöcher sind selbst bei aufwendigen Kontrollen unvermeidbar, und diese ziehen entsprechende Einnahmeausfälle nach sich. Im übrigen handelt es sich hierbei um einen Eingriff in die Privatsphäre von Studenten, und das wird die Akzeptanz eines solchen Modells sicher nicht erhöhen.[19]

- Zu Einnahmeausfällen kommt es nicht nur wegen der Studentenhaushalte. Oben wurde der Bonus angeführt, den dieses Modell den Bildungsaufsteigern bietet. Auch das führt zu Mindereinnahmen. Es gibt eine große Zahl an Studenten, die aus einkommensschwachen Familien kommen, deren eigenes Lebenseinkommen aber – teilweise beträchtlich – über dem Durchschnitt liegen wird. In allen anderen Modellen würden diese Studenten einen Beitrag zu ihren Ausbildungskosten leisten. Bei gestaffelten Elternbeiträgen muß der Ausfall dieser Beiträge durch öffentliche Subventionen ausgeglichen werden, oder die Einnahmen der Universitäten verringern sich.

- Während die Einnahmen aus gestaffelten Elternbeiträgen die geringsten von allen hier diskutierten Modellen sind, verursachen sie einen relativ hohen administrativen Aufwand. Die Basis für die Sozialverträglichkeit dieses Gebührenmodells ist das Haushaltseinkommen. Da es in Österreich keine Haushalts–, sondern eine Individualbesteuerung gibt, könnte dieses Modell nicht auf bereits bestehende administrative Routinen zurückgreifen. Vielmehr müßte – wie dies bei den Sozialstipendien derzeit bereits geschieht – das Haushaltseinkommen in jedem Einzelfall nachgewiesen und überprüft werden. Die Zahl der zu administrierenden Fälle erhöht sich gegenüber den Sozialstipendien aber annähernd auf das zehnfache. Es ist nicht auszuschließen, daß bei Studiengebühren diffizilere legistische Probleme (und damit auch höherer Verwaltungsaufwand) auftreten als bei Stipendien, denn bei letzteren handelt es sich um einen Leistungsanspruch der Bürgers (der Staat gibt), bei den Gebühren aber um eine Zahlungsverpflichtung (der Staat nimmt).

Nach unserer Einschätzung überwiegen die Nachteile von gestaffelten Elternbeiträgen ihre Vorteile. Das Verhältnis aus Einnahmen und administrativen Aufwendungen ist vermutlich das ungünstigste von allen vier diskutierten

Modellen. Hinzu treten eine Reihe legistischer Probleme, die hier nur angedeutet wurden, für die man eine einfache Lösung aber ausschließen kann und die teilweise auch beträchtlichen politischen Konfliktstoff beinhalten (Unterscheidung "echter" und "fiktiver" Studentenhaushalte). Eine Option für dieses Modell empfiehlt sich nur dann, wenn man dem Vorteil einer sofortigen Entlastung des Bundeshaushalts Priorität gegenüber allen anderen hier diskutierten Aspekten einräumt.

3.5.2 Einkommensabhängiges Darlehen – unbeschränkter Anspruch

Dieses Modell ist im wesentlichen dem australischen HECS–Schema nachgebildet. Der Student wird als selbständiger Bürger, der eine universitäre Dienstleistung in Anspruch nimmt, betrachtet. Zahlungspflichtig ist der Student, nicht seine Eltern. In welchem Haushalt er lebt und welche finanzielle Unterstützung seine Eltern leisten, ist für dieses Modell unerheblich. Es baut auf der Prämisse auf, daß auch dann keine sozialen Unverträglichkeiten auftreten dürfen, wenn die Eltern keinerlei Unterstützung leisten können oder wollen. Um dies zu gewährleisten wird jedem Student freigestellt, ob er die Gebühr sofort zahlen möchte oder erst später, wenn er über ein angemessenes Einkommen verfügt. Der Staat hat natürlich ein Interesse an direkten Einnahmen, daher wird er die Option der sofortigen Zahlung nicht nur anbieten, sondern diese unter Umständen mit besonderen Anreizen ausstatten, indem er eine Zahlungsermäßigung gewährt. Dennoch beruht eine sofortige Zahlung auf völliger Freiwilligkeit. Jeder Student hat einen Anspruch auf ein Darlehen in der Höhe der jeweils fälligen Gebühr.

Bei jenen Fällen, die für eine sofortige Zahlung optieren, ist die administrative Abwicklung denkbar einfach. Für den zu entrichtenden Betrag ist ausschließlich das Ausmaß der inskribierten Lehrveranstaltungen maßgeblich. Eine Gebührenstaffelung nach Ausbildungskosten oder Verdienstaussichten findet ebensowenig wie beim 1. Modell statt; in diesem Fall kommt es auch zu keiner Staffelung nach sozialen Gesichtspunkten.

Komplizierter ist die Abwicklung einer verzögerten Gebührenzahlung. Abgesehen davon, daß es in diesem Fall keine Ermäßigung gibt, ist die Höhe der Gebühr dieselbe wie bei sofortiger Zahlung (d.h. die universitären Dienstleistungen werden nach Vollzeitäquivalenten verrechnet). Dieser Betrag wird aber nicht sofort in Rechnung gestellt, sondern der Staat gewährt ein unverzinsliches Darlehen, das nur an die Inflation angepaßt wird. In jedem Semester, in dem der Student neuerlich für eine verzögerte Zahlung optiert, erhöht sich dieses Darlehen um den in diesem Semester fälligen Betrag. So-

	Verzicht auf Darlehen: sofortige Zahlung der Gebühr durch Eltern	Darlehen wird in Anspruch genommen: verzögerte Zahlung der Gebühr durch Student
Geldströme während des Studiums	Eigenfinanzierung ohne soziale Staffelung (Gebührennachlaß)	Fremdfinanzierung durch staatliches Darlehen
Geldströme nach dem Studium		einkommensabhängige Rückzahlung mit unterschiedlichen Frei- und Tilgungsjahren

Tabelle 14: Geldströme während und nach dem Studium geleistet von Eltern und Studenten bei unbeschränktem Anspruch auf einkommensabhängiges Darlehen

lange der Student nicht erwerbstätig ist oder nur ein unterdurchschnittliches Einkommen erzielt, ist keine Rückzahlung dieses Darlehens fällig. Die Tilgung beginnt erst, sobald sein Einkommen eine bestimmte Untergrenze (die annähernd beim Durchschnittseinkommen liegt) überschreitet. Die Höhe der Tilgungsraten ist dann vom Einkommen abhängig.

Bei dieser Gebührenvariante ist das Einkommen des Elternhaushaltes völlig unerheblich. Zahlungspflichtig ist der Student; bei sofortiger Beitragszahlung kommt das Geld in der Mehrzahl der Fälle natürlich von den Eltern, aber das hat keinen Einfluß auf die Funktionsweise dieses Modells. Die Sozialverträglichkeit dieser Variante ergibt sich aus der Einkommensabhängigkeit der Rückzahlungskonditionen. Je nach Höhe des Einkommens zahlt der Student entweder in kürzerer oder längerer[20] Tilgungsfrist das gesamte Darlehen oder nur einen Teil zurück, in Extremfällen zahlt er gar nichts (Tabelle 14).

Was sind die Vorteile von einkommensabhängigen Darlehen?

- Der Student wird hier als unabhängiger Bürger betrachtet. Die Beziehungen zu seinem Eltern und die Frage, ob sich der Mittelpunkt seiner Lebensinteressen innerhalb oder außerhalb des elterlichen Haushalts befindet, spielen für die Funktionsweise dieses Modells keine Rolle. Damit trägt es nicht nur der sozialen Realität einer zunehmenden Heterogenität von Studienbiographien besser Rechnung als das Modell der gestaffelten Elternbeiträge, es erübrigt sich auch die legistisch heikle und administrativ aufwendige Unterscheidung von "echten" und "fiktiven" Studentenhaushalten.

- Für sich genommen ist es eine durchaus aufwendige Prozedur, die Tilgung eines Darlehens vom Einkommen des Schuldners abhängig zu machen. Im Gegensatz zu der Staffelung der Elternbeiträge ist die Rückzahlung des Darlehens aber nicht vom Haushalts–, sondern vom Individualeinkommen des Schuldners abhängig, und dieses wird bereits von den Steuerbehörden erfaßt. Man kann also, wie das Beispiel Australiens zeigt, auf den bestehenden Apparat des Fiskus zurückgreifen und dessen Aufgabenspektrum erweitern, sofern man eine geringfügige personelle Aufstockung vornimmt. Der administrative Mehraufwand für dieses Modell ist daher gering.

- Gleichzeitig sind aber die Einnahmen bei diesem Modell relativ hoch, zweifellos höher als bei den gestaffelten Elternbeiträgen. Das liegt daran, daß der Personenkreis, der in diesem Fall Beiträge leistet, größer ist als beim ersten Modell. Die Zahl der Akademiker (und Studienabbrecher), die nach Eintritt in das Berufsleben dauerhaft eine sozial vertretbare Einkommensgrenze unterschreiten, ist zweifellos wesentlich geringer, als die Zahl der Studenten, bei denen das Haushaltseinkommen der Eltern eine sozial vertretbare Einkommensgrenze unterschreitet.

Was sind die Nachteile eines einkommensabhängigen Darlehens?

- Zu den Vorteilen gestaffelter Elternbeiträge wurde der Bonus für Bildungsaufsteiger gezählt. Dieser Bonus entfällt bei einem einkommensabhängigen Darlehen.[21] Dieser Nachteil wäre freilich durch einen Ausbau von Sozialstipendien leicht wettzumachen, bei denen jene Studenten, auf die das Doppelkriterium Begabung bzw. Leistungsfähigkeit plus soziale Benachteiligung zutrifft, ebenfalls eine besondere Förderung erhalten.

- Da jeder Student einen Darlehensanspruch besitzt und ein großer Teil davon Gebrauch machen wird, gibt es bei diesem Modell nur geringe sofortige Einnahmen. Da es sich um ein unverzinsliches Darlehen handelt, müssen die Finanzierungskosten von der öffentlichen Hand getragen werden.

- In seinen konkreten Auswirkungen für den Einzelnen ist dieses Modell weniger leicht durchschaubar als die gestaffelten Elternbeiträge. Niemand, der für eine verzögerte Zahlung optiert, weiß genau, über wieviel Jahre sich die Tilgung des Darlehens erstecken wird. Das erfordert eine gewisse Bereitschaft, sich auf Unsicherheiten einzulassen. Bei einem rationalen Zugang zu diesen Fragen erkennt man rasch, daß das Darlehen auf Grund der sozial gestaffelten Rückzahlungskonditionen zu keiner spürbaren Risikobelastung führt. Möglicherweise ist aber ein Umdenkprozeß nötig, um einen rationalen Zugang dieser Art zu wählen.[22]

Nach unserer Auffassung stellt die unbeschränkte Gewährung eines einkommensabhängigen Darlehens die vorteilhafteste aller hier diskutierten Gebührenvarianten dar. Das Verhältnis von Einnahmen und Aufwand ist bei diesem Modell sehr günstig. Zwar muß die öffentliche Hand hier hohe Finanzierungskosten tragen, aber andererseits kann ein großer Teil der administrativen Abwicklung durch einen bereits bestehenden Apparat, und somit zu sehr geringen Kosten, erfolgen. Darüberhinaus kann der Staat gegenüber den privaten Angelegenheiten zwischen den Studenten und ihren Eltern eine völlig liberale Haltung einnehmen. Der unbeschränkte Darlehensanspruch erweitert die Unabhängigkeit der Studenten gegenüber ihrem Elternhaus.

3.5.3 Einkommensabhängige Darlehen – eingeschränkter Anspruch

Hier werden gewisse Aspekte der beiden bisher besprochenen Modelle kombiniert. Der Grundgedanke besteht darin, die hohen Finanzierungskosten, die für die öffentliche Hand bei der unbeschränkten Gewährung eines unverzinslichen Darlehens anfallen, zu senken. Daher wird hier der Kreis der für dieses Darlehen anspruchsberechtigten Personen eingeschränkt. Das Darlehen sollen nur Studenten aus einem einkommensschwachen Elternhaus erhalten. Alle jene, bei denen das Elterneinkommen dafür ausreicht, die Gebühr sofort zu zahlen, erhalten kein Darlehen. Dadurch werden Mitnahmeeffekte vermieden, die auftreten, wenn ein öffentlich subventioniertes Darlehen ohne Einschränkung zugänglich ist.

Die Anspruchsberechtigung für das Darlehen wird hier nach denselben Grundsätzen geprüft, nach denen im 1. Modell die Elternbeiträge gestaffelt werden. Maßgeblich ist das Haushaltseinkommen der Eltern, unterhalb einer bestimmten Einkommensgrenze besteht ein Anspruch auf das Darlehen, bei Überschreiten dieser Grenze erlischt dieser Anspruch. Bei den einkommensabhängigen Elternbeiträgen gibt es allerdings zwei Einkommensgrenzen: eine untere, unterhalb derer keine Gebühren fällig sind, und eine obere, oberhalb derer volle Gebühren fällig sind, im dazwischen liegenden Übergangsbereich ist die Gebühr gestaffelt. Eine solche Lösung wäre grundsätzlich auch für die Bestimmung der Anspruchsberechtigung auf das Darlehen möglich. Im

	Kein Darlehensanpruch: Eltern müssen Gebühr sofort bezahlen	Anspruch auf Darlehen	
Geldströme während des Studiums	Eigenfinanzierung ohne soziale Staffelung	Eigenfinanzierung ohne soziale Staffelung	Fremdfinanzierung durch staatliches Darlehen
Geldströme nach dem Studium			einkommensabhängige Rückzahlung mit unterschiedlichen Frei- und Tilgungsjahren

Tabelle 15: Geldströme während und nach dem Studium geleistet von Eltern und Studenten bei eingeschränktem Anspruch auf einkommensabhängiges Darlehen

Übergangsbereich gäbe es dann ein wechselndes Verhälnis zwischen Darlehen und sofortiger Zahlung, das sich mit zunehmendem Einkommen immer stärker zugunsten der sofortigen Zahlung verschiebt, bis dann bei Erreichen der oberen Grenze jeglicher Darlehensanspruch erlischt. Allerdings wäre eine solche Lösung so aufwendig, daß im Rahmen dieses Modells darauf verzichtet wird. Es wird somit nur mit einer Einkommensgrenze gearbeitet, und der Anspruch wird nach dem "Alles oder Nichts Prinzip" ermittelt: entweder es besteht ein Anspruch auf das volle Darlehen oder es muß die volle Gebühr sofort bezahlt werden (Tabelle 15).

Die übrige administrative Abwicklung dieses Modells kann hier knapp gehalten werden, denn es handelt sich um eine Kombination der Verfahren in den beiden zuvor diskutierten Modellen. Sofern kein Anpruch auf ein Darlehen besteht, muß die volle Gebühr[23] sofort bezahlt werden. Sofern ein Darlehensanspruch besteht, kann eine sofortige Zahlung freiwillig erfolgen (durch einen Gebührennachlaß könnte man dafür einen Anreiz schaffen). Bei verzögerter Zahlung treten alle jene Prozeduren in Gang, die beim 2. Modell bereits beschrieben wurden.

Was sind die Vorteile einer Einschränkung des Anspruchs auf einkommensabhängige Darlehen?

- Hier werden von den bisher diskutierten Modellen die höchsten Einnahmen erzielt, denn die einnahmenseitigen Vorteile der ersten beiden Modelle werden hier kombiniert. Annähernd die selben Einnahmen wie bei den gestaffelten Elternbeiträgen stünden hier sofort zur Verfügung (ohne daß man dafür eine Gebührenermäßigung gewähren müßte). Dadurch kommt es zu einer erheblichen Reduktion der Finanzierungskosten gegnüber dem 2. Modell. Im Gegensatz zum 1. Modell gehen aber die Gebühren der Studenten aus einkommensschwachen Haushalten nicht verloren, sondern sie erfolgen, wie beim 2. Modell, zeitverschoben.

- Auch in einer anderen Hinsicht bringt die Kombination der ersten beiden Modelle einen Vorteil. Eines der größten Probleme der gestaffelten Elternbeiträge, die Unterscheidung von "echten" und "fiktiven" Studentenhaushalten, wird nämlich wesentlich entschärft. Der Anreiz von Studenten, in "fiktive" Studentenhaushalte zu flüchten ist ebenso vermindert wie das Motiv des Staates, dies zu verhindern. Während es in dieser Frage bei den gestaffelten Elternbeiträgen in vielen Fällen darum geht, ob ein Student die vollen Gebühren zahlen muß oder ob er zur Gänze befreit ist, handelt es sich hier nur darum, ob er die Gebühr sofort oder erst später zahlen muß. Auch das ist von Bedeutung (aus diesem Grund wird der Darlehensanspruch ja eingeschränkt), man wird daher versuchten, eine Umgehung der Bestimmungen , die den Darlehensanspruch regeln, zu verhindern. Die dafür nötigen Maßnahmen dürfen freilich einen vernünftigen Aufwand nicht überschreiten. Unter diesem Gesichtspunkt wäre es nicht vertretbar, der Gründung von Studentenhaushalten irgendwelche Hindernisse in den Weg zu legen.

Was sind die Nachteile einer Einschränkung des Anspruchs auf ein einkommensabhängiges Darlehen?

- Zwar werden durch eine Einschränkung des Darlehensanspruchs die ohnhin bereits sehr guten Einnahmen des 2. Modells nochmals gesteigert. Dem steht aber eine unverhältnismäßige Erhöhung des administrativen Aufwands gegenüber. Dieses Modell ist das einzige, bei dem sowohl das Einkommen des Elternhaushalts als auch das spätere Einkommen des Studenten Bedeutung hat und überprüft werden muß. Dadurch addiert sich annähernd der Verwaltungsaufwand, der für die Abwicklung gestaffelter Elternbeiträge einerseits und einkommensabhängiger Darlehen bei unbeschränktem Anspruch andererseits erforderlich ist. Es ist zu vermuten, daß das Verhältnis von Aufwand und Einnahmen aus diesem Grund hinter dem des 2. Modells zurückbleibt.

- Trotz des hohen Aufwands kommt es zu einem ernsten Problem: Da der Darlehensanspruch nach dem "Alles oder Nichts Prinzip" ermittelt wird, kommt es an der Schnittstelle zwischen der Darlehens– und der Sofortzahlungsvariante zu einem abrupten Übergang, der von den Betroffenen als ungerechtfertigte Härte empfunden wird. Geringe Einkommenszuwächse können zu unverhältnismäßigen Belastungen führen. Um diesen scharfen Übergang zu glätten und eine Einschleifregelung zu konstruieren müßte man den Verwaltungsaufwand noch weiter erhöhen.

- Bei jenen Studenten, die über keinen Darlehensanspruch verfügen, erhöht sich die Abhängigkeit von den Eltern. In den Fällen, in denen kein Einvernehmen über das Studium besteht, kann das zu Problemen führen. Es ist fraglich, ob sich in diesen Fällen ein Rechtsanspruch des Studenten auf Unterstützung durch die Eltern begründen läßt.

- Möglicherweise wirft dieses Modell ein rechtliches Problem grundsätzlicher Art auf: In Abhängigkeit vom Haushaltseinkommen der Herkunftsfamilie gibt es nämlich einen Unterschied in der Art der Abgabenpflicht. Bei einkommensschwachen Familien bezieht sich diese auf den Studenten, bei einkommensstarken Familien auf den Elternhaushalt.[24] Es müßte geprüft werden, ob eine solche Regelung rechtlich einwandfrei ist.

Unsere Einschätzung geht dahin, daß der hohe Verwaltungsaufwand und die rechtlichen Probleme schwerer wiegen als der Vorteil der hohen Einnahmen. Eine Einschränkung des Darlehensanspruch wäre allenfalls dann zu empfehlen, wenn sich zeigen läßt, daß sich auch mit vertretbarem administrativem Aufwand eine Einschleifregelung für den Übergang von der Darlehens– zur Sofortzahlungsvariante konstruieren läßt.

3.5.4 Akademikersteuer

Dieses Modell unterscheidet sich in grundsätzlicher Weise von allen bisher besprochenen. Es handelt sich um keine leistungsabhängige Gebühr, sondern um einen Zuschlag zur Einkommenssteuer von Hochschulabsolventen. Die Leistungsunabhängigkeit kommt darin zum Ausdruck, daß kein wie immer gearteter Zusammenhang zwischen der in Anspruch genommenen Dienstleistung und dem, was ein Hochschulabsolvent insgesamt an Akademikersteuer zu bezahlen hat, besteht. Es ist nicht nur (wie bei allen anderen Modellen) unerheblich, welches Fach, sondern auch, wie lange man man studiert hat. Mehrmaliges Repetieren von Lehrveranstaltungen schlägt sich nicht in einer höheren Gebühr nieder. Ein Studienabbruch wird sogar "belohnt". Ob eine Steuerpflicht besteht, wird nach dem "Alles oder Nichts Prinzip" ermittelt: Hochschulabsolventen zahlen, alle anderen Personen (also auch Studienabbrecher) zahlen diese Steuer nicht. Bei den Absolventen hängt die Höhe der fälligen Steuer vom jeweiligen Grenzsteuersatz ab. Die Eltern spielen bei diesem Modell überhaupt keine Rolle, abgabenpflichtig ist in jedem Fall der Student (nach dem Studienabschluß).

Auch in diesem Fall wird der private Beitrag zu den Ausbildungskosten in verzögerter Form geleistet. Der Staat schießt während des Studiums in Form einer öffentlichen Subvention die Gebühr vor, um sie nach dem Studium in Form einer einkommensabhängigen Steuer zurückzuverlangen (Tabelle 16). Der erste prinzipielle Unterschied zu den beiden Darlehensvarianten besteht darin, daß es für den Studenten bzw. dessen Eltern gar keine Wahl zwischen sofortiger oder späterer Bezahlung gibt. Diese Form der "Fremdfinanzierung" ist im Gegensatz zu den beiden anderen nicht optional, ihr liegt keine bewußte vertragliche Bindung des Studenten zugrunde.

Damit in Zusammenhang steht der zweite prinzipielle Unterschied: Der Student hat eben kein Darlehen über einen bestimmten Betrag aufgenommen, der dann zurückgezahlt werden muß. Der Student zahlt hier streng genommen nichts zurück, sondern er tritt an den Staat das Recht ab, sein Einkommen auf Lebenszeit höher zu besteuern. Die Einnahmen, die der Staat aus dieser Steuer zieht, stehen in keinem Zusammenhang mit den Ausbildungskosten, sie sind ausschließlich vom Lebenseinkommen abhängig. Welcher Anteil der empfangenen Subvention von jedem einzelnen "zurückbezahlt" wird, ist nicht nur nach unten hin (bei einem niedrigen Lebenseinkommen des Studenten), sondern auch nach oben hin variabel. Während sich mittlere und hohe Einkommensbezieher bei den einkommensabhängigen Darlehen nur durch die Dauer der Rückzahlung unterscheiden, zahlen sie bei der Akademikersteuer Beiträge in unterschiedlicher Höhe. Bei einem sehr hohen Einkommen muß ein Akademiker mehr Geld "zurückzahlen", als er während des Studiums als Subvention empfangen hat. Dies kann nur mit verteilungspolitischen Intentionen begründet werden, die mit Hochschulfinanzierung in keinem Zusammenhang stehen.

Eine Akademikersteuer ist das einzige Gebührenmodell, das es erlaubt, rückwirkend auch frühere Absolventenkohorten zur Beitragsleistung heranzuziehen. Es dürfte freilich nicht einfach sein, eine einwandfreie Bestandsaufnahme sämtlicher steuerpflichtiger Hochschulabsolventen, die an österreichischen Hochschulen studiert haben, vorzunehmen. Die rechtlichen Probleme einer solchen rückwirkenden Zahlungsverpflichtung können hier nicht beurteilt werden. Ein großer Teil der nun erwerbstätigen Akademiker hat bereits

	Eltern	Student (im Falle eines Abschlusses)
Geldströme während des Studiums		öffentliche Subvention
Geldströme nach dem Studium		höhere Steuerleistung in Form einer Akademikersteuer

Tabelle 16: Geldströme während und nach dem Studium bei Akademikersteuer

während des Studiums Hochschultaxen bezahlt; vor allem von dieser Seite wird es Widerstand dagegen geben, einen "doppelten Beitrag" zu leisten.

Die administrative Abwicklung der Akademikersteuer ist denkbar einfach. Die Höhe des zusätzlichen Steuertarifs für Hochschulabsolventen muß auf politischem Weg festgelegt werden. Alles weitere erfolgt durch die bestehende Finanzverwaltung, die in diesem Fall nicht einmal personell aufgestockt werden muß. Wie beim unbeschränktem Anspruch auf ein einkommensabhängiges Darlehen ist bei der Akademikersteuer das Einkommen des Elternhaushalts irrelevant. (Vgl. dazu die Tabelle 16.)

Was sind die Vorteile einer Akademikersteuer?

- Von allen hier diskutierten Varianten erfordert die Akademikersteuer den geringsten administrativen Aufwand. Sie wird zur Gänze durch den bestehenden Finanzapparat abgewickelt. Man könnte auf eine Unterscheidung von Voll- und Teilzeitstudium verzichten, denn da die Studiendauer keinen Einfluß auf die Höhe der Akademikersteuer hat, haben erwerbstätige Studenten ohnehin keinem Nachteil.
- Sofern die Probleme einer rückwirkenden Abgabenpflicht früherer Absoventenkohorten zufriedenstellend gelöst werden können, bringt eine Akademikersteuer trotz grundsätzlich verzögerter Zahlung auch hohe sofortige Einnahmen.
- Eine Akademikersteuer ist eine wirksame Maßnahme zu Einkommensumverteilung. Sie ist eine auf Dauer gestellte "Solidarabgabe" gut verdienender Hochschulabsolventen. Es ist aber fraglich, ob auf dem Weg der Hochschulfinanzierung Verteilungspolitik betrieben werden sollte.

Was sind die Nachteile einer Akademikersteuer?

- Alle ordnungspolitischen Effekte, die man sich üblicherweise von Studiengebühren erwartet, treten bei einer Akademikersteuer nicht ein. Weder das Konsumentenbewußtsein der Studenten, noch die Serviceorientierung der Universitäten werden gestärkt, es gibt auch auf Seiten der Studenten keinen Anreiz, kostenbewußter mit den Ressourcen der Universität umzugehen. Studenten, die ihr Studium sehr rasch abschließen, werden durch die Akademikersteuer sogar bestraft, denn sie treten früher ins Beschäftigungssystem ein und zahlen die Akademikersteuer daher über einen längeren Zeitraum. Den größten Vorteil bietet dieses Modell den Langzeitstudenten, die ihr Studium schließlich doch nicht abschließen.

- Da sich die Abgabenpflicht auf Absolventen beschränkt, schafft dieses Modell einen Anreiz, den Studienabschluß zu vermeiden. Schon jetzt gibt es in einigen Bereichen ein Marktsegment für Studienabbrecher, die bestimmte Teile des Studiums (z.B. den 1. Studienabschnitt) vollendet haben. Den Unternehmen stehen gut ausgebildete Arbeitskräfte zur Verfügung, ohne das Lohnniveau von Akademikern zahlen zu müssen. Eine Akademikersteuer würde vermutlich dazu führen, daß ein Teil der Studenten nahezu das gesamte Studium absolviert, aber auf die formelle Zertifizierung verzichtet. Das wäre sehr unklug, wenn man in den öffentlichen Sektor eintreten will, aber es gibt keinen Grund für die Annahme, daß der private Sektor die durch Zeugnisse nachgewiesene Qualifikation nicht anerkennen würde.

- Eine zusätzliche Steuer ist politisch vermutlich schwerer durchsetzbar als eine leistungsabhängige Gebühr. Es ist wahrscheinlich, daß eine Akademikersteuer aus linken und rechten Motiven abgelehnt wird: Aus einem grundsätzlichen Widerstand gegen jede Form von Studiengebühren einerseits und aus Opposition gegen eine neue "leistungsfeindliche" Steuer andererseits.

Obwohl der geringe Verwaltungsaufwand zweifellos einen großen Vorteil darstellt, wiegen die Nachteile einer Akademikersteuer nach unserer Auffassung schwerer. Fragen der Hochschulfinanzierung sind ohnehin überaus komplex und kontroversiell, nichts spricht dafür, sie zusätzlich mit verteilungspolitischen Grundsatzfragen zu belasten. Darüberhinaus wäre die Akademikersteuer das einzige Gebührenmodell, das den Trend zu mehr institutioneller Autonomie und einer stärkeren Betonung von Marktmechanismen im Hochschulbereich nicht unterstützt. Von der Akademikersteuer wird keine Modellrechnung durchgeführt, denn es ist nicht möglich, eine Kompatibilität in den Ausgangsbedingungen zu den übrigen drei Modellen herzustellen.

Modellrechnungen

4.1 Grundlagen

Die durchgeführten Rechnungen basieren einerseits auf *empirischen Daten* (z.B. Studenten- und Einkommensverteilungen) und sind andererseits im Sinne der *Szenariotechnik* aufgebaut. Letzteres betrifft insbesondere die Höhe der vollen Studiengebühren und die Staffelung von Einkommensgrenzen, die die zu zahlenden Beiträge bestimmen. Sofern die vorgestellten Modelle von Einkommensgrößen abhängen, so verwenden wir für diese stets *Nettowerte*.

Da die folgenden Berechnungen Inflationsaspekte berücksichtigen, wird das Jahr 1995 als Basisperiode definiert. In ihr stimmen nominelle Werte mit realen Werten überein. Die Basisperiode wird in den Modellen allgemein mit $t = 0$ bezeichnet. Die Perioden selbst werden in Jahren gemessen. Um von einer beliebigen mit t bezeichneten Periode auf das entstprechende Jahr zu schließen, ist daher dem allgemeinen Wert t der Wert 1995 zu addieren.[1]

4.1.1 Studenten

Studentenbestand auf der Basis von Vollzeitäquivalenten

Laut Hochschulbericht gibt es in Österreich ca. 180000 Studierende, und die mittlere Studiendauer beträgt in etwa 7.5 Jahre. Erfahrungen berechtigen weiters zu der Annahme, daß ca. 30000 von den 180000 Studierenden "Scheininskribenten" darstellen, sodaß realiter von einem tatsächlichen Studentenbestand von 150000 auszugehen ist.

Bezieht man den tatsächlichen Studentenbestand auf die mittlere Studiendauer, dann führt das zu einer jährlichen *Erstinskribentenzahl* von

$$\frac{150000}{7.5} = 20000.$$

Nimmt man weiters an, daß die mittlere Studiendauer eines "Vollzeitstudenten" 5 Jahre beträgt, dann ergibt sich (vorläufig) ein *Studentenbestand auf der Basis von Vollzeitäquivalenten* in der Höhe von

$$20000 \cdot 5 = 100000.$$

Mit der Einführung von Studiengebühren ist desweiteren mit hoher Wahrscheinlichkeit anzunehmen, daß die Drop–Outs zurückgehen werden. Für diese Studie wird angenommen, daß

- 10 % der Erstinskribenten nach dem ersten Studienjahr und weitere

- 20 % der Erstinskribenten gleichverteilt im zweiten bis fünften Studienjahr

ihr Studium abbrechen. Diese Annahme führt zu einer Korrektur des oben ermittelten Studentenbestand auf der Basis von Vollzeitäquivalenten. Der tatsächliche Studentbestand auf der Basis von Vollzeitäquivalenten beträgt 86000 und errechnet sich wie folgt:[2]

Jahr	Drop–Out	Kohorte
1		20000
2	$20000 \cdot 0.1 = 2000$	18000
3	$\frac{20000 \cdot 0.2}{4} = 1000$	17000
4	$\frac{20000 \cdot 0.2}{4} = 1000$	16000
5	$\frac{20000 \cdot 0.2}{4} = 1000$	15000
	Summe	86000

Absolventen pro Jahr

Auf der Basis der obigen Daten und Annahmen kann die Anzahl der Absolventen pro Jahr (auf der Basis von Vollzeitäquivalenten) berechnet werden. Die angenommenen Drop–Outs (30 %) führen dazu, daß 70 % der Erstinskribenten ihr Studium als Akademiker abschließen. In absoluten Zahlen ist daher eine jährliche Absolventenzahl auf der Basis von Vollzeitäquivalenten in der Höhe von $20000 \cdot 0.7 = 14000$ zu erwarten. Diese Absolventenzahl ist bei einer Verrechnung von Studiengebühren allerdings um die Anzahl der Studienabbrecher zu erhöhen, weil diese ebenfalls – wenn auch nur zum Teil – universitäre Ressourcen nutzten. Da sämtliche Berechnungen auf Basis von Vollzeitäquivalenten beruhen, den Studienabrechern aber unterschiedliche Verweildauern zuzumessen sind, ist eine Umrechnung auf Vollzeitäquivalente durchzuführen. Diese besteht darin, daß die jeweilige Anzahl der Studienabrecher mit der jeweiligen Verweildauer gewichtet und zu der oben ermittelten Absolventenzahl addiert wird.

Die *jährliche Anzahl von Absolventen auf der Basis von Vollzeitäquivalenten* (Rückzahlungspflichtige) beträgt daher:

$$\begin{aligned}\text{Absolventen pro Jahr} &= 20000 \cdot 0.7 + 2000 \cdot \frac{1}{5} + 1000 \cdot \frac{2}{5} + \\ &\quad 1000 \cdot \frac{3}{5} + 1000 \cdot \frac{4}{5} + 1000 \cdot \frac{5}{5} \\ &= 17200\end{aligned}$$

4.1.2 Einkommensverteilungen

Für die vorliegende Untersuchung benötigt man die Verteilung der Studierenden in Abhängigkeit vom Elterneinkommen bzw. die Einkommensverteilung der künftigen Absolventen. Solche Verteilungen liegen nur in beschränktem Umfang vor, sodaß einige plausible Zusatzannahmen getroffen werden müssen.

Elterneinkommensabhängige Studentenverteilung

Bei der Ermittlung der elterneinkommensabhängigen Verteilung der Studierenden stützen wir uns zunächst auf die in der Tabelle 5 enthaltenen Daten (Guger, 1994). Diese Daten können in die vorliegende Studie allerdings nicht unmittelbar übernommen werden, weil die Selbständigenhaushalte nicht enthalten sind und eine zu grobe Klassifikation vorliegt.

Will man eine vorsichtige Schätzung der Belastbarkeit von Elternhaushalten mit Studiengebühren vornehmen, dann können dazu die folgenden Überlegungen angestellt werden:

- Ab einem monatlichen Haushaltsnettoeinkommen von öS 41.000,- – das ist nahezu das doppelte Medianeinkommen – könnten Haushalte mit den vollen Studiengebühren belastet werden.[3]
- Unterhalb eines monatlichen Haushaltsnettoeinkommens in der Höhe von öS 21.000,- (das ist annähernd das Medianeinkommen) sollten die Haushalte nicht belastet werden, d.h. Studenten aus solchen Haushalten würden je nach Variante entweder ein Darlehen bekommen oder gar nichts bezahlen.
- Haushalte, deren Einkommen zwischen den angeführten Grenzen liegt, sollten mit einer gestaffelten Gebühr belastet werden.

Stellt man nun die Frage, wie sich die *Gesamtheit* der Studierenden des Jahres 1991 auf diese Einkommensgruppen verteilen, müssen einige Informationsdefizite ausgeräumt werden.

- Das wichtigste Manko besteht darin, daß in den in der Tabelle 5 enthaltenen Daten die Selbständigenhaushalte nicht enthalten sind. Aus ihnen kommen knapp 24.000 Studierende, das sind in etwa 13 %. Es scheint klar zu sein, daß der größere Teil davon der obersten Einkommensschicht zuzurechnen ist.

- Ein weiteres Manko ist darin zu sehen, daß eine große Zahl von Haushalten, aus denen fast 27.000 Studierende stammen, die Einkommensfrage verweigert hat. Eine solche Verweigerung tritt bei den einkommensstarken Haushalten häufiger auf als bei den übrigen.

- Nahezu 13.000 Studierende kommen aus Haushalten mit einem Einkommen bis zu öS 7.000,-. Dabei handelt es sich nahezu ausschließlich um Studentenhaushalte. Um eine Konsistenz der Schätzung sicherzustellen, müssen auch diese Studierenden ihren Elternhaushalten zugerechnet werden. Dabei kann man davon ausgehen, daß es neben älteren Studierenden und solchen, deren Eltern nicht am Studienort wohnen, vor allem solche aus einkommensstarken Schichten sind, die über einen eigenen Haushalt verfügen.

Wenn man nun das durch die genannten Faktoren verursachte Informationsdefizit durch plausible Annahmen ausgleicht, ergibt sich das folgende Bild:

- Auf der Basis der Mikrozensusdaten kommen 59.000 Studierende aus Nicht–Selbständigenhaushalten mit einem Nettomonatseinkommen von mehr als öS 40.000,-. In diese Einkommensschicht würden zumindest $\frac{2}{3}$ der Studierenden aus den Selbständigenhaushalten fallen, das sind *16.000.* Weiters wird angenommen, daß ebenfalls $\frac{2}{3}$ der Verweigerer der Einkommensfrage in diese Einkommensschicht fallen, das sind weitere *18.000* Studierende. Ferner wird angenommen, daß $\frac{1}{3}$ der Studierenden mit eigenem Haushalt aus Elternhäusern kommt, die ebenfalls der obersten Einkommensschicht zuzurechnen ist. Das sind ca. *4.333* weitere Studierende.

- Auf der Basis der Mikrozensusdaten kommen 26.000 Studierende aus Nicht–Selbständigenhaushalten mit einem Nettomonatseinkommen bis zu öS 21.000,-.[4] In diese Einkommensschicht werden weiters *3.000* Studierende aus Selbständigenhaushalten gezählt, ebenso *3.000* Studierende aus Haushalten, die die Einkommensfrage verweigern. Darüber hinaus wird angenommen, daß ca. 40 % der Studierenden mit eigenem Haushalt aus Elternhäusern stammt, die dieser untersten Einkommensschicht zuzurechnen sind. Das sind weitere *5.200* Studierende.

- In die mittlere Einkommensschicht fallen die restlichen Studierenden.

Diese Gedankengänge werden in der Tabelle 17 übersichtlich dargestellt.[5] Mit den so modifizierten Daten aus Guger (1994) schätzen wir eine Funktion

$$F_E(E^E) \tag{1}$$

Verteilungs- größe	Einkommensschicht		
	untere	mittlere	obere
Studenten- haushalte 13000	5.200	3.464	4.333
Einkommens- verweigerer 27000	3.000	6.000	18.000
Selbständigen- haushalte 24000	3.000	5.000	16.000

Tabelle 17: Verteilungsannahmen nicht zugeordneter Studenten

als Verteilung der Studierenden in Abhängigkeit der Elterneinkommen.[6] Diese Verteilungsfunktion geht dann in die einzelnen Modellberechnungen ein.

Einkommensverteilung der Absolventen

Bei der Ermittlung der Einkommensverteilung von Absolventen stützen wir uns auf

a) die geschlechterspezfischen, altersabhängigen Einkommensverteilungen von unselbständig beschäftigten Akademikern,[7]

b) die Verteilung von Absolventen nach Geschlecht[8] (Anteil Frauen: 43.44 %, Anteil Männer: 56.56 %),

c) die Verteilung der Akademiker im Berufsleben (Selbständig Beschäftigte: 17.22 %, unselbständig Beschäftigte: 82.78 %)[9] und nehmen an, daß

d) das durchschnittliche Einkommen von selbständig beschäftigten Akademikern um 30 % höher ist als das von unselbständig beschäftigten.

Alter				
Von	Bis	1. Quartil	Median	3. Quartil
	25	214000	238000	265000
26	30	213000	243000	279000
31	35	205000	251000	307000
36	40	236000	301000	383000
41	45	277000	348000	436000
46	50	300000	382000	485000
51	55	346000	417000	501000
56		357000	435000	529000

Tabelle 18: Einkommensverteilung von Akademikern

Methodisch werden zunächst die Einkommensverteilungen aus (a) entsprechend (b) bis (d) als gewichteter Durschnitt dargestellt. Anschließend werden 8 Altersklassen gebildet und für jede Altersklasse eine Durchschnittsverteilung ermittelt. Als Ergebnis erhält man die in der Tabelle 18 angeführten Einkommensverteilungen. Für die Modellrechnungen werden für die altersklassenspezifischen Einkommensverteilungen Verteilungsfunktionen

$$F_{A,j}(E^A), \tag{2}$$

mit $j = 0, \ldots 7$, in Ansatz gebracht.[10]

4.1.3 Studiengebühren

Bei der Ermittlung von Studiengebühren gehen wird zunächst von den mit B_t^n bezeichneten vollen institutionellen Kosten der Perioden t aus und beziehen diese auf die Gesamtheit der Studierenden. Dadurch erhält man die nominellen vollen institutionellen Kosten pro Student und pro Jahr mit

$$C_t = \frac{B_t^n}{N_t} \quad \forall t = 0, \ldots, \overline{T}. \tag{3}$$

Um diese nominellen "Kosten pro Student" über eine durchschnittliche Studiendauer von T Perioden (Jahre) vergleichbar zu machen, wird ihr Barwert $\overline{C}_t$, mit

$$\overline{C}_t = \sum_{\tau=t}^{t+T-1} \frac{C_t}{(1+\pi)^\tau} \quad \forall t = 0, \ldots, \overline{T} - T, \tag{4}$$

berechnet. In (4) bezeichnet π die jährliche Inflationsrate, für die wir in der gesamten Studien 2 % p.a. ansetzen. Betrachtet man eine beliebige Periode, dann ist der $\overline{C}_t$–Wert als derjenige *nominelle Betrag* zu interpretieren, den ein Student einmalig am Beginn seines Studiums im Zeitpunkt t zahlen müßte, falls er sein Studium T Perioden später abschließen würde und die vollen institutionellen Kosten pro Student tragen müßte. Es wird hier allerdings ausdrücklich darauf hingewiesen, daß die $\overline{C}_t$–Werte nicht den Studiengebühren entsprechen, sondern ausschließlich zur Berechnung dieser notwendig sind.

Die *tatsächliche Höhe* von *Studiengebühren* wird aller Voraussicht nach Ergebnis einer politischen Diskussion sein und einen nach oben begrenzten *Anteil* an den *vollen institutionellen Kosten* ausmachen. Bezeichnet man diesen nach oben begrenzten Anteil allgemein mit s ($0 \leq s \leq 1$), dann beträgt der *Barwert* der vollen nominellen *Studiengebühren* allgemein

$$\overline{G}_t = s \cdot \overline{C}_t \qquad \forall t = 0, \ldots, \overline{T} - T. \tag{5}$$

Um die Studienbegühren über eine durchschnittliche Studiendauer von T konstant zu halten, wird eine zum jeweiligen $\overline{G}_t$–Wert äquivalente (konstante) Annuität G_τ über

$$G_\tau = \overline{G}_t \cdot \frac{\pi \cdot (1+\pi)^T}{(1+\pi) \cdot [(1+\pi)^T - 1]}, \tag{6}$$

mit

$$t = 0, \ldots, \overline{T} - T, \qquad \tau = t, \ldots, t + T - 1, \tag{7}$$

berechnet. Betrachtet man eine beliebige Periode t, in der ein Student sein Studium aufnimmt (z.B. 1995) und nimmt an, daß die voraussichtliche Studiendauer T Perioden betragen wird (z.B. 4 Jahre), dann müßte der Student bzw. seine Eltern am Beginn eines jeden Studienjahres einen konstanten nominellen Betrag in der Höhe von G_τ als Studiengebühren bezahlen. In diesem Beispiel wird unterstellt, daß der Student in die Klasse der "Vollzahler" fällt.

4.2 Gestaffelte Elternbeiträge

4.2.1 Modellformulierung

Im Modell 1 (Gestaffelte Elternbeiträge) werden die Studiengebühren i.d.R. von den Elternhaushalten getragen. Die soziale Verträglichkeit wird hergestellt, indem die Beitragshöhen von den Einkommen der Elternhaushalte abhängig gemacht werden. Diese Abhängigkeit läßt sich dadurch charakterisieren, daß

- bis zu einem Jahreseinkommen UG_1 keine und ab einem Jahreseinkommen OG_1 die vollen Studiengebühren im Sinne von (5) geleistet werden müssen. Hiebei gilt die Beziehung $UG_1 < OG_1$.
- Für Einkommen, die zwischen den beiden Grenzen UG_1 und OG_1 liegen, können die zu leistenden Beiträge unterschiedlich gestaffelt werden.

  Eine erste Möglichkeit bestünde darin, die Beiträge mit zunehmenden Einkommen ***progressiv ansteigend*** zu gestalten. Alternativ dazu könnten die Beiträge ***linear ansteigend*** modelliert werden.

  Gespräche mit den im Bundesministerium für Finanzen für Tarifgestaltungen zuständigen Experten haben jedoch ergeben, daß ein progressiv ansteigender Studiengebührenverlauf keine wirklich spürbare Entlastung gegenüber dem linearen darstelle und daher ex–ante ein linearer Verlauf in Frage komme. Für eine erste Studie folgen wir dieser Ansicht, merken aber an, daß eine Verifikation nur durch die Implementation beider Varianten mit anschließendem Vergleich möglich ist.[11]

Die für die folgende Modellbildung relevanten Zusammenhänge sind in der Abbildung 12 schematisch dargestellt.

Bezeichnet man mit E^E das Jahreseinkommen eines Elternhaushaltes und wählt für die erwähnten Einkommensgrenzen die oben eingeführten Variablen UG_1 und OG_1, dann kann der pro Student zu leistende Anteil an den vollen Studiengebühren als Funktion $g(E^E)$, mit

$$g(E^E) = \begin{cases} 0 & \text{falls} \quad 0 \leq E^E \leq UG_1 \\ \frac{E^E - UG_1}{OG_1 - UG_1} & \text{falls} \quad UG_1 \leq E^E \leq OG_1 \\ 1 & \text{falls} \quad E^E \geq OG_1 \end{cases} \tag{8}$$

formuliert werden.

Konsequenzen für den Elternhaushalt

Mit den bisherigen Ausführungen lassen sich die Konsequenzen für die Elternhaushalte beschreiben. Falls

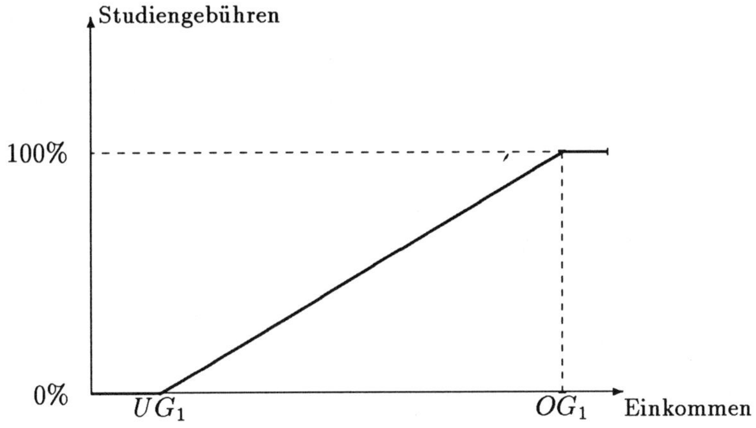

Abbildung 12: Einkommensabhängige Studiengebühren

- das jährliche Elterneinkommen E^E ausmacht,
- die Studiendauer T Perioden beträgt und
- der Student sein Studium in der Periode t aufnimmt,

dann betragen im Modell 1 die jährlichen Studiengebühren für diesen Studenten (bzw. für seine Eltern)[12]

$$\mathcal{G}(E^E) = G_\tau \cdot g(E^E), \tag{9}$$

mit

$$\tau = t, \ldots, t + T - 1, \quad t = 0, \ldots, \overline{T} - T. \tag{10}$$

Konsequenzen für den Bundeshaushalt

Bringt man die in (9) beschriebenen einkommensabhängigen Studiengebühren pro Student mit der Verteilung der Studierenden in Anhängigkeit der Elterneinkommen in Verbindung, können die Konsequenzen für den Bundeshaushalt dargestellt werden.

Zu betrachten sind dabei für je zwei benachbarte Einkommensausprägungen E_k^E und E_{k-1}^E die entsprechenden Werte der Verteilungsfunktion $F_E(E_k^E)$

und $F_E(E^E_{k-1})$. Die Differenz $F_E(E^E_k) - F_E(E^E_{k-1})$ wird daraufhin als die Anzahl der Studierenden mit einem Elterneinkommen zwischen E^E_{k-1} und E^E_k angesehen. Bei insgesamt $k = 1\ldots, K$ diskreten Einkommensklassen

$$E^E_k = (k-1)\cdot\Delta + \underline{E}, \tag{11}$$

betragen die *nominellen Bugdeteinnahmen aus Studiengebühren* in der Periode t dann allgemein

$$S_t = \sum_{k=1}^{K} \mathcal{G}(E^E_k)\cdot[F_E(E^E_k) - F_E(E^E_{k-1})]. \tag{12}$$

In (11) repräsentieren $\underline{E}$ das kleinste betrachtete Einkommensniveau sowie Δ den Einkommenssprung[13] auf das unmittelbar höhrere Einkommensniveau und es gilt

$$F_E(E^E_0) = 0. \tag{13}$$

4.2.2 Modellrechnung und –ergebnisse

Modellparameter – Einkommensgrenzen

Wie oben ausgeführt wurde, wird das Modell 1 insbesondere durch die *Einkommensgrenzen* determiniert. Für die hier betrachteten Berechnungen wurden *drei Varianten* unterschieden.

- In allen drei Varianten sind bis zu einer Einkommensgrenze von jährlich öS 250.000,– keine Studiengebühren zu leisten. Die gewählte Grenze liegt knapp über dem Medianeinkommen.
- Der Einkommensgrenze, ab der die vollen Studiengebühren zu entrichten sind, liegen keine explizite Berechnungen zugrunde. Die Einkommensobergrenze ist im Sinne einer Szenarienrechnung modelliert und beträgt
  - in der Variante 1 öS 400.000,–,
  - in der Variante 2 öS 500.000,– und
  - in der Variante 3 öS 600.000,–.

Modellparameter – Studiengebühren

Die "*vollen Studiengebühren*" wurden ebenfalls im Sinne der Szenariotechnik modelliert, und es werden drei Varianten betrachtet. Die "vollen Studiengebühren" betragen

- in der Variante 1 jährlich öS 20.000,– (das sind rund 16.56 % der vollen institutionellen Kosten),
- in der Variante 2 jährlich öS 25.000,– (das sind rund 20.70 % der vollen institutionellen Kosten) und
- in der Variante 3 jährlich öS 30.000,– (das sind rund 24.84 % der vollen institutionellen Kosten).

Konsequenzen für den Elternhaushalt

Die angenommenen Parameter ziehen für einen Elternhaushalt unterschiedliche Konsequenzen nach sich. Die wohl wichtigste Frage ist die der finanziellen Belastung eines Elternhaushaltes. Eine erste Antwort darauf ergibt sich unmittelbar aus der Abbildung 13, in der

- für die angenommenen Einkommensgrenzen und
- Studiengebühren in der Höhe von öS 20.000,-

die zu leistenden Studiengebühren in Abhängigkeit vom Jahreseinkommen dargestellt sind.

Obwohl aus der Abbildung 13 die finanzielle Belastung eines Elternhaushalts unmittelbar abgelesen werden kann, ist sie für eine Beurteilung der Belastbarkeit weniger gut geeignet, weil sie die finanzielle Belastung in absoluten Zahlen zeigt. Für eine Beurteilung wesentlich besser geignet ist die Abbildung 14. Sie zeigt die jährlich zu leistenden Studiengebühren *in Prozent von einem Monatseinkommen.*[14]

Geht man von (vollen) Studiengebühren in der Höhe von öS 20.000,- aus, dann ist aus der Abbildung 14 in Abhängigkeit der gewählten Einkommensobergrenzen und des Elternhaushaltseinkommens ablesbar, wieviel Prozent von einem Monatseinkommen[15] pro Jahr an Studiengebühren zu bezahlen sind. So ist etwa bei einem Elternhaushaltseinkommen von öS 500.000,- jährlich 56 % von *einem* Monatseinkommen für Studiengebühren aufzuwenden.

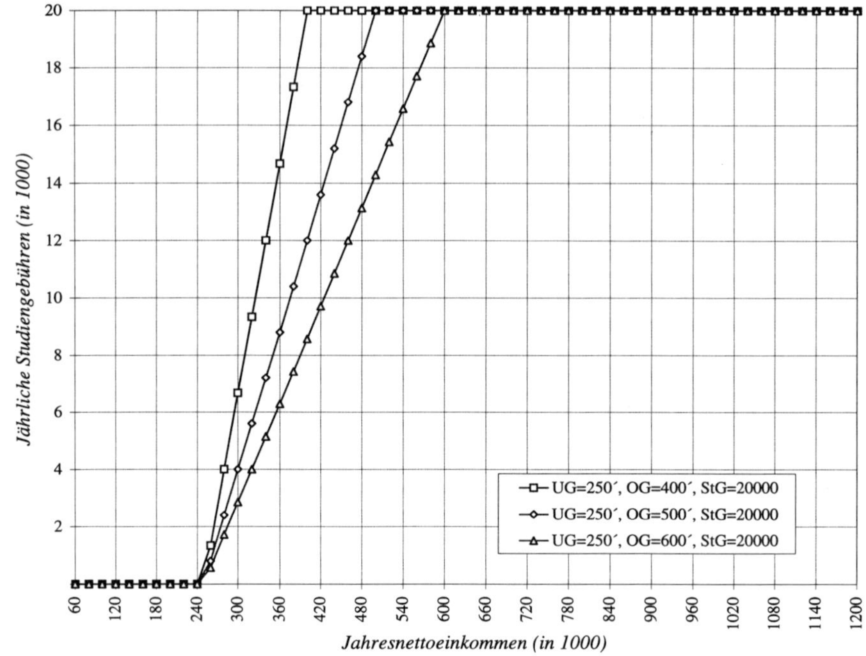

Abbildung 13: Staffelung der jährlichen Studiengebühren in Abhängigkeit vom Jahreseinkommen

Das Monatseinkommen beträgt in diesem Falle $\frac{500000}{14} = 35714$ und die jährliche Studiengebühren betragen $35714 \cdot 0.56 = 20000$.

Aus der Abbildung 14 ist darüber hinaus deutlich der Einfluß unterschiedlicher Einkommensgrenzen, ab der die vollen Studiengebühren zu entrichten sind, ersichtlich. Bei einem Monatseinkommen von öS $\frac{400000}{14} = 28571$ müßten im Falle der Einkommensgrenze von öS 400.000,– 70 % eines Monatseinkommens, d.s. $28571 \cdot 0.70 = 20000$ jährlich an Studiengebühren bezahlt werden. Verlagert man die Einkommensgrenze auf öS 500.000,–, dann wären nur mehr 42 % eines Monatseinkommens, d.s. $28571 \cdot 0.42 = 12000$, an Studiengebühren zu entrichten. Legt man die Einkommensgrenze auf öS 600.000,–, führt das zu jährlichen Studiengebühren in der Höhe von 30 % eines Monatseinkommens, in absoluten Werten daher zu Gebühren in der Höhe von $28571 \cdot 0.30 = 8571$.

Bemerkenswert bei dieser Modellvariante ist (vgl. Abbildung 14), daß maximal 70 % eines Monatseinkommens für Studiengebühren (pro Jahr) aufzuwenden ist, falls die Einkommensgrenze, ab der die vollen Studiengebühren zu

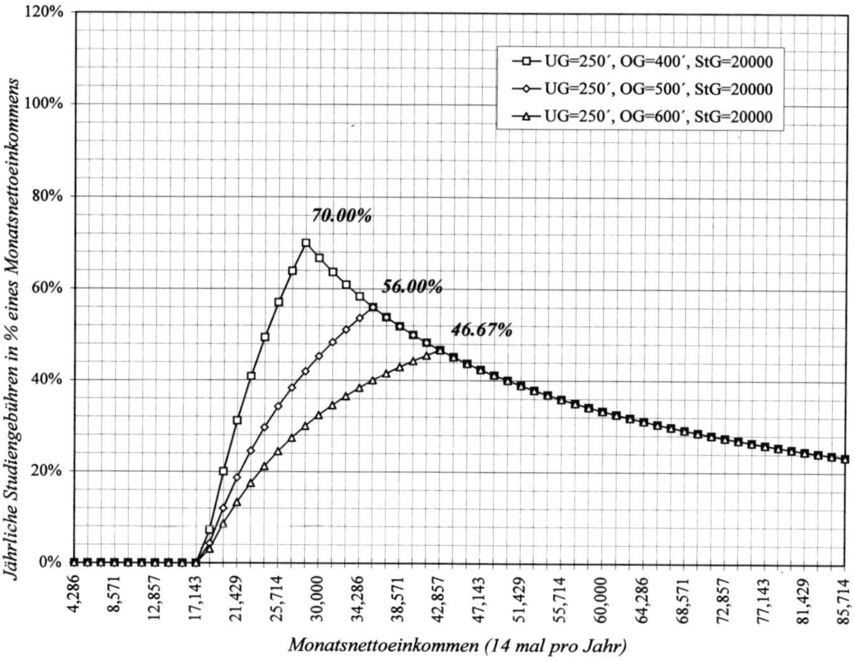

Abbildung 14: Jährlichen Studiengebühren vs. Monatseinkommen (Studiengebühren öS 20.000,–)

entrichten ist, öS 400.000,– beträgt. Äquivalent dazu sind maximal 56 % bzw. 46.67 % eines Monatseinkommens für Studiengebühren anzusetzen, wenn die Einkommensobergrenze mit öS 500.000,– bzw. öS 600.000,– festgesetzt wird.

Die Abbildung 15 zeigt für die angenommenen Einkommensgrenzen und

- Studiengebühren in der Höhe von öS 25.000,–

ebenfalls die jährlich zu leistenden Studiengebühren in *Prozent von einem Monatseinkommen.*

Wie aus der Abbildung 15 zu erkennen ist, führt eine Erhöhung der Studiengebühren (bei denselben Einkommensobergrenzen wie in der Variante der Abbildung 14) zu "steileren" Belastungsverläufen. Falls die Einkommensgrenze, ab der die vollen Studiengebühren zu entrichten sind, mit öS 400.000,– festgesetzt wird, bedeutet das für Elternhaushalte mit einem monatlichen Haushaltseinkommen von öS $\frac{400000}{14} = 28571$, daß sie 87.50 % eines Monats-

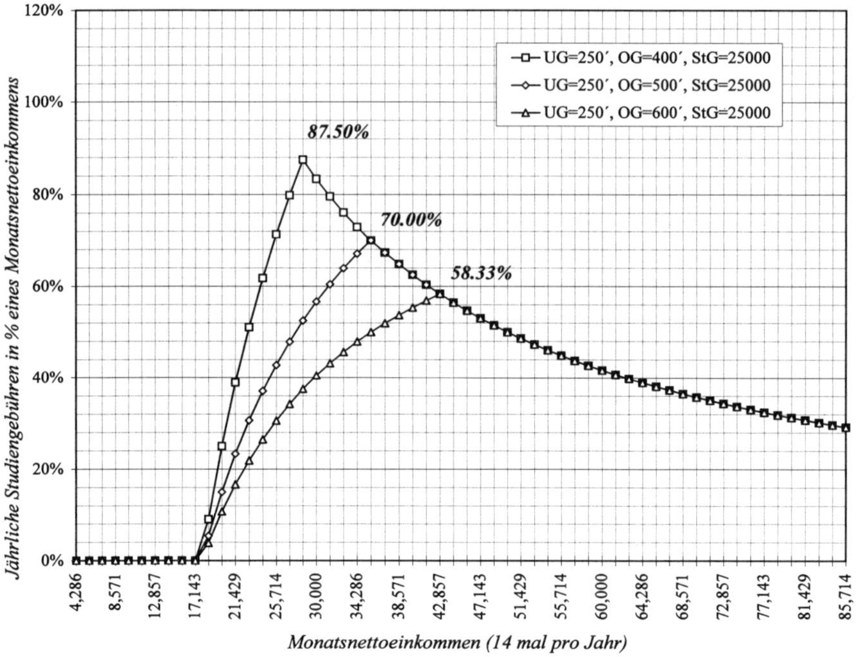

Abbildung 15: Jährlichen Studiengebühren vs. Monatseinkommen (Studiengebühren öS 25.000,–)

einkommens für Studiengebühren (d.s. öS 25.000,–) aufzuwenden haben. Das ist gleichzeitig der maximale Anteil eines Monatseinkommens, der für Studiengebühren aufzubringen ist. Äquivalent dazu sind maximal 70 % bzw. 58.37 % eines Monatseinkommens für Studiengebühren anzusetzen, wenn die Einkommensobergrenze mit öS 500.000,– bzw. öS 600.000,– festgesetzt wird.

Die Abbildung 16 zeigt für die angenommenen Einkommensgrenzen und

- Studiengebühren in der Höhe von öS 30.000,–

die jährlich zu leistenden Studiengebühren in *Prozent von einem Monatseinkommen.*

Wie aus der Abbildung 16 zu ersehen ist, führen Studiengebühren von öS 30.000,– bei einer Einkommensgrenze von öS 400.000,– (Grenze, ab der volle Studiengebühren zu bezahlen sind) dazu, daß Elternhaushalte mit einen monatlichen Einkommen von öS $\frac{400000}{14}$ = 28571 105 % eines Monatsein-

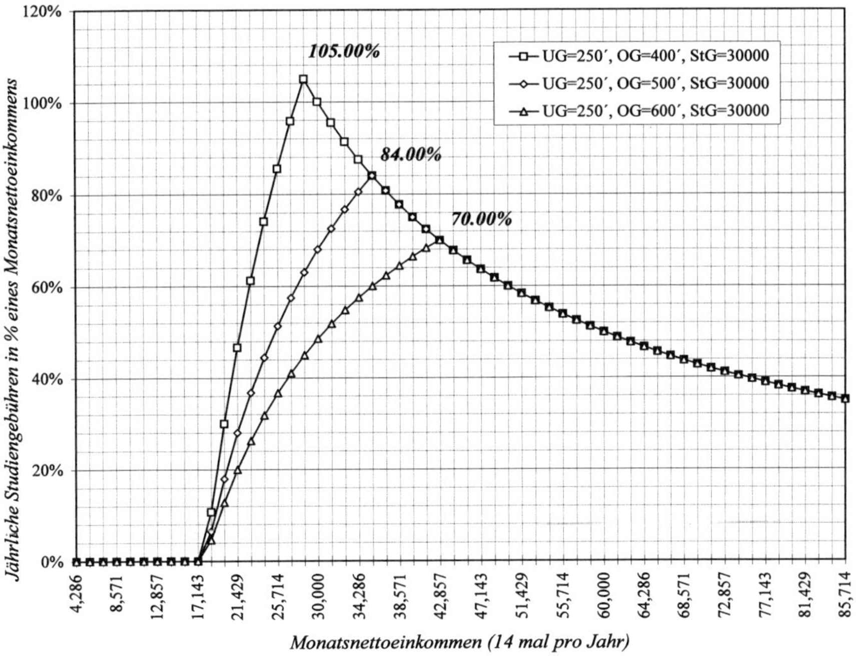

Abbildung 16: Jährlichen Studiengebühren vs. Monatseinkommen (Studiengebühren öS 30.000,–)

kommens (d.s. öS 30.000,–) für Studiengebühren aufwenden müssen. Legt man die Einkommensgrenze, ab der die vollen Studiengebühren zu bezahlen sind, auf öS 500.000,–, dann müssen Elternhaushalte mit einen monatlichen Einkommen von öS $\frac{500000}{14} = 35714$ 84 % eines Monatseinkommens (d.s. öS 30.000,–) für Studiengebühren aufwenden. Äquivalent dazu sind maximal 70 % eines Monatseinkommens für Studiengebühren anzusetzen, wenn die Einkommensobergrenze mit öS 600.000,– festgesetzt wird.

Exemplarische Betrachtung

Obwohl aus den Abbildungen 14 bis 16 für jedes Einkommensniveau die finanziellen Konsequenzen für einen Elternhaushalt abgelesen werden können, sollen an dieser Stelle für einige Einkommenssituationen die finanziellen Belastungen exemplarisch dargestellt werden. Zu diesem Zweck betrachten wir vier Haushalte A, B, C und D mit den folgenden Haushaltsnettoeinkommen:

Elternhaushalt	A	B	C	D
Monatliches Haushalts-nettoeinkommen	15.000,-	20.000,-	25.000,-	30.000,-

Die angenommenen monatlichen Haushaltsnettoeinkommen führen zu Jahresnettoeinkommen von:

Elternhaushalt	A	B	C	D
Jährliches Haushalts-nettoeinkommen	210.000,-	280.000,-	350.000,-	420.000,-

Mit der oben eingeführten Einkommensuntergrenze (öS 250.000,-), bis zu der keine Studiengebühren zu leisten sind, resultiert für den Haushalt A, daß er keine Studiengebühren zu entrichten hat. Für die Haushalte B, C und D hängen die finanziellen Belastungen von der jeweiligen Höhe der vollen Studiengebühren und von den jeweiligen Einkommensobergrenzen, ab der die vollen Studiengebühren zu bezahlen sind, ab. Die finanziellen Konsequenzen sind in den folgenden Tabellen zusammengestellt:

Volle Studiengebühren von öS 20.000,-

Bei vollen Studiengebühren in der Höhe von öS 20.000,- belaufen sich die jährlichen finanziellen Belastungen für die angenommenen Elternhaushalte und für die gewählten Einkommensgrenzen wie folgt:

	Höhe der Studiengebühren			
Elternhaushalt	A	B	C	D
Monatseinkommen	15.000,-	20.000,-	25.000,-	30.000,-
UG = 250.000,- OG = 400.000,-	0,-	4.000,-	13.333,-	20.000,-
UG = 250.000,- OG = 500.000,-	0,-	2.400,-	8.000,-	13.600,-
UG = 250.000,- OG = 600.000,-	0,-	1.714,-	5.714,-	9.714,-

Volle Studiengebühren von öS 25.000,–

Bei vollen Studiengebühren in der Höhe von öS 25.000,– belaufen sich die jährlichen finanziellen Belastungen für die angenommenen Elternhaushalte und für die gewählten Einkommensgrenzen wie folgt:

	Höhe der Studiengebühren			
Elternhaushalt	A	B	C	D
Monatseinkommen	15.000,–	20.000,–	25.000,–	30.000,–
UG = 250.000,– OG = 400.000,–	0,–	5.000,–	16.666,–	25.000,–
UG = 250.000,– OG = 500.000,–	0,–	3.000,–	10.000,–	17.000,–
UG = 250.000,– OG = 600.000,–	0,–	2.142,–	7.143,–	12.143,–

Volle Studiengebühren von öS 30.000,–

Bei vollen Studiengebühren in der Höhe von öS 30.000,– belaufen sich die jährlichen finanziellen Belastungen für die angenommenen Elternhaushalte und für die gewählten Einkommensgrenzen wie folgt:

	Höhe der Studiengebühren			
Elternhaushalt	A	B	C	D
Monatseinkommen	15.000,–	20.000,–	25.000,–	30.000,–
UG = 250.000,– OG = 400.000,–	0,–	6.000,–	20.000,–	30.000,–
UG = 250.000,– OG = 500.000,–	0,–	3.600,–	12.000,–	20.400,–
UG = 250.000,– OG = 600.000,–	0,–	2.571,–	8.572,–	14.571,–

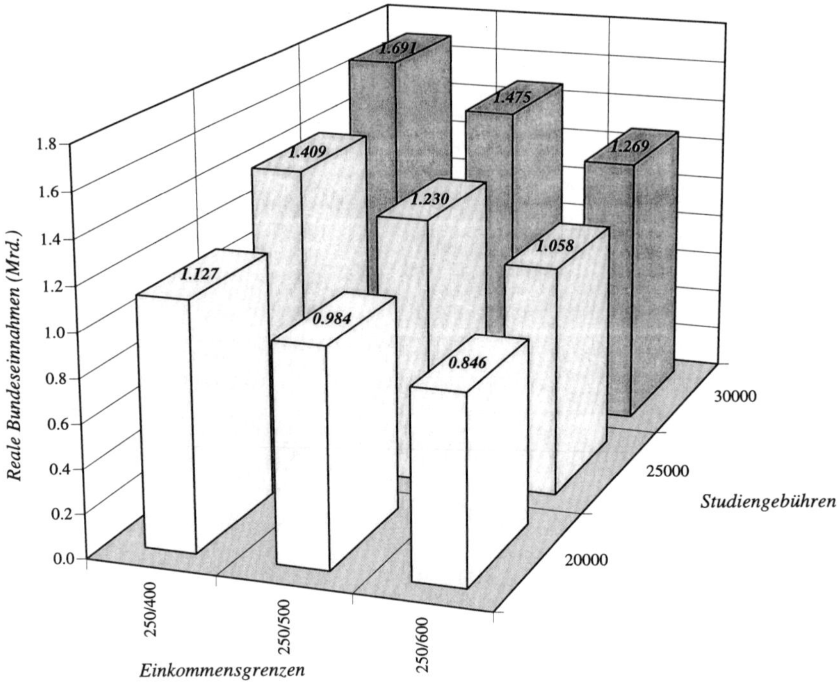

Abbildung 17: Einnahmen des Bundes für unterschiedliche Modellkonstellationen

Konsequenzen für den Bundeshaushalt

Oben wurden sowohl für die vollen Studiengebühren (öS 20.000,–, öS 25.000,– und öS 30.000,–,) als auch für die Einkommensgrenzen (öS 400.000,–, öS 500.000,– und öS 600.000,–), ab der die vollen Gebühren zu tragen sind, drei Varianten unterschieden. Insgesamt ergeben sich daher 9 Modellkonstellationen, die entsprechend der Beziehung (12) zu unterschiedlichen Budgeteinnahmen aus Studiengebühren führen.

Aus der Abbildung 17 ist ersichtlich, daß die Budgeteinnahmen aus Studiengebühren im Modell 1 von der jeweiligen Parameterkonstellation abhängt. Die Budgeteinnahmen[16] liegen zwischen[17]

- *öS 0.846 Mrd.*, bei vollen Studiengebühren in der Höhe von öS 20.000,- und einer Einkommensgrenze, ab der die vollen Studiengebühren zu leisten sind, in der Höhe von öS 600.000,- und
- *öS 1.691 Mrd.*, bei vollen Studiengebühren in der Höhe von öS 30.000,- und einer Einkommensgrenze, ab der die vollen Studiengebühren zu leisten sind, in der Höhe von öS 400.000,-.

In der Abbildung 17 kommen deutlich die folgenden Zusammenhänge zum Ausdruck:

- Je größer das die Gebührenstaffelung ausmachende Einkommensintervall ist (c. p.), desto geringer werden die Budgeteinnahmen aus Studiengebühren.
- Umgekehrt gilt natürlich, daß die Budgeteinnahmen aus Studiengebühren umso größer werden, je höher die vollen Studiengebühren (c. p.) angesetzt werden.
- Werden beide Parametergrößen im nahen Bereich der angenommen Größen variiert, so können mit grundsätzlich unterschiedlichen Parameterausprägungen "dieselben" Budgeteinnahmen realisiert werden:
  - So z.B. führt die Parameterkonstellation "volle Studiengebühren in der Höhe von öS 20.000,- und Gebührenstaffelungsintervall öS 250.000,- bis öS 400.000,-" zu Budgeteinnahmen in der Höhe von öS 1.127 Mrd.
  - Dieselben Budgeteinnahmen (öS 1.127 Mrd.) könnten auch bei einem Gebührenstaffelungsintervall von öS 250.000,- bis öS 600.000,- und vollen Studiengebühren knapp unter öS 30.000,- erzielt werden.

  Solche Betrachtungen sind insbesondere unter finanz- *und* sozialpolitischen Gesichtspunkten interessant.

4.3 Einkommensabhängige Darlehensvariante mit unbeschränktem Anspruch

4.3.1 Modellformulierung

Das Studiengebührenmodell 2 ist als Darlehensmodell zu begreifen und völlig unabhängig vom Einkommen des Elternhaushaltes. In diesem Modell müssen die Studierenden bzw. deren Eltern die Studiengebühren nicht während des Studiums entrichten. Die Studiengebühren werden aus der Sicht eines Studierenden während des Studiums über ein Darlehen fremdfinanziert, das der Studierende nach dem Eintritt in das Erwerbsleben zurückzahlt. Einen Anspruch auf ein derartiges Darlehen hat grundsätzlich jeder Student. Es wird aber nicht ausgeschlossen, daß auf diesen Anspruch verzichtet wird. Die Studiengebühren können selbstverständlich auch während des Studiums entrichtet werden.[18] Die soziale Verträglichkeit dieses Modells ergibt sich aus "speziellen" Darlehenskonditionen, die an das Einkommen der (künftigen) Absolventen gebunden sind. Je nach der Höhe des Absolventeneinkommens variiert die Anzahl der Frei– und Tilgungsjahre bwz. die damit im Zusammenhang stehende Höhe der jährlichen Rückzahlungsbeträge. In Extremfällen wird das Darlehen gar nicht oder nur zu einem Teil getilgt.

Als Grundlage für die Höhe der jährlichen Tilgungsbeträge wird das Absolventeneinkommen betrachtet (wenn im folgenden von Einkommen gesprochen wird, ist stets das Absolventeneinkommen gemeint). Die geschilderte Sozialverträglichkeit wird ähnlich wie im Modell 1 hergestellt, indem

- bis zu einem Einkommen UG_2 keine Tilgung und
- bei einem Einkommen von OG_2 ein Anteil $\overline{d}$ vom Einkommen solange als Tilgung zu verwenden ist, bis das Darlehen vollständig getilgt ist.
- Für Einkommen, die zwischen den beiden Grenzen UG_2 und OG_2 und darüber liegen, verläuft der Anteil vom Einkommen, der als Darlehenstilgung zu verwenden ist, linear.

  Die Gründe für diese Art der Tilgungsgestaltung sind äquivalent zu den Gründen, die zur konkreten Tarifgestaltung im Modell 1 führten. Sie werden deshalb an dieser Stelle nicht noch einmal wiederholt.
- Die für die folgende Modellbildung relevanten Tilgungsmodalitäten sind in der Abbildung 18 schematisch dargestellt.

Bezeichnet man mit E^A allgemein das relevante Jahreseinkommen eines Absolventen und wählt für die rückzahlungsbestimmenden Einkommensgrenzen die oben eingeführten Variablen UG_2 und OG_2, dann beträgt der *Anteil* am *Einkommen*, der zur *Darlehenstilgung* aufzuwenden ist, allgemein

$$d(E^A) = \begin{cases} 0 & \text{falls} \quad 0 \leq E^A \leq UG_2 \\ \overline{d} \cdot \frac{OG_2 \cdot (E^A - UG_2)}{E^A \cdot (OG_2 - UG_2)} & \text{sonst} \end{cases} \tag{14}$$

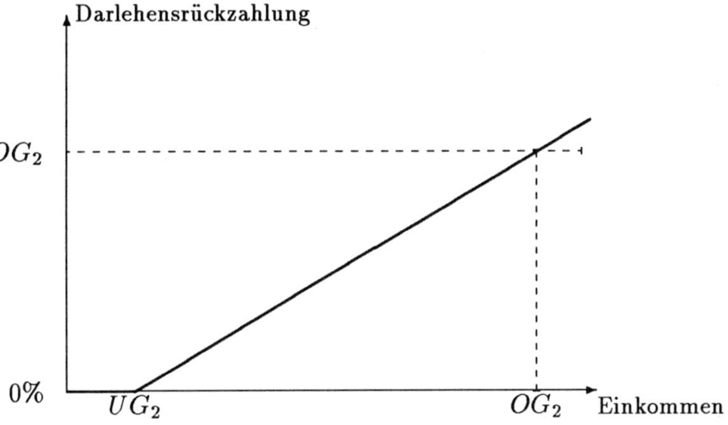

Abbildung 18: Einkommensabhängige Darlehensrückzahlung

Geht man auf absolute Werte über, dann betragen die jährlichen nominellen Tilgungsbeträge in Abhängigkeit des Einkommens allgemein

$$D(E^A) = d(E^A) \cdot E^A. \tag{15}$$

Konsequenzen für die Absolventen

Wird das Modell 2 implementiert, dann sind für die Absolventen insbesondere die Entwicklung der einkommensabhängigen Restschuld und die an die Entwicklung des Einkommens angepaßten Rückzahlungsbeträge von Interesse.

Für die zeitliche Entwicklung der Restschuld ist zunächst bedeutsam, daß der ausstehende Darlehensbetrag unmittelbar nach Beendigung des Studiums unabhängig von der Einkommenssituation der Absolventen ist, weil bis zu diesem Zeitpunkt i.d.R. noch keine Tilgungen anfallen werden. Beginnt ein Student sein Studium in der Periode $t_0 - T$ und beträgt die Studiendauer T Perioden (Jahre), dann beträgt der ausstehende Darlehensbetrag im Zeitpunkt t_0, d.h. unmittelbar nach Beendigung des Studiums, allgemein

$$Y_{t_0} = Y_{t_0,k} = \overline{G}_{t_0-T} \cdot (1+\pi)^T. \tag{16}$$

In (16) wird mit Y_{t_0} der in der Periode t_0 ausstehende Darlehensbetrag bezeichnet. Da dieser Darlehensbetrag in t_0 unabhängig vom Einkommen ist, ist er in t_0 gleichzeitig auch der ausstehende Darlehensbetrag $Y_{t_0,k}$ in einer beliebigen Einkommensklasse $k = 1, \ldots, K$.

Bezeichnet man weiters mit $y_{t,k}$ den Tilgungsbetrag, der in der Periode $t = t_0 + 1, \ldots, \overline{T}$ von einem Absolventen der Einkommensklasse k gezahlt wird, dann entwickelt sich der ausstehende Darlehensbetrag in der Einkommensklasse k nach der allgemeinen Regel "Restschuld heute ist Restschuld gestern zuzüglich Zinsen[19] minus Tilgung heute", über

$$Y_{t,k} = Y_{t-1,k} \cdot (1 + \pi) - y_{t,k}, \tag{17}$$

$$\forall t = t_0 + 1, \ldots, \overline{T}, \tag{18}$$

mit

$$y_{t,k} = \min\{\bar{y}_{t,k} \cdot (1 + \pi)^{t-t_0}, Y_{t-1,k} \cdot (1 + \pi)\} \tag{19}$$

und

$$\bar{y}_{t,k} = D(E^A_{k,t}). \tag{20}$$

(19) und (20) repräsentieren die konkreten einkommensspezifischen bzw. periodenspezifischen Tilgungsleistungen und kommen aufgrund der folgenden Überlegung zustande:

Nimmt man an, daß die Einkommen entsprechend der Inflation steigen, dann steigen auch die Tilgungsbeträge nach (15) entsprechend der Inflation. Geht man daher von einem Absolventen aus, dessen Jahreseinkommen $E^A_{k,t}$ beträgt, dann würde der Tilgungsbetrag im Zeitpunkt t_0, d.h. unmittelbar nach Beendigung des Studiums gerade den Betrag ausmachen, der in (20) beschrieben ist.

Da die Tilgung jedoch erst in den Perioden $t = t_0 + 1, \ldots, \overline{T}$ stattfinden, muß der Tilgungsbetrag von (20) ensprechend der Inflation auf die jeweilige Periode t umgerechnet werden (Ausdruck $\bar{y}_{t,k} \cdot (1 + \pi)^{t-t_0}$ in (19)). Da in der letzten Tilgungsperiode die noch zu tilgende Schuld (Ausdruck $Y_{t-1,k} \cdot (1 + \pi)$ in der Beziehung (19)) unter Umständen kleiner ist als ein voller Tilgungsbetrag, ist entsprechend der kleinere Wert als Tilgung anzusetzen.

Konsequenzen für den Bundeshaushalt

Bringt man die einkommensabhängigen Tilgungsleistungen (19) mit den einkommensabhängigen Verteilungen der Absolventen in Verbindung, betragen die nominellen Budgeteinnahmen aus der Darlehensrückzahlung in der Periode $t = t_0 + 1, \ldots, \overline{T}$ allgemein

$$\mathcal{D}_t = \sum_{\tau=1}^{t} \sum_{k=1}^{K} y_{\tau,k} \cdot [F_{A,\lfloor \frac{\tau+1}{5} \rfloor}(E_k^A) - F_{A,\lfloor \frac{\tau+1}{5} \rfloor}(E_{k-1}^A)] \cdot (1+\pi)^{t-\tau}, \qquad (21)$$

mit

$$F_A(E_0^A) = 0. \qquad (22)$$

In (21) gelten hinsichtlich der Einkommensklassenbildung dieselben Überlegungen wie im Modell 1, und es wurde angenommen, daß die relativen Einkommenspositionen der Absolventen über die Zeit konstant bleiben.

Wenn hier die finanziellen Konsequenzen als Folge eines *Darlehens*modell beschrieben werden, erhebt sich natürlich die Frage nach etwaigen *Finanzierungskosten*:

- Aus der Sicht der Investitionstheorie geht es bei der Einführung von Studiengebühren (auch auf der Basis des Darlehensmodells) um die Frage der Vorteilhaftigkeit. Für die Beurteilung der Vorteilhaftigkeit sind aus investitionstheoretischer Sicht nun lediglich die *zusätzlich* entstehenden Ein– und Auszahlungen mit in den Kalkül zu ziehen. Sieht man von den administrativen Kosten der Einführung (im Sinne von Auszahlungen) ab, so entstehen für den Bund zweifelsfrei *zusätzliche* Einzahlungen (Einnahmen) in der Höhe der Tilgungsleistungen nach (21). *Zusätzliche* Auszahlungen (etwa für Zwischenfinanzierung) fallen unmittelbar jedoch nicht an, weil die gewährten Darlehen nicht an die Studierenden ausbezahlt werden. Daher entstehen unmittelbar auch keine zusätzlichen Finanzierungskosten.

- Geht man demgegenüber davon aus, daß mit der Einführung von Studiengebühren auf der Basis von Darlehen flankierende Maßnahmen getroffen werden, so ist die Frage nach etwaigen Finanzierungskosten berechtigt. Als eine flankierende Maßnahme wäre etwa die Reform der Studienbeihilfe denkbar. In diesem Falle müßten dann die daraus resultierenden Finanzierungskosten bei den oben beschriebenen Tilgungsleistungen in Ansatz gebracht werden. Derartige Überlegungen können im vorgegebenen Projektumfang allerdings nicht angestellt werden.

- Im Vergleich mit dem Modell der gestaffelten Elternbeiträge ist die Frage von Finanzierungskosten jedoch insofern relevant, als dort sofortige Einnahmen anfallen und diese zur Vermeidung von (anderen) Finanzierungskosten herangezogen werden können. Im Darlehensfall stehen diese sofortige Einnahmen nicht zur Verfügung.

4.3.2 Modellrechnung und –ergebnisse

Modellparameter – Einkommensgrenzen

Das Darlehensmodell mit unbeschränktem Anspruch (Modell 2) wird insbesondere durch die die Tilgungsleistungen bestimmenden Einkommensgrenzen determiniert. Für die Berechnungen wurden drei Varianten von Einkommensgrenzen betrachtet.

- In allen drei Varianten ist bis zu einer Einkommensgrenze von von jährlich öS 160.000,– keine Darlehenstilgung vorzunehmen. Die gewählte Einkommensgrenze liegt knapp über dem durschnittlichen Jahresnettoeinkommen von unselbständig Beschäftigten.[20]
- Die Einkommensgrenzen, die den linear verlaufenden Tilgungstarif bestimmen, wurden wie im Modell 1 im Sinne einer Szenarienrechnung gestaltet. Die Einkommensgrenze, bei der exakt ein Monatseinkommen zur Tilgung aufgewendet werden muß, beträgt
  - in der Variante 1 öS 300.000,–,
  - in der Variante 2 öS 400.000,– und
  - in der Variante 3 öS 500.000,–.

  Damit ist implizit auch der Parameter $\overline{d}$ festgelegt. Da bei den angenommenen Einkommensobergrenzen exakt ein Monatseinkommen zur Darlehenstilgung zu verwenden ist, ergibt sich für $\overline{d} = \frac{1}{14}$.

Modellparameter – Studiengebühren

Damit das Darlehensmodell mit unbeschränktem Anspruch (Modell 2) mit dem Modell der gestaffelten Elternbeiträge (Modell 1) vergleichbar wird, wurden im Modell 2 dieselben Studiengebühren angesetzt wie im Modell 1. Die "vollen Studiengebühren" sind auch hier im Sinne der Szenariotechnik aufzufassen und betragen

- in der Gebührenvariante 1 jährlich öS 20.000,–,
- in der Gebührenvariante 2 jährlich öS 25.000,– und
- in der Gebührenvariante 3 jährlich öS 30.000,–.

Konsequenzen für die Absolventen

Die oben konkretisierten Modellparameter ziehen für die Absolventen unterschiedliche Konsequenzen nach sich. Die wohl wichtigste Frage ist die nach der individuellen Tilgungshöhe. Sie kann anhand der Abbildung 19 anschaulich beantwortet werden.

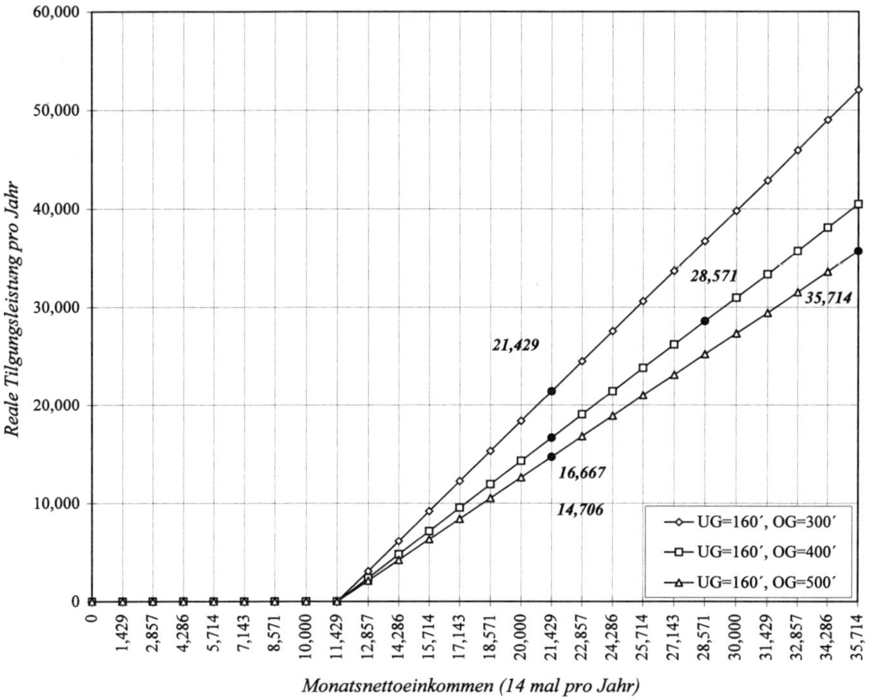

Abbildung 19: Tilgungsleistungen für unterschiedliche Modellkonstellationen

In der Abbildung 19 sind die für das Modell 2 angenommenen Tilgungsmodalitäten eingezeichnet. Zunächst ist ersichtlich, daß bis zu einem Monatseinkommen von öS 11.429,– (das entspricht einem Jahreseinkommen von öS 160.000,–) keine Darlehenstilgung vorgenommen werden muß. Präziser formuliert bedeutet das, daß Absolventen solange das gewährte Darlehen nicht zurückzahlen müssen, solange ihr Jahreseinkommen unter öS 160.000,– liegt. Wird diese Grenze im Laufe der Zeit – etwa durch Gehaltserhöhungen

– überschritten, sind die tilgungsfreien Zeiten vorüber und die erste dem Einkommen entsprechende Tilgungsrate wird fällig. Selbstverständlich kann es auch dazu kommen, daß das Einkommen wieder unter die Einkommensuntergrenze fällt. In diesem Falle werden die Tilgungsraten wieder ausgesetzt.

Für die erste Tilgungsvariante wird angenommen, daß bei einem Jahreseinkommen in der Höhe von öS 300.000,– jährlich genau ein Monatseinkommen – d.s. öS 21.429,– (vgl. Abbildung 19) – für die Rückzahlung des Darlehens zu verwenden ist. Die zweite bzw. dritte Tilgungsvariante ist dadurch charakterisiert, daß bei einem Jahreseinkommen in der Höhe von öS 400.000,– bzw. öS 500.000,– jährlich genau ein Monatseinkommen zur Darlehenstilgung aufzuwenden ist. Wie aus der Abbildung 19 ersichtlich ist, betragen die Tilgungsleistungen in diesen Fälle (Jahreseinkommen öS 400.000,– bzw. öS 500.000,–) öS 28.571,– bzw. öS 35.714,– (jeweils pro Jahr).

Geht man davon aus, daß ein Absolvent über ein Jahreseinkommen in der Höhe von öS 300.000,– verfügt, dann müßte er

- bei der Tilgungsvariante öS 300.000,– pro Jahr öS 21.429,– (d.s. 100 % eines Monatseinkommens bzw. 7.14 % des Jahreseinkommens),
- bei der Tilgungsvariante öS 400.000,– pro Jahr öS 16.667,– (d.s. ca. 77 % eines Monatseinkommens bzw. 5.55 % des Jahreseinkommens) und
- bei der Tilgungsvariante öS 500.000,– pro Jahr öS 14.706,– (d.s. ca. 68 % eines Monatseinkommens bzw. 4.90 % des Jahreseinkommens)

für die Rückzahlung des Darlehens bereitstellen.

Exemplarische Betrachtung

Wie im Modell 1 sollen auch an dieser Stelle für einige Absolventeneinkommen die finanziellen Belastungen bzw. die Tilgungsdauern exemplarisch dargestellt werden. Zu diesem Zweck betrachten wird drei Absolventen X, Y und Z, die unmittelbar nach Beendigung ihres Studiums die folgenden Jahresnettoeinkommen realisieren:

Absolvent	X	Y	Z
Jahresnettoeinkommen	214.000,–	238.000,–	265.000,–
Monatsnettoeinkommen	15.286,–	17.000,–	18.928,–

Die Einkommenssitutationen der Absolventen wurde hier so gewählt, daß das erste Quartil, der Median und das dritte Quartil der Absolventeneinkommen repräsentiert werden (vgl. Tabelle 18). Bei den im folgenden dargestellten Tilgungsplänen wird angenommen, daß die Absolventen – über die Zeit betrachtet – stets die entsprechenden Quartilseinkommen repräsentieren.

Je nach Höhe der Studiengebühren werden die betrachteten Absolventen die entsprechende Darlehen unterschiedlich lange tilgen. Die Höhe der Tilgungsbeträge ist hingegen in allen Varianten dieselbe. Im folgenden sind für die betrachteten Absolventen die <u>nominellen</u> Tilgungsbeträge (pro Jahr) für jedes Tilgungsmodell dargestellt. Die die Rückzahlungsbeträge bestimmenden Einkommensgrenzen UG (Untergrenze) und OG (Obergrenze) sind in 1000 angegeben.

	Nominelle Tilgungsbeträge								
	Absolvent X			Absolvent Y			Absolvent Z		
UG	160	160	160	160	160	160	160	160	160
OG	300	400	500	300	400	500	300	400	500
Jahr									
1	8431	6557	5786	12178	9471	8357	16393	12750	11250
2	8599	6688	5901	12421	9661	8524	16721	13005	11475
3	8609	6696	5908	13482	10486	9252	19329	15034	13265
4	8781	6830	6026	13751	10695	9437	19716	15334	13530
5	8957	6966	6147	14026	10909	9626	20110	15641	13801
6	9136	7106	6270	14307	11128	9818	20512	15954	14077
7	9318	7248	6395	14593	11350	10015	20922	16273	14359
8	8070	6277	5538	16320	12693	11200	26362	20504	18092
9	8232	6402	5649	16646	12947	11424	26890	20914	18454
10	8396	6530	5762	16979	13206	11652		21332	18823
11	8564	6661	5877	17318	13470	11885		21759	19199
12	8735	6794	5995	17665	13739	12123			19583
13	15048	11704	10327	27918	21714	19160			
14	15349	11938	10534		22148	19543			
15	15656	12177	10744		22591	19934			
16	15969	12420	10959			20332			
17	16289	12669	11178						
18	25577	19893	17553						
19		20291	17904						
20		20697	18262						
21		21111	18627						
22			19000						
23			23190						

Zunächst ist ausdrücklich darauf hinzuweisen, daß die in der Tilgungstabelle angeführten Beträge <u>nominelle</u> Werte darstellen.

Wie aus der Tilgungstabelle ersichtlich ist, hängt die Tilgungsdauer von den die Rückzahlungsbeträge bestimmenden Einkommensgrenzen ab; je größer das Einkommensintervall gewählt wird (c. p.), desto kleiner werden die Tilgungsbeträge und umso länger müssen die Darlehen zurückgezahlt werden. Während die Höhe der Tilgungsbeträge unabhängig von der Höhe der angesetzten vollen Studiengebühren ist, hängt die Tilgungsdauer unmittelbar davon ab. Die Tilgungsdauern in Abhängigkeit der vollen Studiengebühren sind in der folgenden Tabelle angeführt (Die die Rückzahlungsbeträge und damit die Tilgungsdauern bestimmenden Einkommensgrenzen UG (Untergrenze) und OG (Obergrenze) sind in 1000 angegeben.):[21]

	Tilgungsdauern								
	Absolvent X			Absolvent Y			Absolvent Z		
UG	160	160	160	160	160	160	160	160	160
OG	300	400	500	300	400	500	300	400	500
Volle Gebühr									
20.000,–	14	17	18	9	11	12	6	8	9
25.000,–	16	19	20	11	13	14	8	10	11
30.000,–	18	21	23	13	15	16	9	11	12

Konsequenzen für den Bundeshaushalt

Da auch im Modell 2 sowohl für die vollen Studiengebühren (öS 20.000,–, öS 25.000,– und öS 30.000,–,) als auch für die die Rückzahlung bestimmenden Einkommensgrenzen (öS 400.000,–, öS 500.000,– und öS 600.000,–) drei Varianten unterschieden wurden, ergeben sich insgesamt 9 Modellkonstellationen mit unterschiedlichen finanziellen Konsequenzen.

Im Unterschied zum Modell mit den gestaffelten Elternbeiträgen kommt im Darlehensmodell hinzu, daß die Budgeteinnahmen "aus Studiengebühren" zeitlich verzögert anfallen. Diese "Verzögerung" beinhaltet zwei Aspekte. Der erste Aspekt liegt darin, daß nach der Einführung der Darlehensvariante mit unbeschränktem Anspruch Einnahmen i.d.R. erst dann anfallen, nach dem die erste Absolventenkohorte ins Berufsleben eintrat. Ab diesem Zeitpunkt werden die Budgeteinnahmen mit jeder weiteren Absolventenkohorte steigen. Die Budgeteinnahmen werden allerdings erst in einem bestimmten zukünftigen Zeitpunkt – und darin ist der zweite Verzögerungsaspekt zu sehen – zu einem "konstanten" nachhaltig zu realisierenden Einnahmenbetrag konvergieren.

Die mit dem Modell 2 nachhaltig realisierbaren Budgeteinnahmen sind für die jeweiligen Parameterkonstellationen (volle Studiengebühren und rückzahlungsbestimmende Einkommensgrenzen) in der Abbildung 20 dargestellt.

Aus der Abbildung 20 ist ersichtlich, daß die nachhaltig realisierbaren Budgeteinnahmen (in realen Werten) zwischen

- *öS 1.628 Mrd.* und

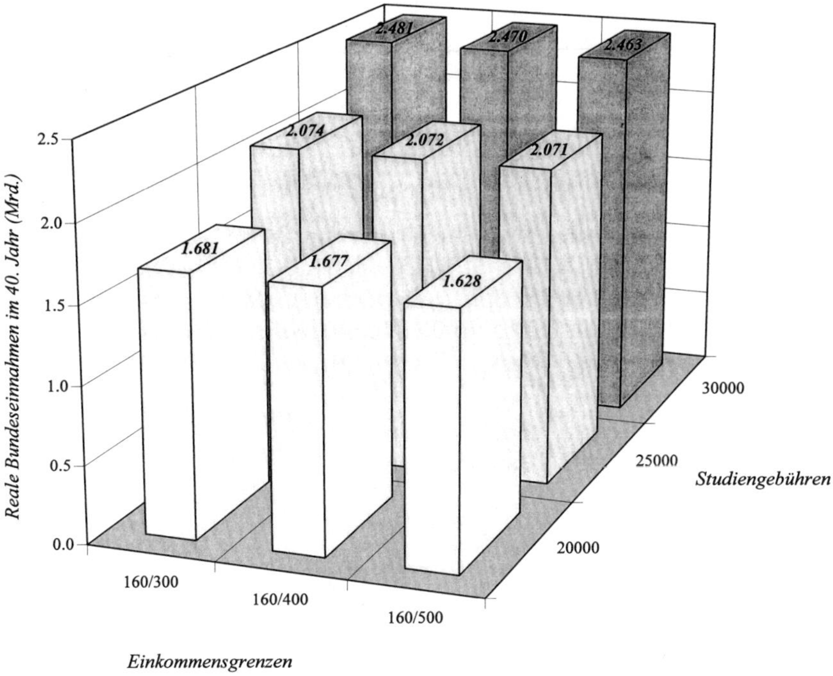

Abbildung 20: Nachhaltig realisierbare Einnahmen des Bundes

- *öS 2.481 Mrd.*

liegen. Darüber hinaus ist deutlich zu sehen, daß die nachhaltig realisierbaren Budgeteinnahmen

- im wesentlichen durch die zugrunde gelegten vollen Studiengebühren beeinflußt werden und daß dabei
- die rückzahlungsbestimmenden Einkommensgrenzen (aus der Sicht der Budgeteinnahmen) nur wenig ins Gewicht fallen.

Vergleicht man die *nachhaltig realisierbaren* Budgeteinnahmen des Darlehensmodells mit unbeschränktem Anspruch (Abbildung 20) mit den Budgeteinnahmen des Modells mit gestaffelten Elternbeiträgen (Abbildung 17), dann ist zunächst ersichtlich, daß

- das einnahmengrößte Szenario im Modell mit den gestaffelten Elternbeiträgen betragsmäßig öS 1.691 Mrd. und
- das einnahmenkleinste Szenario im Darlehensmodell mit unbeschränkten Anspruch (nachhaltig) betragsmäßig öS 1.628 Mrd. ausmacht.
- Längerfristig ist daher zweifelsfrei dem Darlehensmodell mit unbeschränktem Anspruch der Vorzug zu geben.

Da dieser Schluß aufgrund einer längerfristigen Betrachtung erfolgt, erhebt sich die Frage, wie die beiden Modelle aus einer kurzfristigen Perspektive zu beurteilen sind. Für die Beantwortung dieser Frage sind die aus dem Darlehensmodell resultierenden Budgeteinnahmen im zeitlichen Verlauf zu untersuchen. Dazu betrachten wir die Abbildungen 21 bis 24.

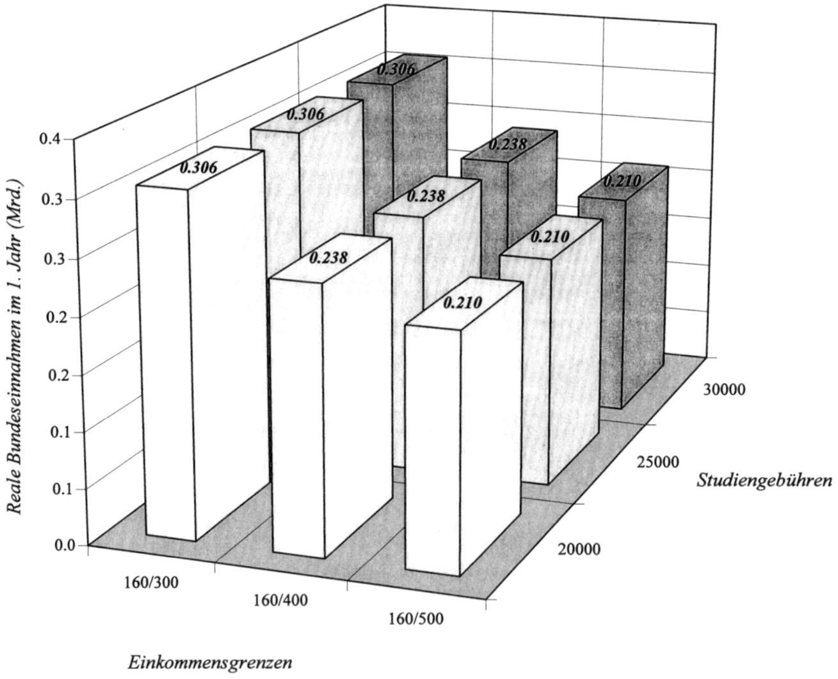

Abbildung 21: Einnahmen des Bundes für die erste Absolventenkohorte

Die Abbildung 21 zeigt für das Darlehensmodell die Einnahmen für das Budgetjahr, in dem die erste Absolventenkohorte die ersten Tilgungsleistungen erbracht hat. Wie aus der Abbildung 21 ersichtlich ist, kann im ersten Jahr kein Absolvent das ausstehende Darlehen vollständig tilgen und daher hängen die Budgeteinnahmen in diesem Jahr lediglich von den Einkommensgrenzen ab, die die Rückzahlung bestimmen.[22] Die Budgeteinnahmen liegen im ersten Jahr, nach dem die erste Studentenkohorte ihr Studium abschloß, zwischen öS 0.210 und öS 0.306 Mrd.

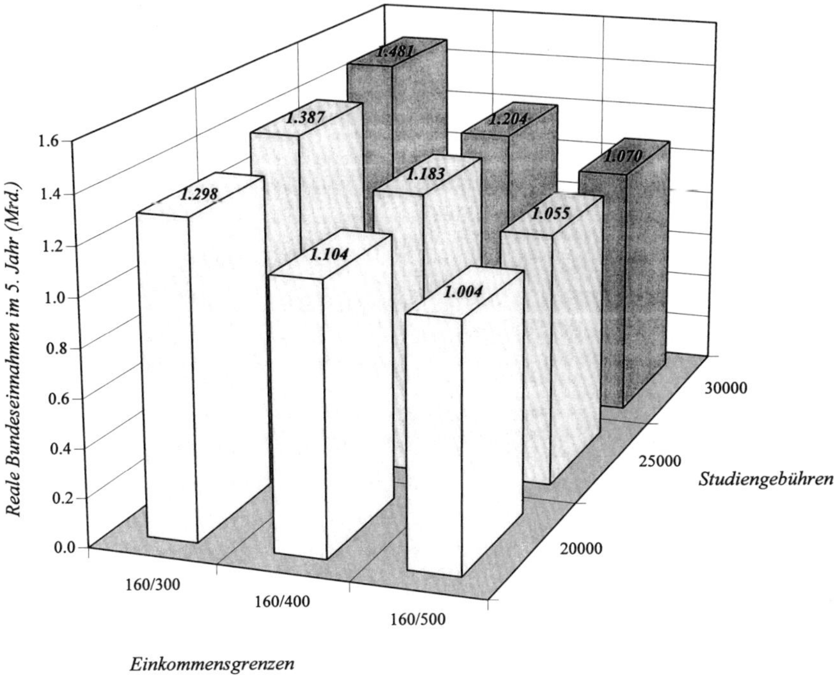

Abbildung 22: Einnahmen des Bundes im 5. Absolventenjahr

Die Abbildung 22 zeigt für das Darlehensmodell die Budgeteinnahmen im fünften Jahr, nach dem die erste Studentenkohorte ihr Studium abschloß. Die Budgeteinnahmen liegen in diesem Jahr je nach Modellvariante zwischen

- öS 1.004 Mrd. und
- öS 1.481 Mrd.,

und es ist bemerkenswert, daß für die Varianten mit öS 20.000,– Studiengebühren bereits höhere Einnahmen (öS 1.298, öS 1.104 bzw. öS 1.004 Mrd.) erzielt werden als im Modell mit den gestaffelten Elternbeiträgen (öS 1.127, öS 0.984 bzw. öS 0.846 Mrd.).

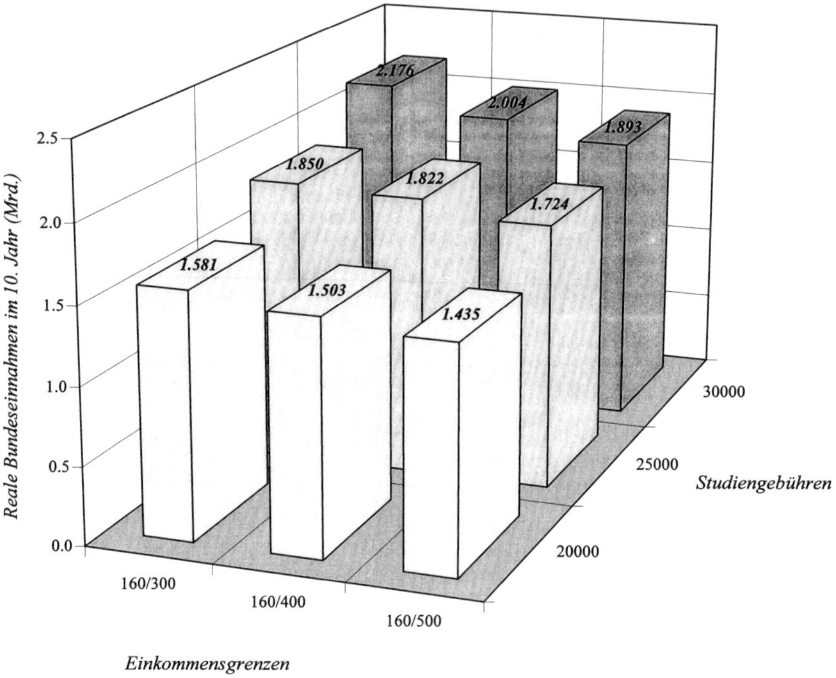

Abbildung 23: Einnahmen des Bundes im 10. Absolventenjahr

Die Abbildung 23 zeigt für das Darlehensmodell die Budgeteinnahmen im zehnten Jahr, nach dem die erste Studentenkohorte ihr Studium abschloß. Es ist ersichtlich, daß in allen 9 Varianten des Darlehenmodells höhere Einnahmen erzielt werden als im Modell mit den gestaffelten Elternbeiträgen. Die Budgeteinnahmen liegen in diesem (zehnten) Jahr je nach Modellvariante zwischen

- öS 1.435 Mrd. und
- öS 2.176 Mrd.

Im Vergleich dazu können im Modell mit den gestaffelten Elternbeiträgen Einnahmen zwischen öS 0.846 und öS 1.691 Mrd. realisiert werden.

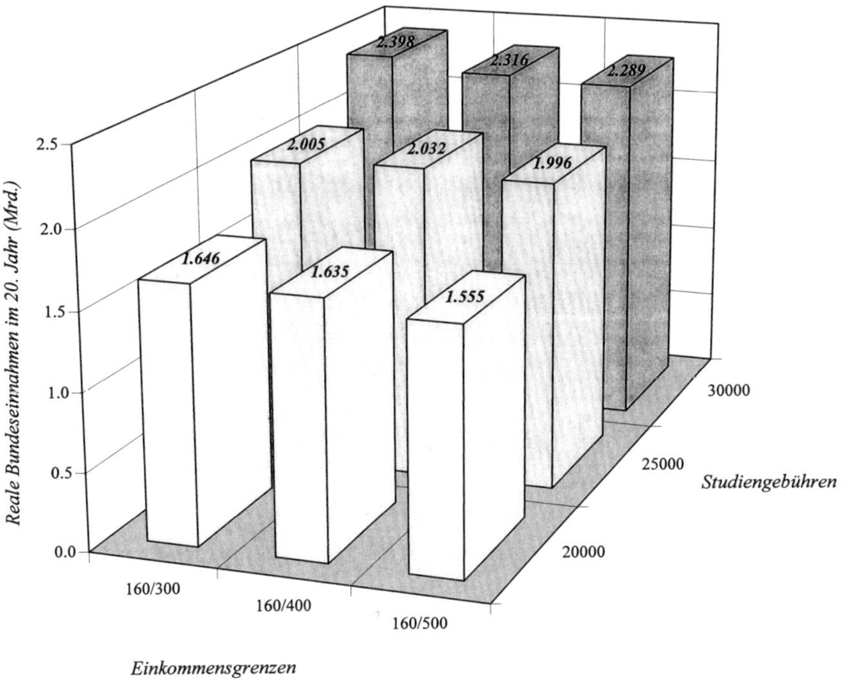

Abbildung 24: Einnahmen des Bundes im 20. Absolventenjahr

Die Abbildung 24 zeigt für das Darlehensmodell die Budgeteinnahmen im 20. Jahr, nach dem die erste Studentenkohorte ihr Studium abschloß. Auch im 20. Jahr werden in allen 9 Varianten des Darlehenmodells höhere Einnahmen erzielt als im Modell mit den gestaffelten Elternbeiträgen. Die Budgeteinnahmen liegen in diesem (20.) Jahr je nach Modellvariante zwischen

- öS 1.555 Mrd. und
- öS 2.398 Mrd.

Vergleicht man die in den Abbildungen 20 bis 24 präsentierten Budgeteinnahmen im Zeitablauf, so ist wird ersichtlich, daß die Zuwachsraten immer kleiner werden je weiter man in die Zukunft geht. Die Zuwachsraten konvergieren schließlich gegen Null und die Budgeteinnahmen zu einem "konstanten" nachhaltig realisierbaren Betrag (vgl. Abbildung 20).

Vergleicht man nun die Entwicklung der Budgeteinnahmen mit den Budgeteinnahmen des Modells mit den gestaffelten Elternbeiträgen, dann können zwei grundsätzliche Schlüsse gezogen werden:

- Bei einer kurzfristigen Betrachtung ist das Modell mit den gestaffelten Elternbeiträgen dem Darlehensmodell mit unbeschränktem Anspruch vorzuziehen, weil unmittelbar mit der Einführung Einnahmen erzielt werden können.
- Bei einer mittel- bis längerfristigen Betrachtung ist hingegen das Darlehensmodell mit unbeschränktem Anspruch überlegen, weil es zu weit höheren Einnahmen führt als das nach Elternbeiträgen gestaffelte Modell.

4.4 Einkommensabhängige Darlehensvariante mit eingeschränktem Anspruch

4.4.1 Modellformulierung

Das Studiengebührenmodell "Einkommensabhängige Darlehensvariante mit eingeschränktem Anspruch" ist als Kombination der beiden oben beschriebenen Gebührenmodelle zu begreifen und läßt sich dadurch charakterisieren, daß der Anspruch auf ein Darlehen vom Einkommen der Elternhaushalte abhängig gemacht wird. Einkommensstarke Schichten haben keinen Anspruch auf das Darlehen und müssen die Studiengebühren sofort (während des Studiums) bezahlen. Studierende aus einkommensschwachen Schichten hingegen erhalten für die Zeit ihres Studiums ein Darlehen, das sie nach dem Eintritt in das Erwerbsleben zurückzahlen müssen. Dabei unterscheiden sich die Rückzahlungskonditionen nicht von denen des Darlehenmodells mit uneingeschränktem Anspruch. Hinsichtlich der sozialen Verträglichkeit der Darlehensvariante mit eingeschränktem Anspruch gelten daher dieselben Überlegungen wie im Darlehensmodell mit uneingeschränkten Anspruch. Eine eingehende Darstellung kann an dieser Stelle somit unterbleiben.

Das Modell der Darlehensvariante mit eingeschränktem Anspruch (Modell 3) kann folgendermaßen präzisiert werden:

- Ab einem Elternhaushaltseinkommen MG haben Studierende keinen Anspruch auf ein Darlehen, und es müssen die (vollen) Studiengebühren sofort bezahlt werden.
- Studierende aus Elternhaushalten mit einem Einkommen bis zu MG erhalten ein Darlehen und müssen es nach Ende des Studiums entsprechend der im Modell 2 formulierten Bedingungen (vgl. Seite 203) zurückzahlen.

Da das Modell 3 auch methodisch eine Kombination der Modelle 1 und 2 darstellt, kann hier auf die oben ausgeführte formale Modellierung verwiesen werden. Dies gilt nicht nur für die Darstellung der Konsequenzen für die Elternhaushalte bzw. für die der Absolventen, sondern auch für die Darstellung der Konsequenzen für den Bundeshaushalt, weil diese lediglich eine Linearkombination der beiden oben beschriebenen Konsequenzen darstellt.

4.4.2 Modellrechnung und -ergebnisse

Modellparameter

Das Darlehensmodell mit eingeschränktem Anspruch (Modell 3) wird insbesondere durch die Einkommensgrenze der Elternhaushalte beschrieben, ab der kein Darlehensanspruch besteht. Diese Einkommensgrenze wurde im Modell 3 im Sinne einer Szenarienrechnung gestaltet und beträgt

- in der Variante 1 öS 300.000,–,
- in der Variante 2 öS 360.000,– und
- in der Variante 3 öS 400.000,–.

Für die übrigen Modellparameter (Höhe der vollen Studiengebühren und rückzahlungsbestimmende Einkommensgrenzen) wurden dieselben Werte verwendet, wie in den Modellen 1 bzw. 2. Die vollen Studiengebühren betragen

- in der Gebührenvariante 1 jährlich öS 20.000,–,
- in der Gebührenvariante 2 jährlich öS 25.000,–,
- in der Gebührenvariante 3 jährlich öS 30.000,–, und

die rückzahlungsbestimmenden Einkommensgrenzen betragen

- in der Rückzahlungsvariante 1 öS 300.000,–,
- in der Rückzahlungsvariante 2 öS 400.000,– und
- in der Rückzahlungsvariante 3 öS 500.000,–.

Konsequenzen für den Elternhaushalt bzw. die Absolventen

Für die Diskussion der betragsmäßigen Konsequenzen für die Elternhaushalte bzw. für die Absolventen können wir aus den genannten Gründen auf die Ausführungen der obigen Abschnitte verweisen.

Ein "erstes Modellergebnis" ist in einer Art Kennzahl zu sehen. Sie beschreibt den Anteil an den Studierenden, die einen bzw. keinen Anspruch auf ein Darlehen haben. Die Ausprägungen dieser Kennzahl hängen unmittelbar mit den oben eingeführten Einkommensgrenzen zusammen und betragen

	Einkommen, ab dem die Gebühren sofort zu bezahlen sind		
	300.000,–	360.000,–	400.000,–
Darlehensanspruch	31.92 %	41.83 %	48.63 %
Kein Darlehensanspruch	68.08 %	58.17 %	51.37 %

Konsequenzen für den Bundeshaushalt

Aufgrund der Szenarientechnik liefern die Modelle 1 und 2 jeweils 9 vergleichbare Modellkonstellationen. Da das Modell 3 durch einen zusätzlichen Parameter beeinflußt wird und dafür drei unterschiedliche Szenarien angenommen wurden (Einkommensgrenze, ab der die Gebühren sofort zu entrichten sind), ergeben sich insgesammt 27 unterschiedliche Modellkonstellationen mit unterschiedlichen finanziellen Konsequenzen für den Bundeshaushalt. Im Modell 3 ist ferner die Darlehenskomponente enthalten, sodaß bei der Ergebnispräsentation der zeitlich Verlauf der Budgeteinnahmen zu berücksichtigen ist. Da wir bei der Präsentation 5 unterschiedliche Zeitpunkte (Jahr der Einführung, 5, 10, 20 und 40 Jahre nach der Einführung) betrachten, sind insgesamt 135 Modellergebnisse zu betrachten. Angesichts dieser beachtlichen Zahl werden die Ergebnisse zunächst graphisch wiedergegeben. Dabei liegt die folgende Reihenfolge zugrunde:

- *Budgeteinnahmen unmittelbar nach Einführung* der Gebührenvariante (Modell 3) mit den drei Einkommensgrenzen, ab denen kein Darlehensanspruch besteht (Abbildungen 25 – 27).
- *Budgeteinnahmen im 5. Jahr nach Einführung* der Gebührenvariante (Modell 3) mit den drei Einkommensgrenzen, ab denen kein Darlehensanspruch besteht (Abbildungen 28 – 30).
- *Budgeteinnahmen im 10. Jahr nach Einführung* der Gebührenvariante (Modell 3) mit den drei Einkommensgrenzen, ab denen kein Darlehensanspruch besteht (Abbildungen 31 – 33).
- *Budgeteinnahmen im 20. Jahr nach Einführung* der Gebührenvariante (Modell 3) mit den drei Einkommensgrenzen, ab denen kein Darlehensanspruch besteht (Abbildungen 34 – 36).
- *Budgeteinnahmen im 40. Jahr nach Einführung* der Gebührenvariante (Modell 3) mit den drei Einkommensgrenzen, ab denen kein Darlehensanspruch besteht (Abbildungen 37 – 39).

Im Anschluß erfolgt eine zusammengefaßte Darstellung und eine kurze Diskussion.

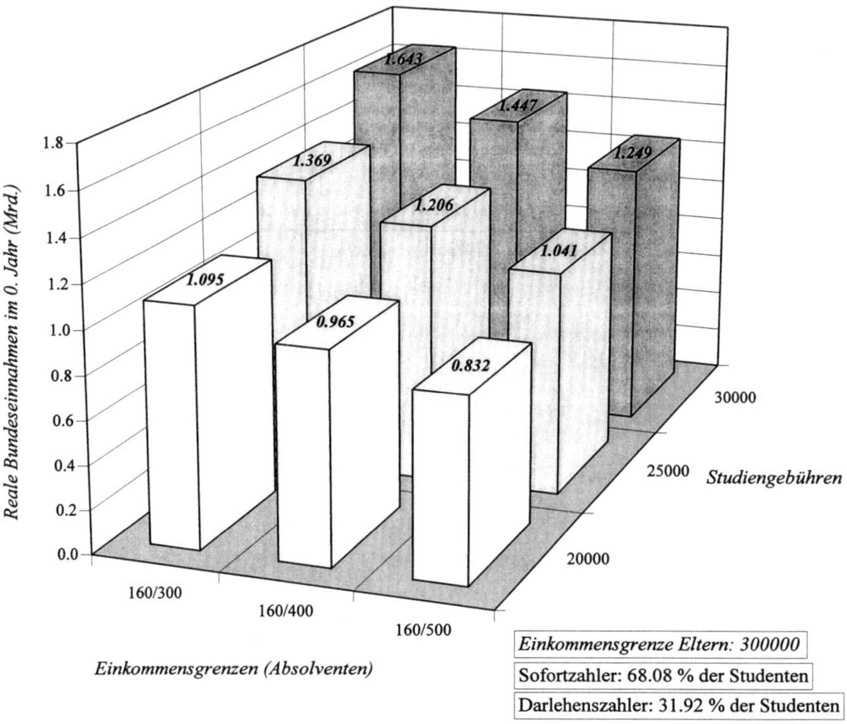

Abbildung 25: Budgeteinnahmen unmittelbar nach Einführung

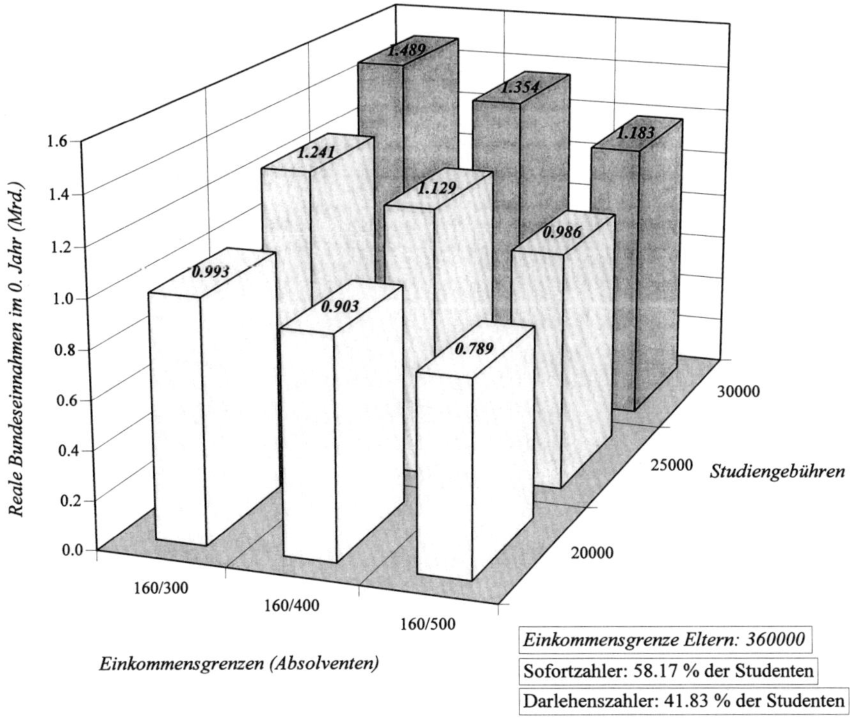

Abbildung 26: Budgeteinnahmen unmittelbar nach Einführung

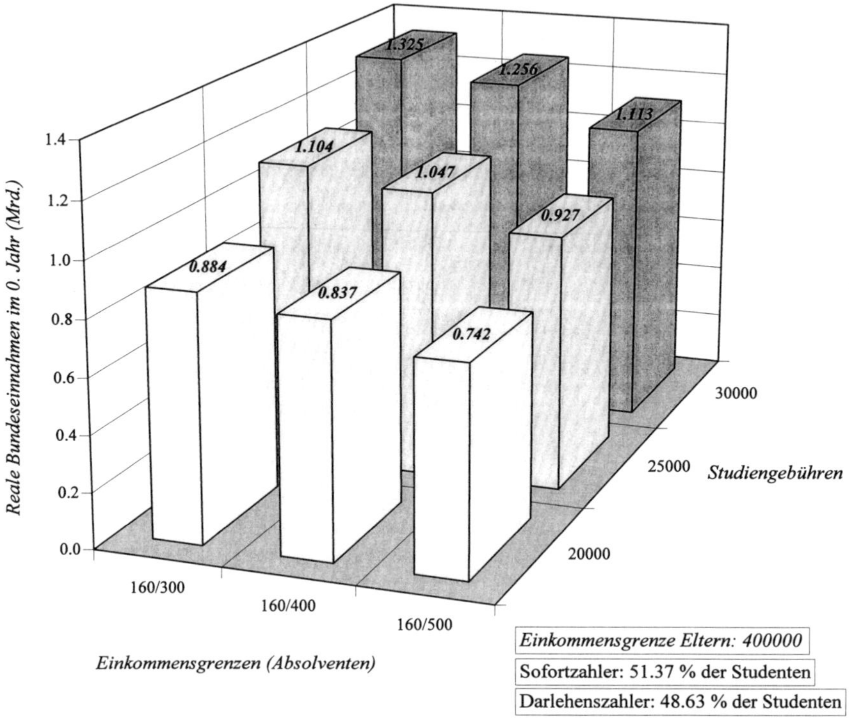

Abbildung 27: Budgeteinnahmen unmittelbar nach Einführung

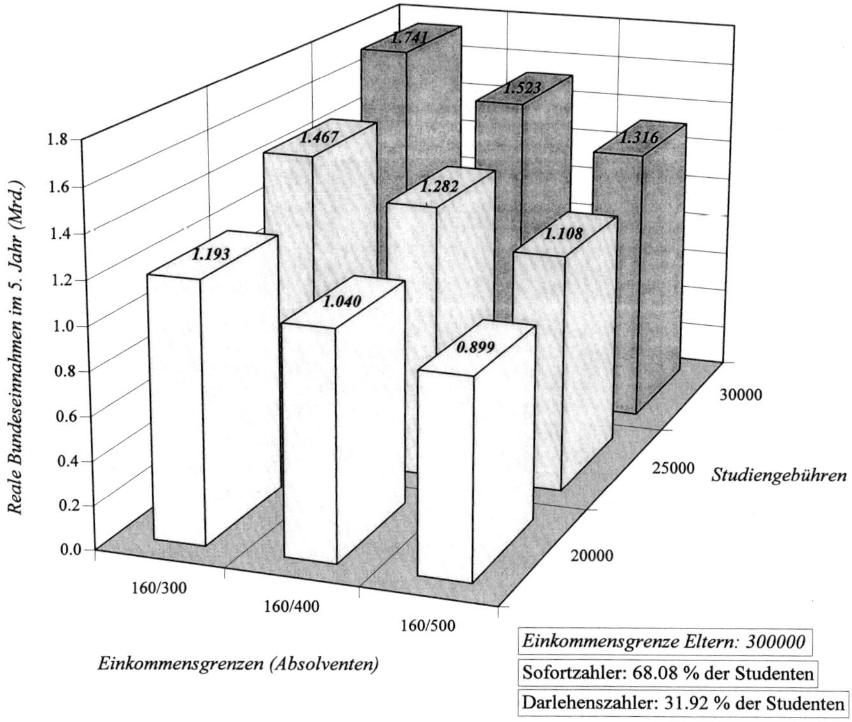

Abbildung 28: Budgeteinnahmen im 5. Jahr nach Einführung

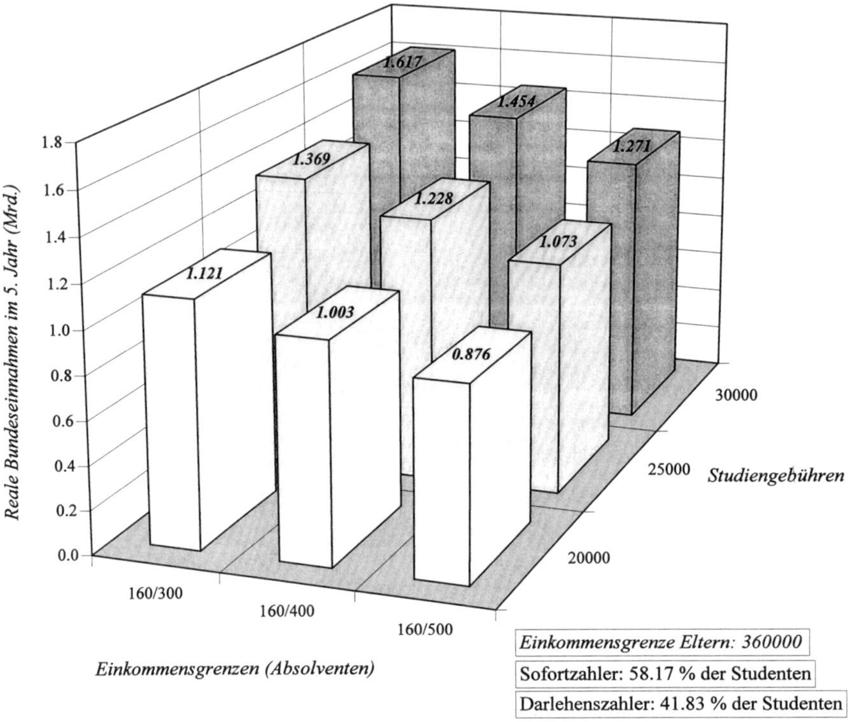

Abbildung 29: Budgeteinnahmen im 5. Jahr nach Einführung

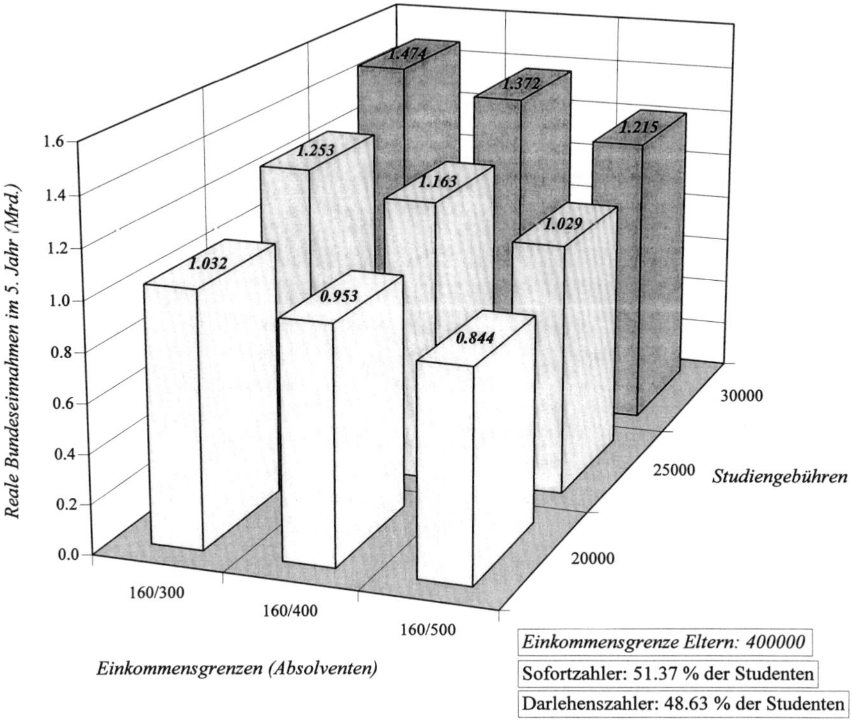

Abbildung 30: Budgeteinnahmen im 5. Jahr nach Einführung

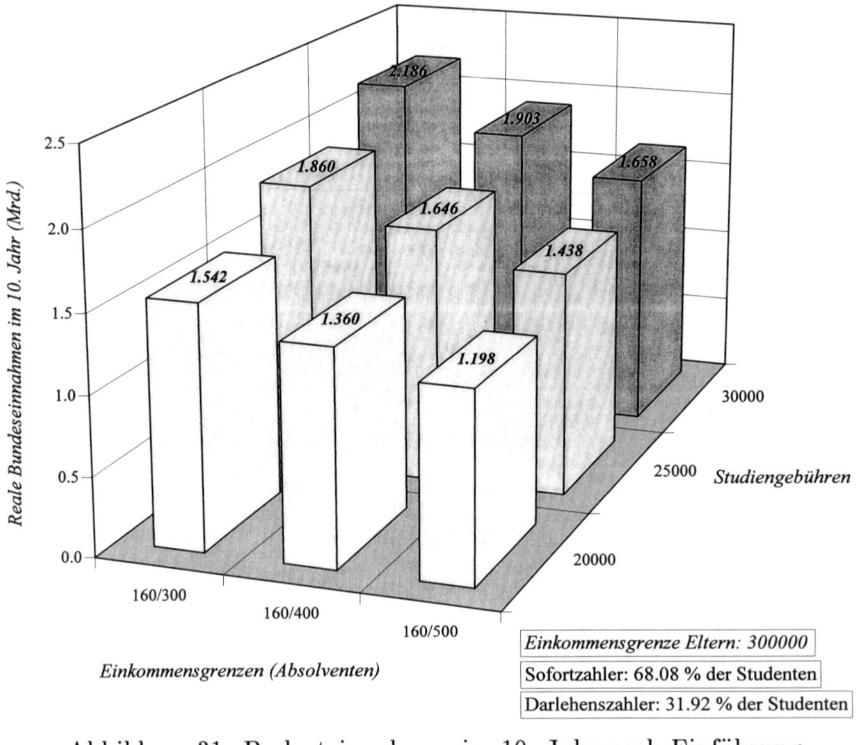

Abbildung 31: Budgeteinnahmen im 10. Jahr nach Einführung

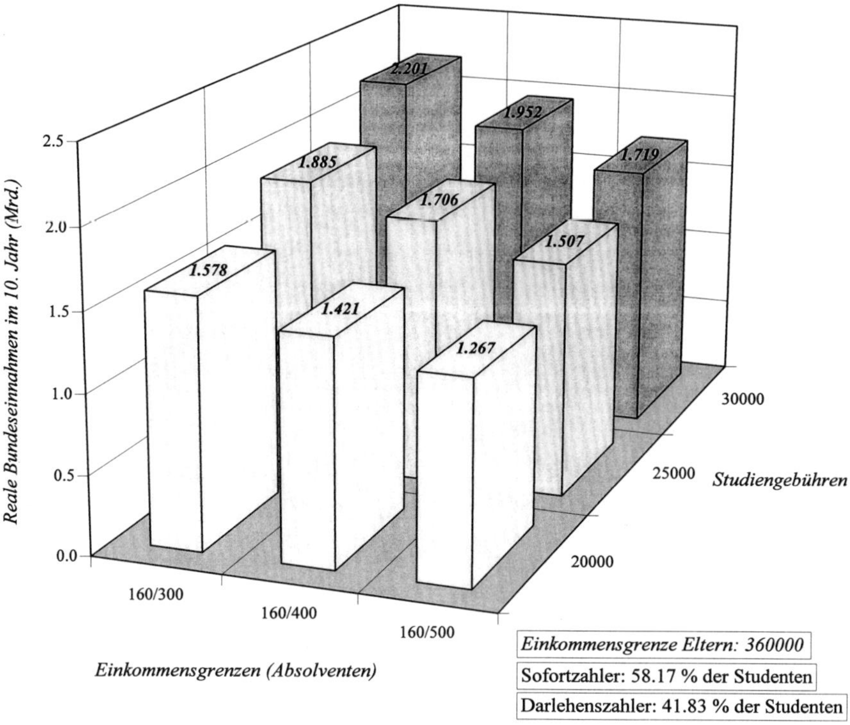

Abbildung 32: Budgeteinnahmen im 10. Jahr nach Einführung

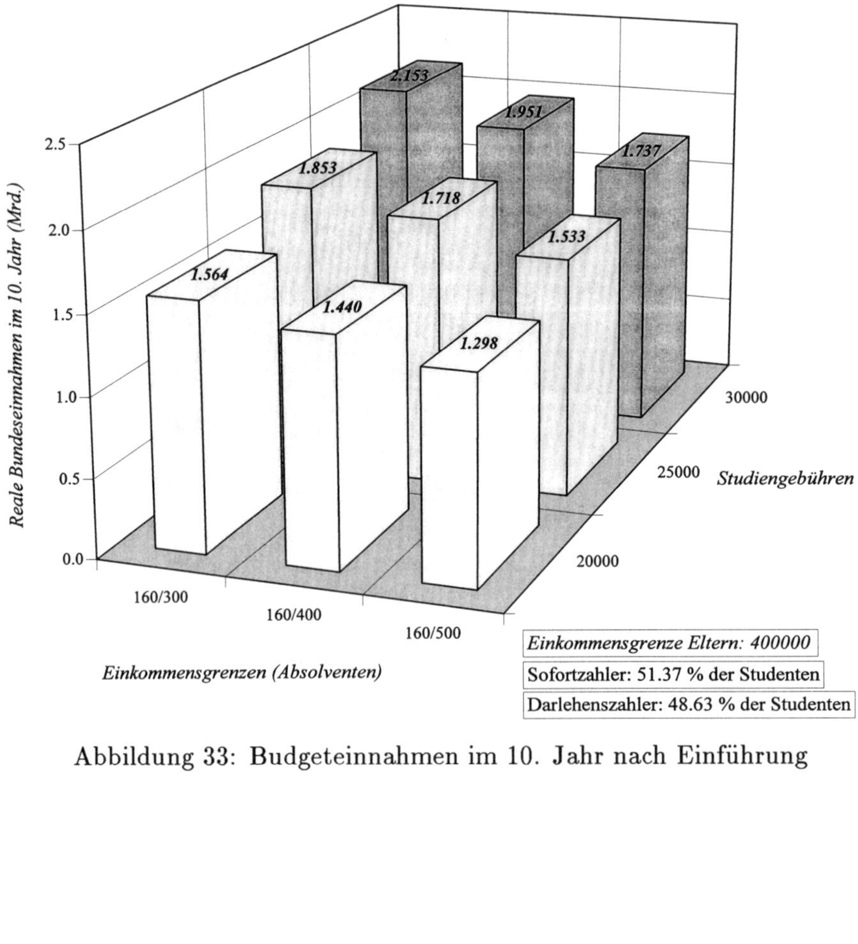

Abbildung 33: Budgeteinnahmen im 10. Jahr nach Einführung

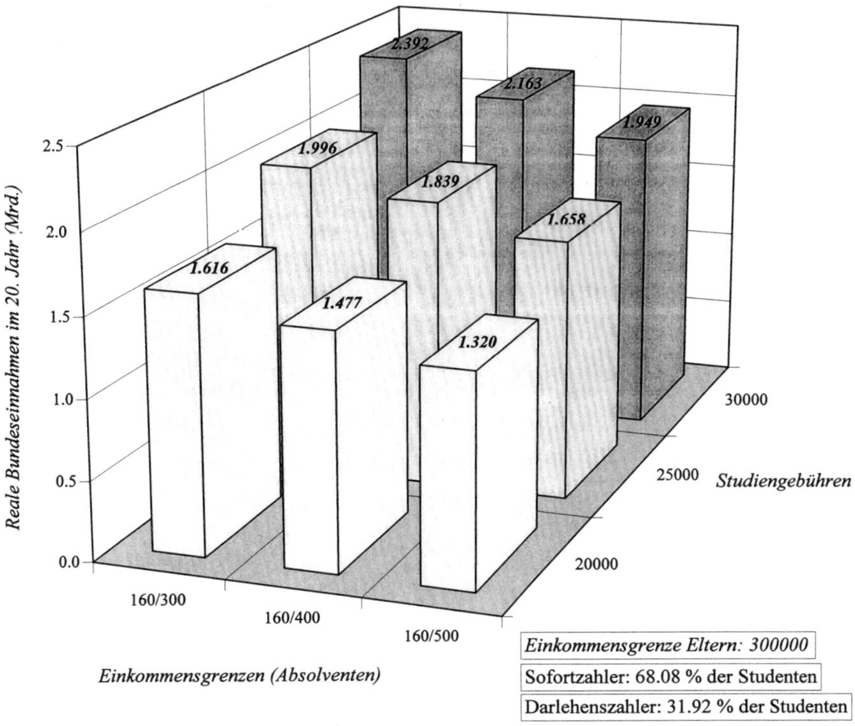

Abbildung 34: Budgeteinnahmen im 20. Jahr nach Einführung

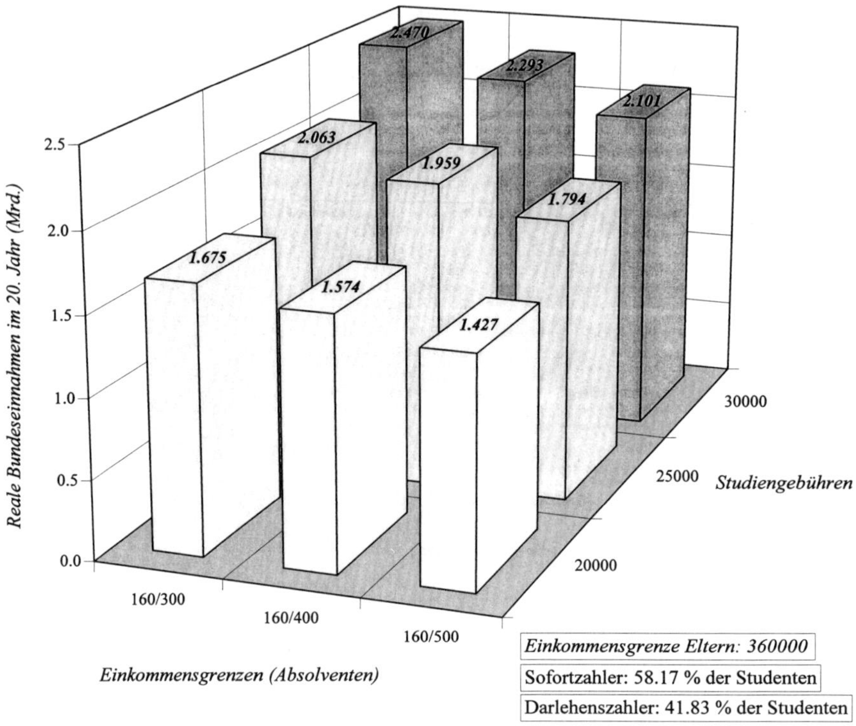

Abbildung 35: Budgeteinnahmen im 20. Jahr nach Einführung

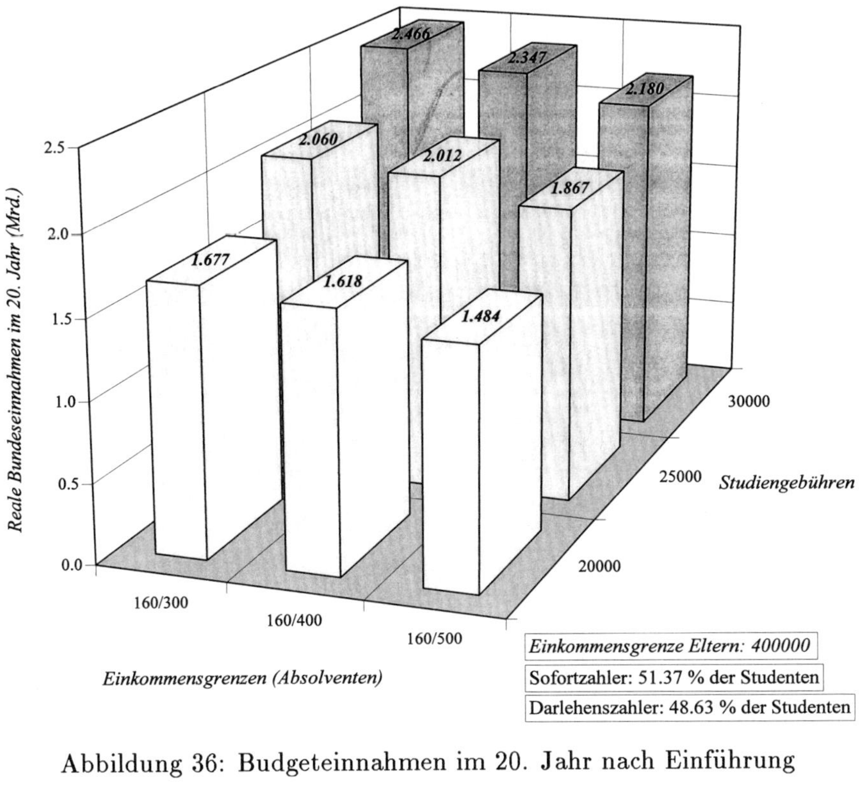

Abbildung 36: Budgeteinnahmen im 20. Jahr nach Einführung

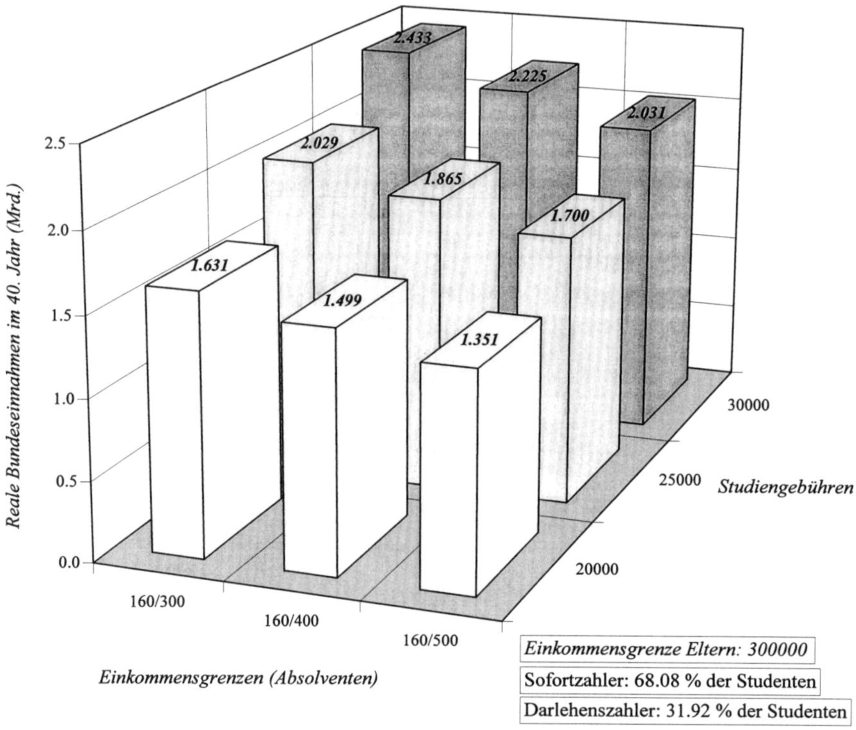

Abbildung 37: Budgeteinnahmen im 40. Jahr nach Einführung

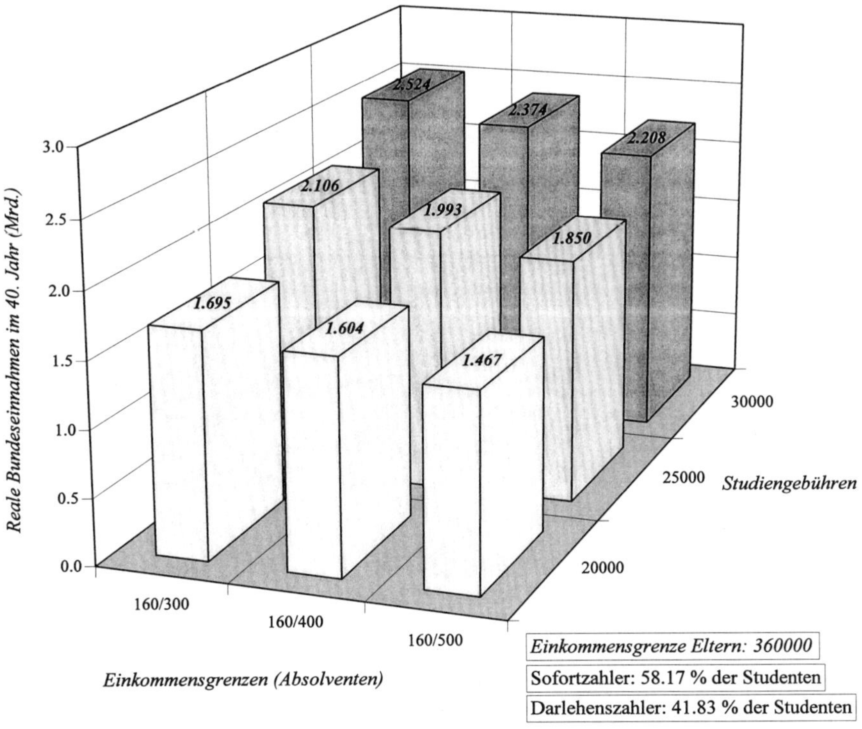

Abbildung 38: Budgeteinnahmen im 40. Jahr nach Einführung

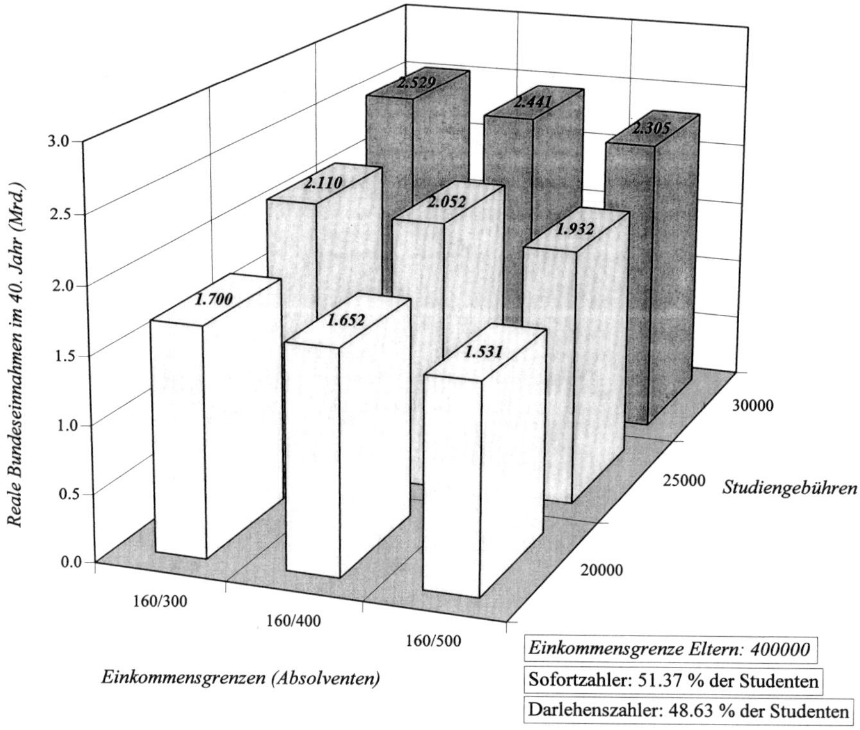

Abbildung 39: Budgeteinnahmen im 40. Jahr nach Einführung

Die in den Abbildungen 25 bis 39 enthaltenen Ergebnisse sind in der nachfolgenden Tabelle übersichtlich zusammengefaßt. Sie enthält für jede Modellkonstellation und für jeden betrachteten Zeitpunkt nach Einführung des Darlehensmodell die realisiebaren Bundeseinnahmen in realen Werten (Die die Rückzahlungsbeträge bestimmenden Einkommensgrenzen UG (Untergrenze) und OG (Obergrenze) sowie die Einkommensgrenze MG, ab der kein Darlehen gewährt wird sind in 1000 angegeben.):[23]

		Reale Budgeteinnahmen (in Mrd.) bei Studiengebühren von								
		20.000,-			25.000,-			30.000,-		
	UG	160	160	160	160	160	160	160	160	160
	OG	300	400	500	300	400	500	300	400	500
Jahr	MG									
0	300	1.095	0.965	0.832	1.369	1.206	1.041	**1.643**	1.447	1.249
	360	0.993	0.903	0.789	1.241	1.129	0.986	1.489	1.354	1.183
	400	0.884	0.837	**0.742**	1.104	1.047	0.927	1.325	1.256	1.113
5	300	1.193	1.040	0.899	1.467	1.282	1.108	1.741	1.523	1.316
	360	1.121	1.003	0.876	1.369	1.228	1.073	1.617	1.454	1.271
	400	1.032	0.952	0.844	1.253	1.163	1.029	1.474	1.372	1.215
10	300	1.542	1.360	1.198	1.860	1.646	1.438	2.186	1.903	1.658
	360	1.578	1.421	1.267	1.885	1.706	1.507	2.201	1.952	1.719
	400	1.564	1.440	1.298	1.853	1.718	1.533	5.153	1.951	1.737
20	300	1.616	1.477	1.320	1.996	1.839	1.658	2.392	2.163	1.949
	360	1.675	1.574	1.427	2.063	1.959	1.794	2.470	2.293	2.101
	400	1.677	1.618	1.484	2.060	2.012	1.867	2.466	2.347	2.180
40	300	1.631	1.499	**1.351**	2.029	1.865	1.700	2.433	2.225	2.031
	360	1.695	1.604	1.467	2.106	1.993	1.850	2.524	2.374	2.208
	400	1.700	1.652	1.531	2.110	2.052	1.932	**2.529**	2.441	2.305

Aus der Tabelle ist ersichtlich, daß der Bund unmittelbar nach Einführung der Darlehensvariante mit beschränktem Anspruch Einnahmen in der Höhe von öS 0.742 und 1.643 Mrd. erzielt (Jahr 0). Diese Einnahmen würden dann bis zum Eintreffen der ersten Tilungsleistungen in etwa linear ansteigen. Ab diesem Zeitpunkt fallen zusätzlich die Tilgungsleistungen der Absolventen an, an die während des Studiums entsprechende Darlehen gewährt werden. Es ist ersichtlich, daß die tilgungsbedingten Zuwachsraten immer kleiner werden je weiter man in die Zukunft geht. Entsprechend konvergieren die Budgeteinnahmen zu einem "konstanten" nachhaltig realisierbaren Betrag. Dieser ist für die einzelnen Modellkonstellationen dem letzten Block (Jahr 40) der Tabelle zu entnehmen. Die mit dem Modell 3 nachhaltig realiserbaren Budgeteinnahmen liegen zwischen öS 1.351 und 2.529 Mrd.

Vergleicht man die Darlehensvariante mit beschränktem Anspruch mit dem Modell der gestaffelten Elternbeiträgen, dann resultieren für die Darlehensvariante zwei Vorteile. Das Darlehensmodell führt im Verlgeich zum Modell mit den gestaffelten Elternbeiträgen nicht nur unmittelbar nach Einführung zu höheren Einnahmen, sondern es können auch längerfristig höhere Einnahmen erzielt werden.

Vergleicht man dem gegenüber die mit beiden Darlehensvarianten nachhaltig erzielbaren Budgeteinnahmen, dann ist die Darlehensvariante mit beschränktem Anspruch in etwa gleich zu bewerteten wie die Darlehensvariante mit unbeschränktem Anspruch (im Durchschnitt über jeweils alle Modellkonstellationen im 40. Jahr). Zieht man jedoch zusätzlich in Betracht, daß die Administration der Darlehensvariante mit beschränktem Anspruch weit aus aufwendiger ist als die bei der mit unbeschränktem Anspruch, dann ist die Darlehensvariante mit unbeschränktem Anspruch als vorteilhafter einzustufen.

4.5 Zusammenfassende Betrachtung

Insgesamt kann die bisherige Diskussion auf die folgenden Zusammenhänge reduziert werden:

- Ein Studiengebührenmodell auf der Basis von gestaffelten Elternbeiträgen oder auf der Basis von Darlehensgewährungen mit beschränktem Anspruch führen unmittelbar nach Einführung zu Budgeteinnahmen.
- Ein Studiengebührenmodell auf der Basis von Darlehensgewährungen mit unbeschränktem Anspruch führt erst dann zu Budgeteinnahmen, wenn die erste Absolventenkohorte mit der Darlehenstilgung beginnt.
- Die nachhaltig realisierbaren Budgeteinnahmen sind bei Studiengebührenmodellen auf der Basis von Darlehensgewährungen weit aus höher als bei dem Studiengebührenmodell auf der Basis von gestaffelten Elternbeiträgen.

Der Vergleich dieser Aspekte führt zu den folgenden Schlüssen:

- Bei einer kurzfristigen Betrachtung sind Studiengebührenmodelle auf der Basis von gestaffelten Elternbeiträgen oder auf der Basis von Darlehensgewährungen mit beschränktem Anspruch dem Studiengebührenmodell auf der Basis von Darlehensgewährungen mit unbeschränktem Anspruch überlegen.
- Bei einer mittel- bis langfristigen Betrachtung sind die Studiengebührenmodelle auf der Basis von Darlehensgewährungen dem Modell mit den gestaffelten Elternbeiträgen vorzuziehen.

- Die Entscheidung zwischen dem Darlehensmodell mit unbeschränktem Anspruch und dem mit beschränktem Anspruch fällt zugunsten des Darlehensmodells mit unbeschränktem Anspruch aus, weil beide Modelle einnahmenseitig in etwa gleich zu bewerten sind, das Modell mit beschränktem Anspruch aber adminstrationsseitig weit aus aufwendiger ist.

Anmerkungen

Anmerkungen zum 1. Kapitel

1 Dazu mag auch beigetragen haben, daß diese Schichten von einem kostenlosen Hochschulzugang mehr profitierten als die Kernwählerschichten der Sozialdemokratie.

2 Natürlich handelte es sich dabei um keine bewußte Strategie, sondern um eine Kette von Entscheidungen, die unter den Handlungszwängen der Tagespolitik zustande kamen und sich nur post festum in dieser Form rekonstruieren lassen.

3 Der damalige Wissenschaftsminister Tuppy erteilte einigen Abgeordneten seiner Partei 1988 eine klare Absage.

4 In der Redaktion traf ein ablehnender Leserbrief ein.

5 1988 forderte die Österreichische Rektorenkonferenz zusätzliche Mittel in der Höhe von 20 Mrd. S., um die österreichischen Universitäten international wettbewerbsfähig zu machen.

6 vgl. die Diskussion in Abschnitt 1.9.

7 Bei der parlamentarischen Behandlung des FHStG traf der Ausschuß für Wissenschaft und Forschung folgende Feststellung: "Hinsichtlich Studiengebühren sind der Universitätssektor und der Fachhochschulsektor gleich zu behandeln."

8 Opportunitätskosten sind natürlich nur unter der Annahme plausibel, daß die Studenten – hätten sie sich nicht für eine Fortsetzung ihrer Bildungslaufbahn entschieden – vom Beschäftigungssystem absorbiert worden wären. Geht man hingegen von einer "Aufbewahrungsfunktion" der Universität aus, d.h. davon, daß der tertiäre Bildungsbereich ein Arbeitskräftepotential bindet, das im Beschäftigungssystem keine Aufnahme fände (vgl. Kellermann 1987), dann ergibt das Konzept der Opportunitätskosten keinen Sinn.

9 Dieses Gesetz wurde in den Jahren 1983 und 1992 wiederverlautbart und läuft seither unter dem Titel Studienförderungsgesetz 1992.

10 Die Ermittlung der sozialen Bedürftigkeit erweist sich auf Grund der ungleichen steuerlichen Behandlung von selbständigen und unselbständigen Einkommensbeziehern als äußerst schwierig. Das zu versteuernde Einkommen ist ein nur wenig zufriedenstellender Indikator, der die Bezieher selbständiger Einkommen systematisch bevorzugt, da diese erheblich größere Abschreibungsmöglichkeiten haben.

11 Von Bedeutung ist das 1989 eingeführte Förderungsstipendium, das bei besonders kostenintensiven wissenschaftlichen oder künstlerischen Arbeiten gewährt wird. Eine umfassende Darstellung des Förderungssystems zu Beginn der neunziger Jahre findet sich in BMWF 1990, die laufenden Anpassungen sind in den Hochschulberichten dargestellt.

12 Diese Anteile beziehen sich freilich auf die gesamten Hörerzahlen, unter denen sich auch "Scheininskribenten" von nicht genau quantifizierbarem Ausmaß befinden. Bei mehreren "Sozialerhebungen" des BMWF, bei denen nur die tatsächlich aktiven Studierenden erfaßt wurden, ergaben sich wesentlich höhere Quoten, und zwar 23% für Ende der siebziger und 16% für Ende der achtziger Jahre (vgl. BMWF 1990).

13 Verlangt werden etwa die Hälfte jener Anforderungen, die für den Bezug des Sozialstipendiums erforderlich sind. Vor 1992 wurde die Familienbeihilfe auch von Scheininskribenten bezogen.

14 Werte aus 1994.

15 Erst in den letzten Jahren hat sich beim FLAF ein Defizit entwickelt.

16 Dieser Trend wurde durch ein Urteil des Verfassungsgerichtshofes aus 1992 noch verstärkt, in dem die steuerliche Behandlung der Familien als unzureichend bezeichnet wird.

17 Im folgenden wird nur noch die Entwicklung seit 1970 beobachtet. Das hat in erster Linie pragmatische Gründe (Verfügbarkeit konsistenter Zeitreihen in der Statistik des BMWF), läßt sich aber auch damit rechtfertigen, daß der Hauptexpansionsschub in diese Zeit fällt.

18 Im Folgenden werden die in der amtlichen Hochschulstatistik üblichen Kategorien verwendet. Im Hochschulbudget sind die institutionellen Kosten sowie die direkte Studienförderung des Staates (und einige Formen der indirekten Förderung) budgetiert. Hingegen ist die Familienbeihilfe nicht enthalten. Die gesamten staatlichen Ausgaben für Hochschulen (inkl. der indirekten Studienförderung) liegen etwa um 10% über den angeführten Werten.

19 In der zweiten Hälfte der achtziger Jahre mehrten sich die von allen universitären Gruppen getragenen Protestveranstalungen. Die Medien waren voll von Berichten über die Ausstattungsmängel der Hochschulen.

20 Nach vielen Jahr Verharmlosung durch die verantwortlichen Politiker sickert diese Problematik allmählich ins Bewußtsein einer breiteren Öffentlichkeit ein. Laut einer Umfrage von Fessel+GfK liegt die Sorge um eine gesicherte Pension seit 1995 an der obersten Stelle der Werteskala der Österreicher (vgl. Der Standard vom 13. 6. 1995).

21 Z.B. kann man vermuten, daß auch von steigenden Umweltbelastungen ein Druck auf die öffentlichen Haushalte ausgehen wird.

22 Bei den Fachhochschulen besteht dieses Monopol nicht mehr; private Anbieter im engeren Sinn werden zumindest mittelfristig auch hier eine seltene Ausnahme bleiben.

23 Annähernd weitere 10% besitzen zwar eine Matura, verzichten aber freiwillig auf ihr Zugangsrecht.

24 Auch um den Studienbetrieb zu optimieren, wäre es keine schlechte Idee, wenn die Hochschullehrer sich einen Überblick darüber verschaffen müßten, wer ihre Lehrveranstaltung tatsächlich besucht. Oder allgemeiner formuliert: wenn eine Universität den Studienfortschritt ihrer Studenten beobachtete.

25 Das scheint auch ein Grund dafür zu sein, daß man sich in Österreich bislang – im Gegensatz zu den meisten anderen Ländern – nicht dazu entschließen konnte, die Ausbildungskapazitäten einer Hochschule in Form von Studienplätzen anzugeben. Die Abstimmung zwischen dem Angebot und dem Bedarf an Ressourcen erfolgt in Österreich auf der Ebene hochaggregierter Planungsdaten, nicht auf jener Mikroebene, auf der Studienplätze definiert werden müßten.

26 Das betrifft nur die monetären Erträge eines akademischen Studiums. Hinzu treten ein höherer Status, eine höhere Arbeitsqualität und andere schwer meßbare Vorteile einer höheren Bildung. Es gibt Indizien dafür, daß zumindest in den jüngeren Akademikergenerationen die Qualität des Arbeitsplatzes (Entscheidungsspielraum, intrinsische Motivation an der Arbeit) keinen geringeren Stellenwert einnimmt als das Einkommen.

27 Dies gilt für die politischen Traditionen Europas. In den USA wäre eine solche Annahme kaum konsensfähig.

28 Natürlich ist auch eine staatliche Vollfinanzierung noch keine Garantie dafür, daß das betreffende Gut im gesellschaftlich erwünschten Ausmaß nachgefragt wird. Daher müssen unter Umständen auch Maßnahmen hoheitlicher Art ergriffen werden, z.B. die Festsetzung der Schulpflicht. Aber der Nulltarif für meritorische Güter ist jedenfalls ein taugliches Mittel, um die Präferenzen auf nondirektive Weise zu "entzerren".

29 Man kann natürlich einwenden, daß die enormen Unterschiede in den historischen und politischen Traditionen eine unmittelbare Übertragung dieses Befunds auf Österreich unmöglich machen. Amerikaner betrachten ihr Studium in wesentlich höherem Maße als Investition in ihr Humankapital als dies Österreicher tun. Solchen Unterschieden in der politischen Psychologie muß man Rechnung tragen, wenn man über die Modalitäten und die Höhe möglicher Gebühren diskutiert. Dabei sollte man sich der Falle des oben erwähnten Begründungszirkels bewußt sein.

30 Daß diese beiden Professionen besser als alle anderen in der Lage sind, die Nachfrage nach ihren Leistungen zu steuern, trägt nicht unwesentlich dazu bei, daß in den USA ein immer höherer Anteil des BIP für medizinische Versorgung und für Rechtsstreitigkeiten ausgegeben wird.

31 vgl. Okun 1975; dieser Zielkonflikt wird hier nicht weiter diskutiert.

32 Ein großer Teil der Neuzugänge bricht das Studium schon nach kurzer Zeit ab; die Studentenquote – definiert als Anteil der 19–26jährigen Studenten an der gleichaltrigen Wohnbevölkerung – ist erheblich geringer und liegt derzeit bei ca. 13%. Noch geringer ist der Anteil der Hochschulabsolventen am Altersjahrgang; er dürfte bei ca. 10% liegen. Die durch die Hochschulausgaben begünstigte Gruppe macht also je nach Betrachtungsweise ein Fünftel bis ein Zehntel der Altergruppe aus.

33 Auch in den Ländern mit den weltweit höchsten Partizipationsraten – USA, Japan oder Kanada – gibt es keinerlei Anzeichen, daß ein solcher Zustand jemals erreicht werden könnte. Zwar ist die Vision einer "universal higher education", wo nahezu alle Jugendlichen irgendeine Form postsekundärer Ausbildung genießen, nicht ganz abwegig. Aber alle Hochschulsysteme, die sich diesem Zustand nähern, zeichnen sich durch eine so hochgradige Qualitäts- (und Kosten)differenzierung aus, daß von einer Gleichheit in der postsekundären Ausbildung weiterhin keine Rede sein kann.

34 In einer ethnisch so homogenen Gesellschaft wie Österreich interessiert man sich vor allem für Unterschiede der sozialen Herkunft, des Geschlechts und der Region. In den USA hingegen stehen ethnische Unterschiede im Mittelpunkt des Interesses. Unter Umständen kann auch die unterschiedliche Religionszugehörigkeit relevant sein.

35 Darüberhinaus hegten viele Reformer die Hoffnung, daß die Bildungsexpansion auch die sozialen Ungleichheiten bedeutend verringern würde. Eine umfassende Diskussion dieser Zusammenhänge würde den Rahmen dieser Arbeit sprengen, aber dieser Konnex mag einen Teil der Emotionen erklären, die in die Diskussion über Studiengebühren einfließen.

36 Zumindest kann man sagen, daß heute ein höherer Anteil der Jugendlichen aus diesen bildungsfernen Schichten ihr Glück an den Hochschulen versucht. Die Erfolgs- und Abbruchsraten sind ein anderes und hinsichtlich der sozialen Unterschiede weitgehend ungeklärtes Kapitel. Man kann aber vermuten, daß Studierende aus einkommensschwachen und bildungsfernen Herkunftsfamilien sich durch überdurchschnittlich hohe Abbruchsquoten auszeichnen.

37 Dieser Befund gilt auch für andere Länder. Eine Untersuchung aus der BRD zieht folgendes Resümee: "Auch wenn wir nicht von einer absoluten Stabilität der Bildungsbeteiligung sprechen können, so ist doch das Weiterbestehen relativ großer Unterschiede ein beachtliches Phänomen, das übrigens weltweit zu beobachten ist. Offenbar ist die Erwartung, durch Bildungsexpansion eine weitgehende Angleichung der Bildungschancen zu erreichen, nicht nur in der Bundesrepublik Deutschland, sondern auch in anderen Ländern eine Illusion geblieben." (Köhler 1992, 126).

38 Um die Zugangsgerechtigkeit wirksam zu erhöhen, muß man primär in der Sekundarstufe I ansetzen, wo sich die Entwicklungspfade der Schüler zu verzweigen beginnen, und den gemeinsamen Sockel an kognitiven und motivationalen Dispositionen erweitern. Solche Maßnahmen sind nicht nur politisch kontroversiell, sie kosten auch Geld.

39 "Während nämlich nur 8,3 % der unselbständig Beschäftigten mehr als die Höchstbeitragsgrundlage verdienen, liegen nach einer Sonderauswertung der Einkommenssteuerstatistik für den jüngsten Sozialbericht rund 25 Gesundheitsbereich (Ärzte) sogar ca. 80 % - darüber." Guger 1994.

40 In diese Haushaltskategorie fallen knapp 27.000 Studenten. Wegen der hohen Studentendichte kann man annehmen, daß auch eine große Anzahl von Studentenhaushalten hier enthalten sind.

41 Die unterschiedlichen Traditionen der australischen Arbeiterbewegung sind möglicherweise ein Grund dafür, warum Studiengebühren dort von der Labor Party und den Gewerkschaften unterstützt wurden.

42 Nach diesem Grundsatz kann man auch die Privilegien des geschützen öffentlichen Sektors verteidigen, wenn man daran glaubt, daß dessen Logik eines Tages die gesamte Gesellschaft durchdringen wird. Das hört sich dann etwa so an: Man wolle nicht, daß den Bessergestellten etwas genommen werde, sondern daß die übrigen bessergestellt werden.

43 Eine der Haupttriebkräfte dieses Individualisierungsschubs war die – von den Gewerkschaften begrüßte und unterstützte – Bildungsexpansion.

44 Wenn man dem entgegenhält, daß ein akademisches Studium in Wahrheit ganz beträchtliche private Vorteile bringt, stößt man nicht selten auf das Argument, daß die Hochschulen durch organisatorische und curriculare Reformen eben so zu verändern wären, daß ihre Qualifikationen tatsächlich den Charakter eines rein kollektiven Guts annehmen. Es ergibt sich ein endloser Regreß, der in immer fernere Utopien führt. In der Zwischenzeit bezahlen die Pflichtschulabsolventen für die Ausbildung des gehobenen Mittelstands.

45 Nur im Grenzfall sehr kleiner Institute, die von so wenig Studenten frequentiert werden, daß sich die Frage nach ihrer Rechtfertigung stellt, dürfte das anders sein.

46 Die Öffentlichkeitsarbeit der WU Wien Ende der achtziger Jahre zielte im Gegenteil darauf ab, Studienanfänger von einer Inskription abzuschrecken.

47 Natürlich haben große Universitäten ein höheres Budget als kleine, aber dieser Zusammenhang ist sehr vage. Keinesfalls kann man sagen, daß das Budget "enrollment-driven" ist; die Höhe des Budgets wird vielmehr durch weitgehend intransparente Entscheidungen der staatlichen Bürokratie festgelegt. 1992 schwankten die Ausgaben pro ordendlichem Hörer zwischen 31.000 S (WU-Wien) und 130.000 S (Montanuniversität Leoben) (vgl. Hochschulbericht 1993, Bd. 2).

48 Hier wird das Verhalten einer Institution beschrieben; die einzelnen Personen, die dieser Institution angehören, können sich natürlich anders verhalten und tun dies gelegentlich auch. Das ist aber durch deren private Einstellungen und Interessen bedingt, nicht durch die Bemühung der Universität als Organisation.

49 Alle moralischen Appelle, der Lehre mehr Beachtung zu schenken, hochschuldidaktische Weiterbildungsmöglichkeiten zu nutzen etc. zeigen nur dann Wirkung, wenn ernstzunehmede Sanktionsmöglichkeiten zur Verfügung stehen, also wenn auch die Lehre einen zumindest bescheidenen Einfluß auf den Karriereverlauf hat. Dann aber bewirken sie sehr viel, wie europäische Besucher amerikanischer Hochschulen immer wieder mit Erstaunen zur Kenntnis nehmen (vgl. z.B. Britsch 1989, Huber 1990).

50 Dieser Begriff wird hier als Kürzel für eine Einstellung verwendet, die die Nachfrageseite ernst nimmt und schließt auch die Bemühung um eine hohe Qualität der Lehre mit ein.

51 Keinesfalls soll der hohe Stellenwert der Reputation im universitären Leben bestritten werden. Aber symbolische Gratifikationen sind in erster Linie dort von Bedeutung, wo es um die Beziehungen zu den Peers geht und um die Leistungen, die auf dieser Ebene Anerkennung finden. Das kann man auch in einem marktorientierten System wie dem amerikanischen erkennen. Dort gibt es zwei Arten von Rangreihen, die weitgehend unabhängig voneinander sind: Das "populäre" Ranking, das in den Medien publiziert wird und die Meinung der Außenwelt widergibt. Und ein "seriöses" Ranking, aus dem hervorgeht, wie eine Universität bzw. ein Fachbereich von den Kollegen eingeschätzt wird. Bei letzterem geht es vorwiegend um Reputation, bei ersterem vorwiegend um Geld.

52 Jedenfalls gilt das für die Masse der Studenten. Es ist andererseits klar, daß das derzeitige System einer ständischen Demokratie (vgl. Preuß 1989) den Stellenwert der Studentenfunktionäre erhöht und auch eine Rekrutierungsfunktion für das politische System erfüllt.

53 Die folgenden Überlegungen unterstellen eine jener Gebührenregelungen, die im 3. Kapitel näher dargestellt werden.

54 Am ehesten bietet noch die College–Tradition des angelsächsichen Raums die Möglichkeit, solche Gegenwelten temporär auszubilden (vgl. z.B. Grant/Riesman 1978).

55 Selbstverständlich müssen jene Studenten, die eine wissenschaftliche Laufbahn anstreben und sich dafür qualifizieren können, eine ausreichende Förderung erhalten, um die wesentlich längeren Studienzeiten, die in diesem Fall unabdingbar sind, finanziell durchhalten zu können. Aus diesem Grund werden z.B. in Australien von den Forschungsstudenten im Postgraduate–Bereich keine Gebühren verlangt, die meisten dieser Studenten erhalten im Gegenteil Stipendien, die ihre Lebenskosten decken. Im amerikanischen System sorgt in der Regel die Universität dafür, daß die graduate students ein Einkommen aus Lehre und anderen Tätigkeiten innerhalb ihres Departments erzielen.

56 Diese Diskrepanz zwischen überlieferten Idealvorstellungen und faktischen Erwartungshaltungen ist im österreichischen Hochschulsystem deshalb so schwer auflösbar, weil hier die unterschiedlichen Funktionen, die ein Massenhochschulsystem erfüllen muß, nicht, wie im englischsprachigen Raum, in undergraduate, graduate und professional education ausdifferenziert sind.

57 Bei einer Umfrage des IMAS–Instituts (November 1994) sagten von der untersten Bildungsschicht (nur Pflichtschule) 62 %, sie wären voll und ganz mit ihrer jetzigen Arbeit zufrieden, 5 % sind überhaupt nicht zufrieden. Bei der obersten Bildungsschicht (Matura, Uni) sind 78 % mit ihrer Arbeit voll zufrieden, nur 2 % sind überhaupt nicht zufrieden.

58 Untersuchungen zur Lage von Akademikern, die keine "adäquate Beschäftigung" finden konnten (vgl. z.B. Schlegelmilch 1987, Lassnigg u.a. 1989), zeigen, daß diese ihr Studium in der Regel nicht als Fehlinvestition betrachten. Obwohl sich das Studium aus einer rein ökonomischen Betrachtungsweise in diesen Fällen nicht gelohnt hat, es, wenn man die Opportunitätskosten berücksichtigt, sogar ein eklatanter Fehlschlag war, betrachten die meisten dieser Absolventen die kulturelle Bereicherung, die sie erfahren haben, als eine Entschädigung ihrer ökonomisch mißlichen Lage. Das paßt mit anderen Befunden zusammen, denen zufolge die meisten Studenten und Jungakademiker eine hohe Arbeitsqualität (kreative Tätigkeit, Möglichkeit zur Selbstentfaltung, kooperatives Arbeitsklima) als wichtiger einschätzen als ein hohes Einkommen.

59 Viele der hier diskutierten Auswirkungen der europäischen Integration auf die Hochschulpolitik sind freilich schon seit dem Beitritt zum EWR wirksam.

60 So müssen z.B. einige Studienordnungen an EU–Richtlinien angepaßt werden.

61 Laut Gerhard Winkler, dem Direktor des "Zentrums für interdisziplinäre und internationale Studien" (ZIIS) der Universität Wien, hatten in den achtziger Jahren ca. 3 % der Absolventen Studienaufenthalte im Ausland, 1994 waren es bereits 24 % (vgl. Der Standard vom 28. 6. 1995.

62 Hier werden Überlegungen aufgegriffen, die bereits unter Pechar 1992 publiziert wurden.

63 Die folgenden Überlegungen beschränken sich auf Studenten aus dem europäischen Ausland, nehmen also nicht auf die Dritte Welt Bezug.

64 Eine Ausnahme stellen sowohl die Fachhochschulen wie die Kunsthochschulen dar.

65 Es ist richtig, daß eine großzügige Haltung gegenüber ausländischen Studenten nicht nur eine sehr wirksame Form der Entwicklungshilfe ist (sofern es sich um Studenten aus der Dritten Welt handelt), sondern daß sie auch den Interessen des eigenen Landes nützt, weil dadurch dauerhafte Bindungen der künftigen Akademiker an das ehemalige Gastland geschaffen werden. Das steht aber keinesfalls in Widerspruch dazu, daß auch ausländische Studenten - sofern es nicht gute Gründe gibt, sie davon zu befreien - einen fairen Beitrag zu den von ihnen verursachten Kosten leisten sollten. Es ist z.B. schwer zu erklären, warum der österreichische Steuerzahler für die zu zwei Drittel aus dem Ausland kommenden Studenten an den Musikhochschulen die gesamten institutionellen Kosten übernehmen soll, wenn man weiß, daß die durchschnittlichen jährlichen Ausgaben pro Student an diesen Institutionen mehr als 200.000 S ausmachen (das ist mehr als das Doppelte, was im Durchschnitt für einen Universitätsstudenten ausgegeben wird).

Anmerkungen zum 2. Kapitel

1 Ganz außer Acht lassen kann man diese Unterschiede auch hier nicht. Es gibt z.B. bestimmte Ausbildungsformen, die in dem einem Land dem Sekundarbereich zugeordnet werden, während deren Äquivalent in einem anderem Land zum Postsekundarbereich zählt. Solche Verzerrungen in den bereichsspezifischen Quoten heben sich erst auf, wenn man die gesamten Bildungsausgaben eines Landes zum BIP in Beziehung setzt.

2 Alle Werte aus dem OECD-Vergleich beziehen sich auf 1991.

3 Alle $ Beträge im Abschnit 2.1 beziehen sich auf US$. in den Abschnitten 2.2 bis 2.4 handelt es sich um AUS$.

4 Der österreichische wert wird durch die Forschungsausgaben nach oben, jedoch durch Teilzeitstudenten und Scheininskribenten nach unten verzerrt. Es ist zu vermuten, daß die beiden letzteren Faktoren schwerer wiegen.

5 Die wichtigste Ausnahme von dieser Regel ist die Schweiz, die mit 14.682 $(ausschließlich aus öffentlichen Quellen) die höchsten Pro-Kopf-Ausgaben hat. Hier muß man allerdings ein weiteres methodisches Problem berücksichtigen: Die Pro-Kopf-Ausgaben berücksichtigen nicht den Expansionsgrad eines Hochschulsystems. Der Wert für die Schweiz bezieht sich auf ein System, in dem ca. 30% eines Altersjahrgangs in den Postsekundarbereich übertreten, der Wert für die USA ist der Durchschnittswert eines Systems mit einer Übertrittsquote von ca. 65%. Die Pro-Kopf-Ausgaben für das amerikanische Elitesegment liegen dann natürlich erheblich über dem schweizer Wert.

6 In Portugal werden nur symbolische Studiengebühren in der Höhe von jährlich ca. 100 öS verlangt.

7 Die Universitäten (die in GB keine staatlichen Anstalten sind) verrechnen Studiengebühren, die jedoch vom Staat bezahlt werden. Die Höhe der Gebühr betrug 1993/94 zwischen 1.300 Pfund (Geistes- und Sozialwissenschaften) und 4.985 Pfund (klinische Fächer). Für Nicht-EU-Bürger (overseas students) sind die Gebühren, die in diesem Fall nicht vom Staat getragen werden, wesentlich höher: zwischen 5.500 und 13.550 Pfund.

8 Daten für 1989/90.

9 Daten für 1992/93.

10 Daten für 1992/93.

11 Allerdings ist der Stellenwert des privaten Sektors sehr unterschiedlich: Während im Elitesegment des amerikanischen Hochschulsystems die privaten Einrichtungen dominieren, sind die japanischen Eliteuniversitäten öffentlich und der private Sektor hat hier primär die Funktion, die Last der Expansion zu Tragen.

12 Die hochgradige Differenziertheit und Vielfältigkeit des amerikanischen Hochschulsystems bedingt, daß generelle Aussagen nur auf einem sehr hohen Abstraktionsniveau möglich sind. Will man die Beschaffenheit und Funktionsweise dieses Systems im Detail untersuchen, muß man sich notwendigerweise auf die Ebene von Fallstudien begeben, deren Ergebnisse dann nur exemplarischen Charakter haben und nicht verallgemeinert werden können.

13 Ausschlaggebend dafür sind die Ausgaben der Einzelstaaten, die – in Form einer Grundsubvention – nahezu ausschließlich dem öffentlichen Hochschulsektor des jeweiligen Staates zugute kommen. Hingegen gehen die Ausgaben der Bundesregierung nicht in die Basisfinanzierung der öffentlichen Einrichtungen ein, sondern sie werden auf kompetitiver Basis (Forschungsgelder) oder nach dem Kriterium sozialer Bedürftigkeit (Stipendien) vergeben. Daher partizipiert auch der private Sektor an der Bundesfinanzierung, diese macht dort sogar einen höheren Anteil der Gesamteinnahmen aus als im öffentlichen Sektor.

14 Die folgenden Angaben (Quelle: US Department of Education, 1993) beziehen sich auf das Studienjahr 1992/93.

15 Einrichtungen, die einen Doktortitel verleihen.

16 Die Bundesregierung, der Commonwealth of Australia, ist Teil des britischen Commonwealth. Demgemäß wird auch die formell oberste politische Instanz, der Generalgouverneur, von der britischen Krone ernannt (dasselbe gilt für die Gouverneure der Einzelstaaten). Es gibt zur Zeit eine politische Diskussion darüber, ob sich Australien endgültig vom Vereinigten Königreich abnabeln und sich eine republikanische Verfassung geben soll.

17 Im Gegensatz zu manchem europäischen Klischee ist die Bevölkerung Australiens in städtischen Regionen konzentriert. Ca. die Hälfte der Gesamtbevölkerung lebt in den beiden größten Städten, in Sydney und Melbourne.

18 Die ersten Universitäten waren die University of Sydney (1851) und die University of Melbourne (1853). Ab 1911 gab es in jedem Staat eine Universität.

19 Die ersten Gründungen solcher Colleges reichen in die siebziger Jahre des vorigen Jahrhunderts zurück. Seit dem 2. Weltkrieg wurde die wirtschaftliche Bedeutung dieser Institutionen zunehmend stärker betont.

20 "As a consequence, since 1973 Australia has the somewhat anomalous situation of divided financial and administrative responsibility for its universities and CAEs. While the tertiary institutions are established by state Acts of Parliament and the state minister is technically responsible for their welfare and administration, the federal government now provides virtually all of their capital and recurrent funding." (Smart, 1992, 31).

21 Neben den Universitäten und den CAEs hat sich in den siebziger Jahren der Bereich der "Technical and Further Education" (TAFE) entwickelt, der gegenwärtig ca. 220 Institutionen umfaßt und in dem mehr als eine Million Studenten inskribiert ist. Er wird hier nicht berücksichtigt. TAFE hat zwar postsekundären Charakter, wird aber nicht zum Hochschulbereich gezählt (vergleichbar den österreichischen Akademien oder Kollegs): "In Australia, the term 'higher education' is commonly used to refer only to universities and CAEs. This is a more restrictive use than in some other countries where the term often means all postschool or at least all postsecondary education." (Smart, 1992, 31).

22 Higher Education: A Policy Statement (1988). Diesem White Paper war ein Green Paper (Higher Education: A Policy Discussion Paper) vorangegangen, das die Grundzüge der später beschlossenen Politik zur Diskussion stellte.

23 Das war kein Schritt in Richtung eines homogenen Hochschulbereichs, denn es gibt deutliche Qualitäts- und Statusunterschiede, und auf Grund der fortschreitenden Deregulierung ist zu vermuten, daß die Differenzierung zunimmt. Derzeit lassen sich vier Hochschultypen unterscheiden: (1) die älteren Forschungs-Universitäten (z.B. die Universitäten Sydney und Melbourne); (2) die technischen Hochschulen/Universitäten (z.B. die Queensland University of Technology); (3) gesellschaftlich und geographisch eher randständige Universitäten (z.B. die Deakin-Universität und die University of New England); (4) CAE-Fusionen mit der Bezeichnung 'Universität' (z.B. die University of Western Sydney und die Charles Sturt University)." (Meek, 1993, 67).

24 Die geringe Größe ist überwiegend durch die geringe Bevölkerungsdichte bedingt. Der Zusammenschluß mehrerer solcher Einheiten zu einer Institution mit mehreren Außenstellen sollte die administrative Effizienz erhöhen.

25 Es gibt in der Literatur keine konsistenten Angaben über die Zahl der Institutionen; das liegt zum Teil an den raschen Veränderungen, denen dieser Bereich seit einiger Zeit unterworfen ist, noch wichtiger aber sind die unterschiedlichen Zählweisen und Kategorisierungen. Ein amtliches Dokument (DEET 1992) zählt 36 Institutionen zum UNS, daneben werden 4 Institutionen außerhalb des UNS angeführt. Darüberhinaus haben sich in der letzten Zeit einige private Institutionen etabliert, die zum Teil religiöser Natur sind, zum Teil auf profitorientierter Basis arbeiten. "The Good Universites Guide" für 1994 führt auf der undergraduate Ebene insgesamt 51 Institutionen an (Asheden & Milligan, 1993).

26 "Each state minister of education has an advisory planning and coordinating body for higher education. These bodies are in some cases statutory authorities but in most cases not. In recent years, such bodies have become, like their state ministers, relatively powerless and passive onlookers as the federal minister and the federal higher education body has assumed more and more control." (Smart, 1992, 33).

27 "While the membership of senates and councils shows considerable variation, it is generally structured to ensure representation through appointment and election of various categories of people and interests in order to achieve a balance of perspectives and skills. The size of governing bodies varies from 10 members to over 50, with most having 15 or more." (Smart, 1992, 35).

28 In der Regel wird zum Zweck der Bestellung eines Vice-Chancellors ein Joint Committee gebildet.

29 "The size and membership of this academic committee varies considerably: because of its collegial style it is usually large. (...) In more recent times, this committee, while still weighted towards senior academics, will typically have some representation of all levels of the academic staff and sometimes of students." (Smart, 1992, 35).

30 Im Gegensatz zu den amerikanischen Universitäten wird die individuelle Auswahl unter den Bewerbern nicht von der Institution selbst vorgenommen. Diese Aufgabe erfüllt ein Unternehmen, das sich im gemeinsamen Besitz der Universitäten befindet; es ordnet die Bewerber gemäß deren Prioritätensetzung den offenen Studienplätzen zu.

31 Hierbei handelt es sich um einen dauerhaften Konflikt zwischen der Regierung und den Institutionen. Z.B. stellt der Finanzbericht über das 1993–95 Triennium fest: "Some institutions continue to increase the proportion of their load at the postgraduate level at a rate in excess of the agreed profile. The growth in commencing students at the postgraduate level has meant a steady shift in the balance between undergraduate and postgraduate student load. (...) This shift is a concern not only because it has been at the expense of undergraduate places (school leavers and other young commencers in particular), but also because institutions have not always given due regard to the impact on ressorces." (DEET, 1992, 21) Eine Antwort der Regierung auf dieses Problem besteht in der Deregulierung des postgradualen Bereichs.

32 Eine EFTSU repräsentiert die gesamten institutionellen Kosten für einen vollen Studienplatz, der durch die standardisierte Studienbelastung (standard student load) für ein bestimmtes Studium definiert ist: "A standard student load is a real or notional program of studies which a student would be required to undertake in a full year of a particular course: were they to be undertaking the course in the year on a full–time basis; were the course to be conducted on a full–time basis; and were the student to be proceeding at a pace which would be appropriate for such a student to complete such a course in standard time." (DEET 1994, 41).

33 Unterhalb der undergraduate Ebene gibt es auch Kurse, die zu keinem Abschluß führen (non award); sie spielen eine untergeordnete Bedeutung.

34 Allerdings kann hier jede Institution ihre eigenen Bestimmungen festlegen. Queensland University of Technology erlaubt z.B. keine Teilzeitbelastung unter 30%; das wird nicht als ernsthaftes Studium angesehen.

35 Z.B. schließen an der Australian National University 83% aller research students erfolgreich ab; die durchschnittliche Dauer für einen PhD liegt bei 3,5 Jahren.

36 "The sparsely populated hinterland of Australia and the vast distances between settlements has led to a strong tradition of distance education.(...) Some universites, notably New England and Queensland, were world leaders in the area of distance education well before the idea became internationally popular in the 1960s.(...) Substantial effort by professionals has been put into the development of curriculum materials and modes of delivery for distance education. There have been instances where on–campus students have demanded the same quality of materials that are given to their external counterparts." (DEET, 1993a, 205ff).

37 "Universities have adopted more managerial (less colegial) styles of governance involving mission statements, strategic plans, research management plans, review and evaluation procedures, increased public relation activities, advertising and so on. Universites market their services internationally. They have developed commercial arms (for example, Unisearch and ANUTECH) and have sought out industrial affiliations and research contracts." (Karmel 1994).

38 Z.B. betragen die jährlichen Gebühren an der Australian National University für undergraduate courses je nach Studienfach zwischen 10.750$und 15.250$, für graduate programs zwischen 11.750$und 16.250$.

39 Das Spektrum reicht von 195$für einen eintägigen Kurs (Queensland University of Technology) bis zu 14.000$für eine vierwöchige Management–Weiterbildung an der Macquarie University (Aufenthaltskosten inkludiert) (vgl. The Australian 24–25/9/1994).

40 Die jährlichen Gebühren variieren zwischen 7.500$und 30.000$(vgl. The Australian 24–25/9/1994).

41 Ausnahmen sind Studien zur Lehrer– und zur Krankenpflegeausbildung.

42 An vielen Universitäten gibt es nun folgende Gruppen von postgraduate students mit australischer Staatsbürgerschaft: research students, die HECS zahlen; research students, die eine HECS exemption haben, also keine Gebühr zahlen müssen; research students, die eine HECS exemption haben und ein Stipendium bekommen; coursework students, die HECS zahlen; coursework students, die Fees zahlen (diese sind in der Regel erheblich niedriger, als die Fees der Overseas Students).

43 abgesehen von Darlehen auf dem privaten Kapitalmarkt.

44 "Mr. Crean said he was disappointed that universities had limited themselves to up-front fees following the deregulation of postgraduate courses. 'Surely the universities can give some thought to HECS–style or other income–contingent models which they themselves might develop, or commercial arrangements they might enter into with the banks, by which costs might be recovered once the students can afford to pay', Mr. Crean said" (The Australian, 12–Oct–1994).

45 "There is little to suggest that Australia's higher education system is not of sufficient size to meet the needs of the Australian economy or its broader social, cultural and scholarly objectives in the short– to medium–term." (DEET/HEC 1994) Belegt wird diese Einschätzung mit internationalen Vergleichen sowie mit der demographischen Entwicklung, die in den nächsten Jahren auch bei einem Einfrieren der Studienplätze zu einer Erhöhung der Studentenquote führen wird.

46 Während einige Staaten (Queensland, Western Australia) hohe Zuwachsraten haben, stagniert die Bevölkerung in anderen Staaten, u.a. in Victoria und New South Wales, den Staaten mit der dichtesten Versorgung an Hochschuleinrichtungen. Es gibt daher die Forderung, daß die Bundesmittel gemäß den Bevölkerungsströmen umverteilt werden.

47 Eine Überschreitung akzeptabler Studienzeiten bezieht sich im australischen Kontext auf Vollzeitäquivalente, Teilzeitstudenten, die zwangsläufig länger studieren, sind davon nicht betroffen.

48 Da der Commonwealth keine legislativen Kompetenzen im Hochschulbereich hat, konnte er seine Ziele nur auf dem Weg finanzieller Anreize durchsetzen: Er erklärte sich bereit, die gesamte öffentliche Finanzierung der Universitäten zu übernehmen, aber nur unter der Bedingung, daß Studiengebühren abgeschafft wurden.

49 Nach über einem Jahrzehnt konservativer Regierung übernahm Mitte der achtziger Jahre wieder Labour die politische Macht. Die Labour Regierung unter Prime Minister Hawke war freilich deutlich von neoliberalen Konzepten geprägt.

50 Dieser Betrag wurde ausdrücklich nicht als "Fee", d.h. als Studiengebühr bezeichnet, sondern als Beitrag zum administrativen Aufwand der Hochschulen.

51 Die Regierung wurde dabei von den Gewerkschaften unterstützt. Auf Antrag der Gewerkschaften wurde die Forderung nach "free tertiary education" 1988 aus dem Programm der Labour Party gestrichen. Der damalige Sekretär des Australian Council of Trade Unions (und heutige Minister for Employment, Education and Training), Simon Crean, sagte: "The substantial increase in the funds required to expand the system cannot all be provided by Government." (vgl. Gallagher, 1994).

52 Der Bericht stellt fest, daß es unmöglich ist, exakt zu bestimmen, in welchem Verhältnis der öffentliche und der private Nutzen von Hochschulbildung zueinander steht. Der Vorschlag eines 20%igen privaten Kostenanteils beruht auf historischen und internationalen Vergleichen.

53 Das war zu dieser Zeit das Durchschnittseinkommen.

54 Die Aufgaben und Verpflichtungen jeder Institution werden im "Administrative guidelines manual for higher education institutions on HECS and FEES" festgehalten, das jährlich von DEET herausgegeben wird.

55 Damit ist sichergestellt, daß jeder Student ungeachtet seiner Studiendauer den gleichen Betrag zahlt. Ein höherer Betrag wird nur dann fällig, wenn bestimmte Teile des Studiums nicht erfolgreich absolviert und daher mehrfach belegt werden müssen.

56 Schon vor der Einführung von HECS mußten sich Studenten im voraus genau überlegen, welche student load sie sich zumuten mochten und dies ihrer Institution bis zu einem bestimmten Stichtag mitteilen. Ein Kurs, der zwar gewählt, aber nicht besucht wird, wird automatisch als "academic failure" gewertet; nach zwei failures wird man vom Studium ausgeschlossen.

57 Vor kurzem wurde eine "safety net option" eingführt: der Student bekundet damit seine grundsätzliche Bereitschaft zu einer up front Zahlung, ermächtigt aber die Institution, ihn automatisch in die Gruppe der Steuerschuldner überzuleiten, falls er seine Zahlung nicht rechtzeitig leistet. Das verhindert, daß er vom Studium ausgeschlossen wird.

58 Gesetzt den Fall, drei Personen A, B und C haben jeweils eine akkumulierte Steuerschuld von 10.000$. 1995 beträgt das Jahresbruttoeinkommen von A 20.000$, von B 40.000$ und von C 60.000$. Im Jahr 1995 muß dann A nichts zurückzahlen, B zahlt für die ersten 26.853$ seines Einkommens nichts, für den zwischen der ersten und der zweiten Grenze liegenden Teil seines Einkommens 3%, das sind 111,7$ und für die 9.483$ seines Einkommens, die über der zweiten Grenze liegen 4%, das sind 379,3$. Im Jahr 1995 zahlt B also insgesamt 491$ zurück. C zahlt bis zur zweiten Grenze ebenfalls 111,7$, für den zwischen der zweiten und der dritten Grenze liegenden Teil seines Einkommens 488,2$, und für die 17.277$, die über der dritten Grenze liegen, 5%, das sind 863,9$. Insgesamt zahlt C im Jahr 1995 1.463,8$ zurück. Im Jahr 1996 beträgt die Steuerschuld von A unverändert 10.000$, die von B 9.509$ und jene von C 8.537$. Alle diese Steuerschulden werden Mitte des Jahres an die Inflation angepaßt. Sollte das Einkommen der drei Personen unverändert bleiben, dann muß A seine Steuerschuld niemals zurückzahlen, B wird für die Tilgung ca. 25 Jahre benötigen, C hingegen nur etwas mehr als 7 Jahre.

59 Primär dann, wenn sie wegen Krankheit oder anderer unverschuldeter Umstände ihr Studium nicht weiterführen konnten. Gegen die Entscheidung von DEET kann beim Administrative Appeals Tribunal (AAT) berufen werden. Seit es HECS gibt, haben 121 Personen bei AAT Berufung eingelegt.

60 Nach Auskunft eines Beamten im Taxation Office wird der discount voraussichtlich wieder auf 15% herabgesetzt, weil auch der erhöhte discount kein ausreichend starker Anreiz für eine große Zahl freiwilliger up front Zahlungen ist. Viele Haushalte mit hohem Einkommen ziehen es vor, eine Steuerschuld (für ihre Kinder) aufzunehmen, nicht zuletzt deshalb, weil sie die weitere Entwicklung von HECS abwarten wollen.

61 Genaue Daten für das Gesamtsystem liegen mir nicht vor. Diese Hochrechnung soll dazu dienen, eine plausible Größenordnung anzudeuten.

62 Es wurde darauf hingewiesen, daß die Einführung von HECS eine Reihe von Problemen aufwarf, daß seine Administration aber mittlerweile zu einer vergleichsweise einfachen Routineangelegenheit geworden ist. Großer Widerstand wird von seiten der Universitätsadministration einer Änderung von HECS in Richtung komlexerer Beitragsformen entgegengebracht.

63 Einzige Ausnahme war 1992 mit einem 3,6%igen Rückgang bei den Studienanfängern.

64 Die Einkommensobergrenzen des elternhaushalts variieren je nach Art der Anspruchsberechtigung zwischen 30.000$ und 47.000$ (1993).

65 Aboriginals haben auch Anspruch auf AUSTUDY, sie können also mehrere Stipendien beziehen.

66 Ein analoges Programm gibt es unter dem Titel ABSTUDY Supplement.

67 1993 betrug die Obergrenze für das Elterneinkommen 50.000$ pro Jahr.

68 Z.B. hat im Oktober 1994 eine von der britischen Labour Party eingesetzte Kommission einen Bericht veröffentlicht, in dem die Regierung aufgefordert wird, "a HECS–style system of university fees" einzuführen, um die weitere Expansion des britischen Hochschulsystems zu gewährleisten. (vgl. The Australian vom 26.10.1994) In Südafrika, wo die Universitäten nun vor der Herausforderung stehen, "colorblindness" nicht nur auf der Ebene abstrakter Rechte sondern auch konkreter Chancen zu realisieren, wird ein HECS–ähnliches Gebührenschema in Erwägung gezogen (vgl. The Australian vom 2.11.1994) Ähnliche Überlegungen gibt es auch in einigen osteuropäischen Reformstaaten.

69 Vermutlich sehen die meisten österreichischen Studenten das ähnlich. Hingegen werden in der offiziellen Sprache und auch im Gesetz Studenten grundsätzlich als Hochschulangehörige bezeichnet. Das findet auch in der Rhetorik der Studentenvertretungen ihren Niederschlag.

70 Selbständige müssen ohnehin eine Steuererklärung abgeben. Bei den Unselbständigen wurde die Steuer bereits vom Arbeitgeber einbehalten; haben sie aber zusätzliche Einkünfte aus selbständiger Tätigkeit, müssen auch sie eine Steuererklärung abgeben.

71 Nach Auskunft der Beamten des ATO ist die Steuermoral in Australien zufriedenstellend. Man kann aber davon ausgehen, daß Selbständige auch hier steuerliche Vorteile besitzen.

72 Dasselbe Argument kann natürlich gegen eine Akademikersteuer geltend gemacht werden.

73 Im Falle einer HECS–ähnlichen Lösung in Österreich gäbe es nur eine Gruppe, die durch das Steuersystem eklatant begünstigt wird, aber diese fällt quantitativ nicht ins Gewicht: Es handelt sich um Hochschulabsolventen, die die väterliche Landwirtschaft übernehmen und nach dem Einheitswert besteuert werden.

74 Es lassen sich zwei Aspekte voneinander trennen: erstens müssen ausländische Studenten kostendeckende Gebühren bezahlen; zweitens: es gibt für sie kein einkommensabhängiges Darlehenmodell in der Art von HECS.

75 Die Gravier–Entscheidung des Europäischen Gerichtshofes besagt, daß jede "Abgabe, Einschreibe- oder Studiengebühr für den Zugang zum berufsbildenden Unterricht (...) eine gegen Artikel 7 EWG–Vertrag verstoßende Diskriminierung aus Gründen der Staatsangehörigkeit dar(stellt), wenn sie von Studenten aus anderen Mitgliedstaaten, nicht aber von inländischen Studenten erhoben wird." (zitiert nach Berka 1991, 41).

Anmerkungen zum 3. Kapitel

1 Z.B. Befragung Fessel+GFK, 1993 (vgl. Abschnitt 1.9).

2 Eine solche Betrachtungsweise setzt natürlich ein individualistisches Gesellschaftsbild voraus. Wenn im Zentrum der Betrachtung nicht Einzelindividuen, sondern Familienverbände stehen (die ihrerseits wieder in größere soziale Einheiten eingebunden sind), kann man den Nutzen eines Studiums auch unter dem Gesichtspunkt des familiären Reproduktionsverhaltens sehen. Entscheidend wäre dann, wie gut es den Familien gelingt, ihr ökonomisches und kulturelles Kapital zu vererben und dabei ihre relative Position zu halten oder zu verbessern.

3 Für die geringere Risikobereitschaft einkommensschwacher Haushalte sind zum einen ökonomisch rationale Motive maßgeblich, denn die Belastung durch ein Darlehen ist natürlich stärker, wenn man auf keine Erbschaft und auf keine andere Form der Unterstützung durch die Eltern zurückgreifen kann. Zum anderen sind die psychologischen Barrieren, sich zu verschulden, größer.

4 Das gilt auch für eine Variante dieses Vorschlags, die darin besteht, in der Anfangsphase eine sehr geringe allgemeine Gebühr einzuheben und diese nach Ablauf der als ausreichend betrachteten Zeitspanne stark zu erhöhen.

5 Wenn man sich vor Augen führt, daß z.B. an der Grund- und Integrativwissenschaftlichen Fakultät der Universität Wien 466 Studenten auf einen Professor bzw. 138 Studenten auf einen Hochschullehrer (Professoren und Assistenten) kommen (BMWF 1993, Bd.2, S.87f), wird klar, daß dieser Faktor keinesfalls vernachlässigt werden darf.

6 Etwas mehr als ein Viertel der Absolventen gibt retrospektiv an, während des Studiums vorwiegend bzw. regelmäßig erwerbstätig gewesen zu sein (vgl. BMWF 1993, Bd.2, S.227). Regelmäßig erwerbstätige Studenten benötigen im Schnitt eineinhalb Semester länger für ihren Studienabschluß als nicht erwerbstätige.

7 Bei einer Umfrage der "Ökokonsult" (April 1995) stimmten nur 20% der Studenten der Aussage völlig zu: "Ich persönlich tue alles in meiner Macht Stehende, um mein Studium möglichst rasch erfolgreich abzuschließen." 9% lehnten die Aussage völlig ab. (vgl. Der Standard vom 13/14.5.1995).

8 Daß solche Effekte in der öffentlichen Diskussion zumeist vernachlässigt werden, liegt auch an der mangelnden Aussagekraft vieler Indikatoren der österreichischen Hochschulstatistik. In der Zahl der ordendlichen Hörer sind nicht bloß die Scheininskribenten enthalten, es wird auch keine Unterscheidung von Voll- und Teilzeitstudenten vorgenommen. Das begünstigt eine große Beliebigkeit in der hochschulpolitischen Diskussion und macht eine Quantifizierung der hier diskutierten Phänomene schwierig.

9 Die technischen Details solcher Gebührenregelungen bleiben hier unberücksichtigt. Aber es ist auf den ersten Blick evident, daß man vor großen Problemen steht, wenn man eine sinnvolle und zugleich gerechte Lösung anstrebt: Handelt es sich bei der Strafgebühr um eine "Abbruchpauschale", oder hängt ihre Höhe von der Dauer des bisherigen Studiums ab? Wie soll eine solche Gebühr im nachhinein einghoben werden (wo sich doch in Österreich der Studienabbruch u.U. über Jahrzehnte hinziehen kann; d.h. erst nach jahrelangem Dasein als Scheininskribent steht irgendwann engültig fest, daß das Studium abgebrochen wurde)? Wenn man aber im voraus eine Kaution verlangt, wie stellt man deren Sozialverträglichkeit sicher?

10 Die öffentliche Diskussion neigt dazu, einen solchen Fall ausschließlich dem Studenten anzulasten; man geht davon aus, der Student hätte "falsche" Erwartungen gehabt und müßte nun die Konsequenzen tragen. Aber vielleicht waren die studentischen Erwartungen ganz vernünftig und das Problem besteht eher darin, daß die Universität ihnen nicht entspricht? Kann man die "Schuldverteilung" tatsächlich so eindeutig vornehmen, wie dies üblicherweise geschieht, wenn ein Student gegenüber dem organisatorischen Chaos an den österreichischen Universitäten das Handtuch wirft? Wenn das aber nicht der Fall ist, warum soll man dem Studienabbrecher eine Strafgebühr auferlegen?

11 Und in diesem Fall wäre die Frage zu stellen, was eigentlich dagegen spricht, den Berufseintritt einer Fortsetzung der Bildungslaufbahn vorzuziehen. Wenn überhaupt ein Schaden entsteht, so ist in erster Linie der Studienabbrecher selbst betroffen, denn am Arbeitsmarkt zählt in der Regel nur das abgeschlossene Studium. Warum soll er doppelt bestraft werden?

12 Da es sich um ein unverzinstes oder sehr niedrig verzinstes Darlehen handelt, zahlt jemand, der eine längere Tilgungsdauer in Anspruch nehmen kann, gemessen an den Konditionen des privaten Kreditmarktes natürlich weniger zurück als jemand, der sein Darlehen rasch tilgt. So gesehen kann man auch davon sprechen, daß es zu Gebührenzahlungen in unterschiedlicher Höhe kommt.

13 Zweifellos würden die Gehälter der Hochschulabsolventen auf die hier angedeuteten Verschiebungen am Akademikerarbeitsmarkt reagieren. Techniker müßten dann eben um soviel mehr verdienen, daß sich dieses Studium trotz der höheren Studiengebühren rentiert. Auch das wäre ein Beitrag zu größerer Kostenwahrheit. Das Problem besteht aber darin, daß auf Grund der langen Wirkungsdauer von Feedback–Schleifen bei der Hochschulausbilung Ungleichgewichte am Arbeitsmarkt vorprogrammiert sind.

14 Einen entsprechenden Vorschlag macht Marin (1994), der überhaupt von einem "Studentengehalt" spricht und den Anspruch darauf vom Elterneinkommen abkoppelt. In die selbe Richtung geht auch die Überlegung Rossmann/Streißler. Die Problematik eines solchen Vorschlags besteht darin, daß es dabei zu einer sehr hohen Verschuldung der Studenten kommt.

15 Trotzdem ist die Bezeichnung "gestaffelte Elternbeiträge" für diese Gebührenvariante angemessen. Sie geht ja von der Voraussetzung aus, daß Studenten im Normalfall Teil des Elternhaushaltes sind. Diese Variante ist nur unter der Voraussetzung funktionsfähig, daß Studentenhaushalte ein marginaler Sonderfall bleiben.

16 Zweifellos würden die Studentenehen sprunghaft ansteigen. Es wäre auch ein rationales Verhalten, vor dem Studienbeginn einige Jahre Erwerbstätigkeit einzuschieben.

17 Diese Grundvariante kann unter Umständen aber durch Regelungen, die sich auf die Studentenhaushalte beziehen, außerordendlich kompliziert werden.

18 Dies wird hier als Vorteil angeführt, weil es dem konventionellen Gerechtigkeitsempfinden entspricht, daß Personen, auf die das Doppelkriterium: hohe Begabung bzw. Leistungsfähigkeit plus soziale Benachteiligung zutrifft, eine besondere Förderung erhalten sollen. Bei diesem Gerechtigkeitskonzept steht freilich nicht das soziale, sondern das meritokratische Element im Vordergrund. Jene Personen, die sowohl hinsichtlich ihrer sozialen Lage als auch begabungsmäßig benachteiligt sind, diejenigen also, bei denen sich alle Nachteile konzentrieren, werden nämlich in weit geringerem Maße als Zielgruppe spezieller Fördermaßnahmen betrachtet.

19 Der Kontrollaufwand, der entsteht, wenn der Staat seine Definition von Studentenhaushalt tatsächlich durchsetzen möchte, sei nur am Rande erwähnt. Wird man überprüfen, ob die sprunghaft ansteigenden Studentenehen auch tatsächlich vollzogen werden?

20 In diesem Fall kommt er sehr lange in den Genuß eines zinsenfreien Darlehens.

21 Der Wegfall eines Bonus bedeutet aber nicht, daß diese Studenten – wie gelegentlich behauptet wird – "bestraft" werden. Natürlich haben die Studenten, deren Eltern die Gebühr sofort bezahlen, jenen gegenüber einen Vorteil, die mit einer Darlehensbelastung ihr Berufsleben beginnen. Diese Aussage hat aber keine größere Signifikanz als die, daß Menschen aus einem wohlhabenden Elternhaus es in vieler Hinsicht leichter haben als andere. Es ist im übrigen eine diskutable Annahme, daß sich durch die sofortige Bezahlung der Gebühr durch die Eltern die Erbschaft dieser Studenten verringert. In gewisser Hinsicht handelt es sich also um ein Nullsummenspiel.

22 Einige Personen vertreten die Meinung, daß die Finanzierung von Studiengebühren über ein Darlehen zwar im angelsächsichen Bereich gut funktionieren mag, es aber mit der "österreichischen Mentalität" nicht vereinbar wäre.

23 Wie bei den beiden anderen Modellen: einheitliche Gebühr für alle Studienfächer, aber Verrechnung nach Vollzeitäquivalenten.

24 Im Gegensatz dazu erfolgt eine allfällige sofortige Zahlung im 2. Modell freiwillig, sie beruht also auf keiner Abgabenpflicht.

Anmerkungen zum 4. Kapitel

1 Nimmt t z.B. den Wert 5 an, dann entspricht dies dem Jahr 2000 ($t = 5 \rightarrow 5 + 1995 = 2000$).

2 Das letzte Viertel ($\frac{20000 \cdot 0.2}{4} = 1000$) bricht das Studium am Ende des 5. Jahres ab und scheint daher nicht in der Tabelle auf.

3 Kostendeckende Gebühren würden einen Haushalt, der über öS 41.000,– pro Monat verfügt, mit ca. 30 % seines Einkommens belasten. Geht man davon aus, daß die Studiengebühren 20 % der vollen institutionellen Kosten ausmachen sollen, dann würde die Belastung 6 % des Haushaltseinkommens ausmachen.

4 Mit Ausnahme jener Studierenden der untersten Einkommensschicht, die als Studentenhaushalte betrachtet werden.

5 Hinsichtlich der Tabelle ist anzumerken, daß die 5200 Studentenhaushalte zur Gänze der untersten Einkommensschicht zugeordnet wurden. Alle anderen Studierenden wurden entsprechend den bei (Guger 1994) angeführten Einkommensklassen pro Einkommensschicht (untere, mittlere, obere) gleichverteilt zugeordnet.

6 Für das Bestimmtheitsmaß, das als Maß für die Güte der Approximation herangezogen wird, ergab sich dabei ein Wert von 99.95 %.

7 Alt, 1994, S. 79.

8 Hochschulbericht 1993.

9 Alt, 1994, S. 20.

10 Für $F_{A,j}(E^A)$ werden Lognormalverteilungen unterstellt.

11 Sollten sich dabei tatsächlich keine nenneswerten Unterschiede ergeben, wäre es aus verkaufspolitischen Gründen dennoch von Vorteil, die progressiv ansteigende Tarifgestaltung zu implementieren.

12 Bei der Berechnung von $\mathcal{G}(E^E) = G_\tau \cdot g(E^E)$ wird vereinfachend angenommen, daß die Entscheidung, in welche Elterneinkommensklasse ein Student fällt, am Beginn seines Studiums fällt. Eine Adaptierung während des Studiums ist im Modell derzeit nicht berücksichtig.

13 Bei den Modellrechnungen gilt $\Delta = 20000$.

14 Hier wird davon ausgegangen, daß das Monatseinkommen 14 mal pro Jahr bezogen wird und die vollen Studiengebühren öS 20.000,– ausmachen.

15 14 mal pro Jahr.

16 Die angeführten Budgeteinnahmen repräsentieren reale Werte (Preisbasis 1995).

17 Die angeführten Einnahmen würden dem Bundeshaushalt unmittelbar nach der Einführung des Modells 1 zur Verfügung stehen.

18 In der folgenden Modellrechnung wird diese Möglichkeit aber ausgeschlossen.

19 In der vorliegenden Betrachtung werden allerdings keine Zinsen in Ansatz gebracht.

20 Vgl. Sozialbericht 1994, S. 160ff.

21 Der obige Tilgungsplan ist hinsichtlich der Tilgungsdauern für die Variante mit vollen Studiengebühren in der Höhe von öS 30.000,– dargestellt.

22 An dieser Stelle darf nicht der Schluß gezogen werden, daß die Höhe der vollen Studiengebühren keinen Einfluß auf die Budgeteinnahmen hätte. Daß hier die Budgeteinnahmen im ersten Jahr scheinbar nur von den die Rückzahlung bestimmenden Einkommensgrenzen abhängen, ist darauf zurückzuführen, daß im ersten Jahr kein Absolvent das ausstehende Darlehen vollständig tilgen kann.

23 Die MG–Zeile der Tabelle zeigt die Einkommensgrenze, ab der kein Darlehen an die Studierenden gewährt wird. Die Zeilen UG/OG kennzeichnen die Einkommensgrenzen, die die Höhe der Rückzahlungsbeträge (im Falle einer Darlehensgewährung) bestimmt.

Literaturverzeichnis

R., ALT, U.A., 1994, Lebenseinkommen und Lebenseinkommensverläufe von Akademikern. Forschungsbericht an das BMWF, Wien.

D.S., ANDERSON, A.E., VERVOORN, 1983, Access to Privilege: Patterns of Participation in Australian Post–Secondary Education. Canberra.

C.A., ANDREAE, C., RINDERER, 1988, Staatsaufgaben im tertiären Bildungssektor. In: Wirtschaftspolitische Blätter 4/1988.

D., ASHENDEN, S., MILLIGAN, 1993, Good Universities Guide to Australian Universities – 1994. Melbourne.

W., BERKA, 1991, Das österreichische Ausländerstudienrecht im Licht des Europäischen Gemeinschaftsrechts. Forschungsbericht für das BMWF, Salzburg.

M., BLAUG, 1970, Introduction to the Economics of Education. Harmondsworth.

M., BLAUG, 1982, The distributional effects of higher education subsidies. In: Economics of Education Review, Vol. 2, No. 3.

BMAS, 1994, Bericht über die soziale Lage 1993. Wien.

BMWF, 1972, Hochschulbericht 1972. Wien.

BMWF, 1990, Zur sozialen Lage der Studierenden. Band 2. Wien.

BMWF, 1993, Hochschulbericht 1993. Wien.

BODENHÖFER – ÖTSCH – TERLAAK, 1980, Finanzierung der Hochschulexpansion. Wien.

E., BRITSCH, 1989, Berlin – Texas. Eine Situationsanalyse. In: Kursbuch 97.

B.R., CLARK, 1983, The Higher Education System. Academic Organization in Cross–National Perspective. Berkeley.

DEET, 1992, Higher Education Funding for the 1993–95 Triennium. Canberra.

DEET, 1993A, National Report on Australia's Higher Education Sector. Canberra.

DEET, 1993B, AUSTUDY '93. A Guide to Student Finance. Canberra.

DEET, 1993C, AUSTUDY/ABSTUDY Supplement. 1993 Information Booklet. Canberra.

DEET, 1994, Administrative guidelines manual for higher education institutions on HECS and FEES 1994. Canberra.

DEET/HEC, 1994, Resource Allocation in Higher Education. Report of the Joimt DEET/HEC Working Party. Canberra.

H., ENGELBRECHT, 1988, Geschichte des österreichischen Bildungswesens. Band 5: Von 1918 bis zur Gegenwart. Wien.

EUROPÄISCHES ZENTRUM FÜR WOHLFAHRTSPOLITIK UND SOZIALFORSCHUNG, 1993, Welfare in a Civil Society. Wien.

M., FISCHER-KOWALSKI, 1980, Bildung und Klassenverhältnisse. In: Fischer-Kowalski/Bucek (Hg.), Lebensverhältnisse in Österreich. Ffm/New York.

M., GALLAGHER, 1994, Financing Mass Higher Education in Australia. Paper presented to the OECD Conference, Tokoy, 8-11 March, 1994.

G., GRANT, D., RIESMAN, 1978, The Perpetual Dream. Reform and experiment in the American College. Chicago/London.

J.M., GUEHENNO, 1994, Das Ende der Demokratie. Artemis.

A., GUGER, 1994, Verteilungswirkungen der gebührenfreien Hochschulbildung in Österreich. Forschungsbericht an das BMWF. Wien.

M., HALLER, 1995, Einstellungen zur sozialen Ungleichheit im internationalen Vergleich. In: Haller u.a.(Hg.), Österreich im Wandel. Werte, Lebensformen, Lebensqualität 1986 bis 1993. Im Erscheinen.

J., HARTOG, 1984, On the Private Benefits of Subsidies to Education. In: Economics of Education Review, Vol.3, No.1.

K.O., HONDRICH, 1994, Totenglocke im Elfenbeinturm. Spiegel 6/1994.

L., HUBER, 1990, Lehren an einem Liberal Arts College in den USA. In: Zeitschrift für Hochschuldidaktik 1990/1.

B.D., JOHNSTONE, 1991, The Costs of Higher Education. In: Altbach (Ed.), International Higher Education. An Encyclopedia. Chicago/London.

P., KARMEL, 1994, Competion must not sell universities short. The Australian, Nov.9, 1994.

P., KELLERMANN, 1987, Studien- und Arbeitsorientierungen Erstimmatrikulierender von vier österreichischen Universitäten im WS 1986/87. In: Zeitschrift für Hochschuldidaktik 1987/2-3.

H., KÖHLER, 1992, Bildungsbeteiligung und Sozialstruktur in der Bundesrepublik. Zu Stabilität und Wandel der Ungleichheit von Bildungschancen. Berlin.

L., LASSNIGG, U.A., 1989, Jungakademiker/innen mit beruflichen Verwertungsproblemen. Forschungsbericht. Wien.

F., LECHNER, W., REITER, 1994, Die Sozialstruktur der Studierenden. Entwicklung und Stand seit der "Öffnung der Hochschulen". Forschungsbericht an das BMWF. Wien.

U.V., LITH, 1985, Der Markt als Ordnungsprinzip des Bildungsbereichs. München.

R., LÜDEKE, 1985, Theorie der staatlichen Bildungsfinanzierung im Rahmen einer Theorie der Staatsaufgaben. In: Brinkmann (Hg.), Probleme der Bildungsfinanzierung. Berlin.

B., MARIN, 1994, Studieren ist Arbeit. Profil 44/1994.

L., MEEK, 1993, Hochschulpolitik in Australien. In: Goedegebuure e.a., Hochschulpolitik im internationalen Vergleich. Gütersloh.

R.A., MUSGRAVE, P.B., MUSGRAVE, 1980, Public Finance in Theory and Practice. New York.

NBEET, 1992, Assessment of the Impact of the HECS on the Potentially Disadvantaged. Commissioned Report No. 15. Canberra.

OECD, 1991, Financing Higher Education: Current Patterns. Paris.

OECD, 1994A, OECD Wirtschaftsberichte 1993 – 1994: Österreich. Paris.

OECD, 1994B, Education at a Glance. OECD–Indicators. Paris.

A.M., OKUN, 1975, Equality and Efficiency. The Big Tradeoff. Washington D.C.

o.V., Higher Education: A Policy Statement, 1988. Canberra.

o.V., Report of the Committee on Higher Education Funding. 1988 Canberra.

H., PECHAR, 1989, Sind Studiengebühren sinnvoll? In: Zukunft 1989/11.

H., PECHAR, 1992, Alma Maters Gang nach Europa. In: Zukunft 1992/8.

H., PECHAR, 1993, Vorbild oder abschreckendes Beispiel: das amerikanische Hochschulsystem und die österreichische UOG–Reform. In: Zeitschrift für Hochschuldidaktik 1993/2–3.

H., PECHAR, G., WOHLFAHRT, 1995, Auswirkungen einer Verdopplung der Ausgaben für Studienbeihilfe auf das Akademikerangebot und die öffentlichen Haushalte. Gutachten für das BMWFK, Wien, Graz.

M., PFAFF, G., FUCHS, 1978, Bildung, Ungleichheit und Lebenseinkommen in der BRD. In: Hüfner (Hg.), Bildung, Ungleichheit und Lebenschancen. Ffm/Berlin/München.

U.K., PREUSS, 1989, Demokratie in der Hochschule. In: Kursbuch 97.

D., RIESMAN, 1980, On Higher Education. The Academic Enterprise in an Era of Rising Student Consumerism. San Francisco.

C., RINDERER, 1991, Qualitätsinformationen bei Bildungsgütern. Über Kontrollwunsch und Kontrollrealität von Lehrveranstaltungen. In: Zeitschrift für Hochschuldidaktik 1991/3.

F.K., RINGER, 1983, Die Gelehrten. Der Niedergang der deutschen Mandarine 1890–1933. Stuttgart.

H.G., ROLFF, 1980, Soziologie der Schulreform. Weinheim/Basel.

B., ROSSMANN, A., STREISSLER, 1994, Ein Diskussionsbeitrag zur Studienfinanzierung. Arbeitspapier, Wien, 1994.

C., SCHLEGELMILCH, 1987, Taxifahrer Dr. phil. Opladen.

G., SCHMID, 1984, Krise des Wohlfahrtsstaates: Alternativen zur staatlichen Finanzierung und Bereitstellung kollektiver Güter. In: Politische Vierteljahrsschrift, Bd.25.

A., SCHNEEBERGER, 1987, Technischer Wandel in der gesellschaftlichen Auseinandersetzung. Forschungsbericht 50 des ibw. Wien.

H., SCHOMBURG, W., STEUBE, 1986, Materialien zur Hochschulpolitik. In: Baethge u.a. (Hg.), Studium und Beruf. Freiburg im Breisgau.

D., SMART, 1992, Australia. In: Clark & Neave (Eds), The Encyclopedia of Higher Education. Oxford.

T., STRAUBHAAR, M., WINZ, 1992, Reform des Bildungswesens. Kontroverse Aspekte aus ökonomischer Sicht. Bern/Stuttgart/Wien.

D., TIMMERMANN, 1985, Gebührenfinanzierung der Hochschulausbildung: allokative und distributive Aspekte. In: Brinkmann (Hg.), Probleme der Bildungsfinanzierung. Berlin.

US DEPARTMENT OF EDUCATION, 1993, Digest of Education Statistics 1993. Washington D.C.

C.C., WEIZSÄCKER, 1971, Lenkungsprobleme der Hochschulpolitik. In: Arndt & Swatek (Hg), Grundfragen der Infrastrukturpolitik für wachsende Wirtschaften, Berlin.

Ein Mitarbeiter des VERBUND bei Wartungsarbeiten.

Industriellenvereinigung

Da die **Grenze der Finanzierbarkeit** der Hochschulen erreicht ist, tritt die IV für eine offene und ehrliche Diskussion über Beiträge der Studierenden und mögliche Finanzierungsmodelle für Hochschulen ein. Folgende Gründe sprechen für die Einführung eines Studienbeitrags:

+ *pädagogisch zweckmäßig, weil dadurch überlegtere Studienwahl getroffen wird*
+ *Drop-Out-Raten werden gesenkt und es kommt zu kürzeren Studiendauern*
+ *mehr Wettbewerb zwischen Universitäten und Verbesserung der Qualität*

Die Einhebung von sozial gerechten Studienbeiträgen wäre mit einer deutlichen Erhöhung von Studienbeihilfen zu verknüpfen.

Zusätzliche finanzielle Mittel wären wie folgt zu verwenden:

30% für eine deutliche Verbesserung der Studienbeihilfen, 35% für universitäre Spezialprogramme, 30% Bundesbudget, 5% Verwaltung